这就是汉语

王希杰 著

商务印书馆
创于1897 The Commercial Press
2012年·北京

图书在版编目(CIP)数据

这就是汉语/王希杰著. —北京:商务印书馆,2012
(语林漫步丛书)
ISBN 978-7-100-08575-5

I. ①这… II. ①王… III. ①汉语—语言学—文集
IV. ①H1-53

中国版本图书馆 CIP 数据核字(2011)第 187374 号

这就是汉语

王希杰 著

商务印书馆出版
(北京王府井大街36号 邮政编码100710)
商务印书馆发行
北京市松源印刷有限公司印刷
ISBN 978-7-100-08575-5

2012年8月第1版 开本 787×1092 1/32
2012年8月北京第1次印刷 印张 $12^{1}/_{8}$
定价:25.00 元

目　录

汉语和人心

不怪才怪的词

“慢”话

(一) 慢,还是快?

20世纪90年代的第一个春天里,在北京的美国快餐店里,与好友一同品味了肯德基炸鸡之后,看见了一幅标语:

请慢走

快餐,英语叫 quick meal。快餐部叫 quick-lunch counter。快餐的特点全在一个“快”——“quick”!“快”适应我们这个现代社会生活的需要,因为时间就是金钱,时间就是效率,时间就是生命,时间就是爱情,时间就是胜利,时间就是一切。

按理说,快餐店的一切都应当讲究一个“快”字儿:快上炸鸡,快吃炸鸡,吃完就快走,匆匆忙忙走进炸鸡店,匆匆忙忙离开炸鸡店;吃要狼吞虎咽,风卷残云;走要大步流星,快马加鞭。

80年代的中国,这快节奏的生活情调风是风从南方来,风从海上来。快餐店的口号和作风,应当是:

请快吃/请快走

如果用闽方言来说,就应当是:

请食猛/请行猛

然而，这家美国炸鸡店的标语的的确确是“请慢走”。这个“请慢走”，也可以译成：

Don’t go yet，please.

Wait a minute，please.

Stay，please.

这是这家快餐店的主人的真实用意么？顾客们啃完啃光肯德基炸鸡之后，再在这炸鸡店里泡上一段时间，侃大山，聊大天，服务员会不会翻白眼、下逐客令呢？

（二） 慢就是好

“慢”，是东方文化的特征之一。这同西方人的“快”——来去都匆匆——成了鲜明的对照。

中国人有句现成话儿，叫：“慢工出细活”——Slow work yields fine products。中国话中有一句口头禅叫：“慢慢来，别着急。”中国公交战线上有一个口号叫“宁等三分，不争一秒”。公路两旁到处都是这个标语。

在中国古代的名人中，左思花了10年时间写了描写三国时代魏蜀吴三国首都的散文《三都赋》，贾岛自我标榜“两句三年得”，两行诗写了三年，都以慢工出了大名，并且流芳后世。

在中国传统文化中，似乎是：

慢＝好

但是，如果美国炸鸡店把“请慢走”译成：

Walk slowly，please.

Don't go yet, please.

Wait a minute, please.

那么英美食客一定会目瞪口呆、莫名其妙的：Why?! 为什么要 slowly? 为什么不可以 quickly?

在英美人的心目中，是"快"比"慢"好。因此在英语中，slow(慢)有 dull(呆笨)的含义。例如：

a slow child 迟钝的小孩

而 quick(快)却有 living(活的)的含义。例如：

the quick and the dead 生者和死者

于是我们便看到了慢条斯理的东方人和急如星火的西方人之间的差距。

(三) "慢走"未必慢

中国三年困难时期的 60 年代，我还是一个小青年大学生。有一次回到家乡淮安——周恩来总理的出生地——，见到一位农村老大娘送她的姑妈坐汽车去远方探望丈夫，在车下，老大娘一而再、再而三地关照她的姑妈说："请慢走，慢走！"调皮的年轻驾驶员大吼了一声：

"想慢走，请快下车去，步行吧！步行才慢呢！我们汽车慢不了，只能快，快快快！只能快走快快地走！"

全车人都被逗乐了，大笑不止。老大娘不好意思了，不再"请慢走"了。

以后，乘汽车，坐轮船，上飞机，我都不止一次地听到送客一再说“请慢走”的话。可笑的是有时候你心急如火地去办一件事儿，送客也还是一句“请慢走”，真叫你哭笑不得。仔细一想，人家是一片好心，辜负不得的。在这里，其实“慢”已经不是“慢”了：“慢走”，小心仔细谨慎地走。不要莽撞胡来，不要粗心大意。这个“慢走”、“慢吃”中的“慢”其实是“take care”的意思。只有“慢”——take care，才能安全，不出事儿。而中国人缺乏冒险精神，最怕出事儿。所以告诉您一个避免出事儿的最佳措施就是一个“慢”字儿，也就是对您的最大的关心了。

美国炸鸡店的标语是中英对照的：

请 慢 走

Take care please!

用 take care 来注释“慢”，是很恰当的。

（四） 请慢走＝good-bye＝拜拜

如果说，“慢”字儿变成了“小心、仔细、谨慎”的意思是第一次语义偏离的话，那么在这里它已经实现了第二次语义偏离了，它连“小心、仔细、谨慎”的含义也都没有了，只是用于亲戚朋友告别的时候表达良好祝愿的一个符号了，而且是人际关系中的一个积极的漂亮的正符号。

这个符号具有双重的功能。

第一，它唤起交际对方对以往的友好亲切关系的一个美好的回忆。在此之前，你我之间的关系是友好的正常的，可以信赖的，没有什么可以恐惧不安的因素。

第二，它也是对交际双方今后进一步巩固和发展这一正常友好关系的一种期待和保证。它等于许诺：让我们以后更友好吧，更进一步地相互关心、爱护、支持和帮助吧。

它同我们早上见面说的那句“您早”，平常见面时说的“您吃了吗”一样，执行的是既肯定了以往的友好关系，又对进一步发展友好关系做出了保证这样两种功能。

这告别时的“请慢走”，其实可以这样译成英语：“good-bye!”于是：

请慢走＝good-bye＝拜拜

“拜拜”是 20 世纪 80 年代在中国大地上流行的汉语式“good-bye”。

（五） 中国人也喜欢快

“快”和“慢”是一组反义词，成双成对儿。例如：

快车——慢车　快班——慢班

快件——慢件　快步——慢步

但又有不对称的一面。有有“快”而无“慢”的：

快嘴——慢嘴（×）　快活——慢活（×）

快感——慢感（×）　快意——慢意（×）

快乐——慢乐（×）　快慰——慢慰（×）

快人快语——慢人慢语（×）

此处的“快活”是愉快、快活的意思，没有与之相对应的“慢活”，表示不愉快、不快乐。

也有有“慢”无“快”的：

慢活——快活(×)　慢词——快词(×)

慢坡——快坡(×)　慢性子——快性子(×)(急性子)

“慢活”《现代汉语词典》没有收。其实是有的,如工笔画、苏州刺绣,可是一件慢活呀!快不起来的。也许因为已经有愉快、快乐意义的“快活”,这个“慢活”并没有与之相对应的“快活”。

在现代汉语中,“快”不但比“慢”的义项多,而且意义也更积极更讨喜儿。例如:

灵敏——脑子快。眼尖手快。快当。

爽快、痛快、直截了当——快嘴。快人快语。快刀斩乱麻。

愉快、高兴、舒服——拍手称快。大快人心。快慰。快感。快活。快乐。

可见中国文化也并不是一味地推崇慢而反对快。中国传统文化中也有崇尚快的一面。大诗人李白自我吹嘘他下笔万言,倚马可待,中国人都佩服和喜欢他斗酒诗百篇的快。中国人也喜欢温酒斩华雄的关羽关云长的快——一杯酒还未凉,关将军已把敌军主将、别人对付不了的华雄的脑袋砍下来了。

所以对于汉语,对于中国传统文化,我们不能只抓住一面就否定另一面的存在。而应当具体分析两个方面的比重及其适用范围,研究古今的演变,探求其在现代生活节奏冲击下可能出现的新格局。

如果有一天您乘坐宇宙飞船,说汉语的朋友脱口而出:

请慢走!

请别介意，请别发笑。因为社会进步了，科技发展了，观念更新了，但语言却是保守的，“请慢走”长生不老，生命之树依然常青！

附：

2011 年高铁出事了，引起人们的思考：一味求快，未必好。不但是欲速则不达，而且一味只求快而排斥慢，绝不是个好办法。起码不是什么事情都要求快的。2011 年 10 月 14 日《金陵晚报》文章。《不只是慢生活 慢教育也在流行》，导语说：“‘教育，是慢的艺术。’在提倡慢生活理念的同时，越来越多的老师也开始关注‘慢教育’。古语说：‘十年树木，百年树人。’可见树人乃‘慢活儿’。”

范文澜说：“板凳要坐十年冷。”可见做学问也是慢活儿，一味求快，便学术泡沫了。

快，容易肤浅；慢，才能深刻。沉思者不求快。

（2011 年 10 月 18 日）

家本位和恋家情结

（一） 多义的"家"

汉语中的"家"是一个多义词。您看呀：

汉语	英语	俄语
家	family, household	семья
	home, house	дом

英语中的 family、household 和俄语中的 семья，都是指大千世界中人类社会里的一个最基本的细胞。而 home、house 和 дом 则指的是空间中的物质的具体单位。Family 和 семья 是伦理的精神的感情的血缘的总和。

英语和俄语中的这一特点还体现在复合词之中。作为社会一个细胞的家是：

family tree（家谱）

family education（家教）

family history（家史）

family scandal（家丑）

члены семьй（家属）

而作为一种实体的家则是：

housework（家务劳动）

household duties（家务）

домашнее хозяйство（家务）

домашняя работа（家务）

然而在汉语中却都只是一个“家”。

（二） 汉语的“家”本是养猪的地方

“家”本是一个象形字。由两个部分组成：

上面的“宀”，本义就是房子。汉代许慎在中国最早的字典《说文解字》中说：“交覆深屋也。象形。”最早是这样写的：

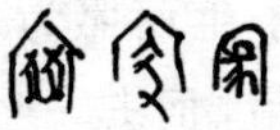

第一个是甲骨文，第二个是金文，都是房子。第三个是小篆，是一个圆顶的房，真像今天草原上的蒙古包。

所以说“家”字上半部分这个“宀”（作为汉字的部首，读miǎn），是指代房子，意思就是 house 和 дом。

而下一半的“豕”，就是“猪”，即英语的 pig，俄语的 свинья。解释为家养的猪，财产的象征。是中国人驯养野猪之后的产物。瑞典汉学家高本汉说：“‘家’，屋顶下有猪——一幅画似的场景。”（《汉语的本质和历史》7 页，商务印书馆 2010 年）中国延边朝鲜族人的房子中都有一间专门养牛的房子，他们有一句俗话：“没有爸爸能活，没有牛不能活。”这个家可是同牛相联系的，当然这是指农村里。

如此看来，在创造这个汉字的时代，中国人认为：house＋pig 或者 дом ＋ свинья，便构成了一个家庭。汉语的“家”的本来意思指的就是家庭。《韩非子·显学》中说:“儒者破家而葬,服丧三年。”就是说,儒家主张倾家荡产,为死去的先人举行丧礼,并且守孝三年。由此可见,中国古代的牧业是从养猪开始的,而猪的饲养在当时中国人生活中的地位是十分重要的。其实直到现在,中国许多农村,“家”依然主要指 house 和 pig!

(三) 家:公猪——男人

有一种说法,“家”上面宝盖头是建筑物——房子,这房子是女人的。里面的不是一般的猪,更不是母猪。而且是小公猪,其实也并不真的是小公猪,只是一个比喻,指的是年轻男人。《孟子》中说:“丈夫生而愿为之有室,女子生而愿为之有家。”(《滕文公》)这个“家”当然不是一口猪,而是一个男人——丈夫。

“家”上面的宝盖头是房子,这房子是女人的。“登堂入室”,“室”是内部的房间,不是外人可以随便进去的。再进一步说,“室”者女人的卧室,再进一步,“室”就指代了女人。《礼记》中说:“三十曰壮,有室。”郑玄注:“有室,有妻也。”(《曲礼上》)

《国语》中记载:“公父文伯之母欲室文伯,飨其宗老,而为赋《绿衣》之三章。”(《鲁语下》)因此后代人提到给儿子娶媳妇,就叫作“授室”。

(四) 中国人无法想象的 house

翻开英语词典,你会发现英语中有如下的 house:

house of correction 改造所

house of detention 拘留所

house of ill fame 妓院

iron house（美俚语）监牢

如果直译成汉语，那么中国人不但感到莫名其妙，荒谬绝伦，而且是情理和感情上绝对不能接受的。这是因为在中国人心目中，“家”是世界上最神圣最美妙的，是绝不可以同这些乱七八糟的东西相提并论的。

（五） 恋家情结

元代有个文人叫马致远，写了一首十分著名的短诗，题目叫《秋思》：

枯藤老树昏鸦，小桥流水人家，古道西风瘦马，夕阳西下，断肠人在天涯！

诗人看到了别人的“家”——house——family，而自己在天涯，远离开自己的 house 和 family，想到了自己的 house 和 family，便自称为“断肠人”——痛苦得肚肠子都断裂了。（那时候认为思维的器官在腹部，现在还说“满腹经纶”、“一肚子学问”、“一肚子坏主意”，这些都是古老观念的遗留。）对于中国人来说，人生最可怕最痛苦的便是没有一个家，或者说这个家的丧失，您听听：

无家可归　有家难归　丧家之犬

倾家荡产　家破人亡

这都是中国人的人生中最无法忍受的最大的痛苦。

中国人常说的口头语是：

穷家难舍

梁园虽好，不是久恋之家

在家万事好，出门一日难

金窝银窝，不如自家的狗窝

因为这个“家”是中国人在人生的苦海中的唯一避风港——中国人称之为“安乐窝”，也是中国人一生事业的起点和终点。所以中国人最大的希望是：

成家立业

这个家是相当于 house 加 family 之和的。现代中国农民发了财有了钱，最大的事便是盖房子，建造 house。而城市青年必须搞到手一个 house 才能正式结婚。可见在中国 house 和 family 是紧密相连合二而一的。

（六）“吃父母”和“啃父母”

中国人有句现成的话，叫：“在家靠父母，出门靠朋友。”“在家靠父母”，成了中国相当一部分没有出息的青年人的人生信条。于是在当今的中国，便形成一种奇怪的社会现象，叫作：

吃父母　啃父母

这可不能同“吃巧克力”一类说法混为一谈，那就太可怕了。这“吃父母”和“啃父母”，其实是依靠父母来生活，最大限度地享用父母的劳动成果，自己享乐，而让父母吃苦受罪。于是在中国也便产生了一批一辈子离不开家的废物、寄生虫。

他们的代表人物便是曹禺话剧《北京人》中的文清少爷。

（七） 家本位

我们说一切话语都有一个参照点。你说“她比杨贵妃还漂亮”，这便是把杨贵妃作为参照点，杨贵妃是一个标准的大美人。这个参照也可以叫作“本位”。那么中国人评论万事万物最常用的参照点便是这个“家”，中国人心目中最甜蜜温暖最快活舒适最轻松自如的所在。这便形成了中国人的“家本位”，一切的一切都同家联系在一起，把“家”作为衡量一些事物的尺码、标准。

如果在中国大地上到处走走，便可常常看到这样的招牌：

少年之家　工人之家　旅客之家

教师之家　矿工之家　渔民之家

这里的“家”，如果译成英语，便是 centre。“少年之家”便是 children's centre。奇怪的是它一般反而不译成 house 或 home！

中国人最爱说的是：

亲如一家　爱厂如家　爱校如家

中国的宾馆标榜的最好服务标准是：

宾至如归

这里其实是省去了一个宾语：“家”。意思是：宾客到了这里便如同回到了自己的家中一样。省去这个“家”字儿，是因为在中国人看来，这是不用多说的，不言而自明的。

中国主人对客人说："别客气，请像在家里一样。"中国客人赞美好客的主人则说："我就像在家里一样。"

当然英语中也有类似的说法。例如：

as safe as a house（非常安全）

a homely from homely（像家里一样安适和自足的地方）

in a family way（像一家人一样，不拘礼节）

但是远远没有汉语这样的广泛和普遍。

（八） 五花八门的"家"

也许"家"在中国特别的重要，所以汉语中构词能力也特别的强，便产生五花八门的家，但其中最重要的有两"家"。一个是经营某种行业的人家或者具有某种身份的人。例如：(A)农家、船家、渔家、田家、厂家、店家、客家、邻家、娘家、婆家、公家、理论家；(B)作家、画家、玩家、实干家、空谈家；(C)专家、杂家，等等。

另一个是学术流派的"家"。例如：儒家、法家、道家、兵家、墨家、杂家、佛家、阴阳家，等等。

汉语的"家"，也是量词和词尾。例如：一家超市、两家人家、三家工厂、五家饭馆等。

词尾的"家"常用于某些表示人的名词后面，表示属于那一类人，例如：女人家，姑娘家，孩子家，学生家，等等，都有一种亲切的色彩。一般不会用在表示坏人的名词后面，所以你听不到如下说法："强盗家、土匪家、小偷家"等。

词尾的“家”还有一种特殊的用法，就是加在男人的名字或排行后面，指称他的太太，例如“大龙家、老二家”。但绝不可以反过来，用大龙夫人的名字“兰兰”加上词尾“家”来表示兰兰的先生（丈夫），这是绝不可以的。对二女婿，也绝不可称这为“老二家”。

这是中国传统的男尊女卑、大丈夫主义的典型表现：即使你是一个女强人，你还是属于丈夫的，是丈夫的“家”的最中心的内容，男人即使是窝囊废，他还是“家长”。因此，“家属”几乎专指妻子，而“家里的”便是中国农村的夫人们的最常见的一个通称。

（九）“齐家”之“家”

中国传统知识分子的人生理想是：修身齐家治国平天下。这是《大学》中的话：

> 古之欲明明德于天下者，先治其国；欲治其国者，先齐其家；欲齐其家者，先修其身；欲修其身者，先正其心；欲正其心者，先诚其意；欲诚其意者，先致其知；致知在格物。物格而后知至，知至而后意诚，意诚而后心正，心正而后身修，身修而后家齐，家齐而后国治，国治而后天下平。

这段话，从修辞学上说，是顶针，是递进，是回环。的确是很漂亮的。这里的“家”解释为“家庭”，当然也说得通的。但是却不很符合《大学》作者的原意。《辞海》说：“古时夫妻互称为家。”所举的例子是《孟子》中的“女子生而愿为之有家。”而作为家庭讲的“家”,《辞海》举的例子是唐代贺知章的诗句:“少小离家老大回。”可见,《大学》时代的“家”不同于后来的“家”。

《大学》中的“家”,是《辞海》中所说的:“古代大夫的家族。”(1022 页)《周礼·夏官·序官》:“家司马各使其臣。”注:“家,卿大夫采地也。”这就是孟子同“千乘之国”相提并论的“百乘之家”的“家”。那时候的政治概念是三分的。第一层次,最高层次是“天下”——全世界,这是由周天子负责管理,“普天之下,莫非王土”。第二层次是“国”——这是诸侯的管辖范围,周公、姜太公他们管理的地方。第三层次是“家”,是大夫所管辖的范围。

人生道路应当是:(1)修身——自我完善;(2)齐家——帮助大夫管理“家政”;(3)治国——协助诸侯治理国政;(4)平天下——辅佐周天子治理整个世界。

秦汉以后,没有大夫这个等级了,没有“家”这个行政单位了。先秦政治观念中的“齐家”就失去了内容。这正是像打翻了五味瓶一样,不是个滋味。宋以后五味瓶已经消失,这一比喻的真味就很难体会了。可以说,到了西汉后期,所谓“齐家”只能是管理好自己的老婆孩子了。换句话说,这时候的“家”就是“家庭”,“齐家”即家庭内部长幼有序,和睦相处。再说,汉代中期以后的“诸侯”已经完全不是先秦意义上的“诸侯”了。关羽的汉寿亭侯只是一个空头衔而已。也就是说,在西汉的中后期,其实也没有了先秦的“诸侯”和“国”了。于是“治国”和“平天下”之间也没有了界限,其实就是一回事情了。那么“修身齐家治国平天下”就三分为:

(1) 修身(自我完善)

(2) 齐家(处理内部事务,上对父母,中对妻子,下对儿女)

(3) 治国平天下(关心国家大事,为国家民族服务)

在中国人的观念中,家庭和国家是一回事情,其差别不过是规模大小罢了。皇帝就是最大的家长,他把天下当作他的家产,人民土地都是他的私有财产。时至今日,“家天下”和“家长作风”依然是中国政治生活和公众生活中的一大问题。

不分梨的故事

（一） 分梨和分离

金色的秋天。北京颐和园。湖滨长凳上。一个男青年和一个女青年。男士削了一只大梨，递给那位小姐。小姐又递给男士。男士用牛角小刀想把大梨分为两半："我俩合吃！"

小姐脸变了色："不！梨不能分！我妈说过，吃梨不能分！分梨——分离！"

男士说："那好，我俩我一口你一口地吃！"

小姐一把抢过男士手中的梨，用了吃奶的气力，抛到湖水中去了。她说："我俩永远不分梨吃，我俩也永远不吃梨！"说着，她从男士的书包中拿出一袋梨，一只一只地统统地抛到碧绿的湖水中去了。

他和她淡淡地笑了，在金色的秋天的阳光下。10 年后，20 年后，30 年后，他和她还记着他们定情的时刻。

对于不说汉语的人，这是很难理解的。"梨"和"离"，"分梨"和"分离"，有什么关系呢？风马牛不相及！您看：

汉语	英语	俄语
梨	pear	груша
离	leave，part from	от，отойти

问题在于,在汉语中,水果"梨"同动词"分离"的"离"同音,整个社会便有一个共同的联想:梨——离——分离——分手,决裂,吹了,黄了……而说英语和说俄语的人是绝不会有这样的联想的。一个英美人,绝不会从 pear,part a pear 而去联想到"She parted from him"的。

(二) 苹果——平平安安!

把梨子抛到湖水中去的纯情少女拿出了一只红红的大苹果,精心地削好,然后,他和她快活地你一小口我一小口地吃着。他俩讨了一个大大的吉利,因为在我们中国人的心目中:

苹果——平平安安!

在英语中,apple 同 safe and sound, without mishap, well,是没有什么关系的,可说汉语的人却利用同音联想组合在一块儿了。

在中国,选择礼品您还得从语言角度去多想想。如果一位中国朋友结婚了,您送他雨伞,那么不管这把雨伞多么好,他都会记恨您的。因为:伞——散,妻离子散!他认为您在诅咒他,而不是在祝福他。如果是一对爱好文学的青年结婚了,你也不可以送他《茅盾全集》,或者《冰心文集》。对于新婚的朋友,我们也不能送醋,也不能送气锅。醋——吃醋,气——生气,闹矛盾,吵嘴打架!

(三) 食品的语言文化价值系统

在中国,食品本身有一种价值系统,又在汉语的影响下形成了一套语言文化价值系统，这大都是由同音联想造成的。

首先有一大批食品被中国人涂抹上了一层浓厚的吉祥喜庆的文化色彩。例如：

鱼——富裕

糕——高升，步步高，一天比一天好

苹果——平安，平平安安

发菜——发财

酒——长久、永久

团子、圆子——团圆

枣子——早生贵子

发菜，既没什么大的营养价值，也没什么好的味道，又不怎么好吃，但只占了与“发财”同音的光，人们为了 get rich, make a fortune 才不惜高价购买，特别是在台港地区、东南亚和欧美华人中。

与此同时，我们有些食品又因为同音联想而贬低了身价，起码是在某些喜庆的时刻和场合。例如：

梨——分离、离别、离婚

醋——吃醋

茶馓——分散，妻离子散

当然，有些喜庆的场合又非这些食品不可，那就得换上一个好听一点的名。如不说“吃醋”，要说“吃忌讳”。

（四） 摊黄菜，桂花肉丝，木樨汤

您吃过摊黄菜、桂花肉丝、木樨汤吗？

晚清有一本小说《糊涂世界》，有一个男主角叫伍琼芳。一天，他进了一家饭店，叫了四样菜：鱼、肉、豆腐、韭菜。他都不爱吃。便问还有什么菜，店小二说："还有摊黄菜。"伍先生是一个南方人，这是北方饭馆，他从未吃过摊黄菜，可又不好意思问，便叫了一碗，呀，原来是炒鸡蛋，伍先生平生不喜欢吃鸡蛋。便问："还有什么菜？"店小二说："还有桂花肉丝。"他便又叫了一盘桂花肉丝。可谁知道，哇，鸡蛋炒肉丝，又是他所不爱吃的鸡蛋。便问："有什么汤？"店小二说："有木樨汤。"伍先生只好叫了一碗木樨汤。可是上帝呀，这难道是倒霉的不吉利的星期五：原来是鸡蛋汤，又是他平生最讨厌的鸡蛋！

因为鸡蛋的蛋与骂人话"蛋"同字，北方忌讳这一点，一般叫"鸡子儿"。北方人不能因为鸡蛋在语言文化价值系统中地位低下，就丢弃这营养丰富的食品，于是聪明的北方人便创造出许多十分漂亮的名称来了。

（五）　婚床上的食品

我们前边说的那位男士和那位小姐新婚之夜，进了新房，上了婚床，男士愣住了，床单上有苹果、枣、栗子、柿子、橘子、百果和云片糕等。他奇怪最讲究整洁的新娘子怎么会容忍这些乱七八糟的玩意儿的呢？他们是在女方家中结婚。面对新郎官的惊诧，我们的新娘子只是笑，神秘地满足地笑。

原来呀，苹果——平平安安；云片糕——步步高升；枣、栗子——早立子，早一点生一个白胖大头娃娃；柿子、橘子——事之大吉，万事大吉；百果——多子多福。

（六） 古已有之的婚床食品

在婚床上放置食品，当然绝不是从这一对新人开始的。古时候就已经如此了，是我们中国人的传统。

宋代，那是公元11、12世纪，有一个话本叫作《快嘴李翠莲记》，讲了一对新人结婚的仪式，如此地有趣：

> 张狼在前，翠莲在后，先生捧着五谷，随进房中。新人坐床，先生拿起五谷，念道：
>
> 撒帐东，帘幕深围烛影红。
> 佳气郁葱长不散，画堂日日是春风。
> 撒帐西，锦带流苏四角垂。
> 揭开便见姮娥面，输却仙郎捉带枝。
> 撒帐南，好合情怀乐且耽。
> 凉月好风庭户爽，双双绣带佩宜男。
> 撒帐北，津津一点眉间色。
> 芙蓉帐暖度春宵，月娥苦邀蟾宫客。
> 撒帐上，交颈鸳鸯成两两。
> 从今好梦叶维熊，行见玭珠来入掌。
> 撒帐中，一双月里玉芙蓉。
> 恍若今宵遇神女，红云簇拥下巫峰。
> 撒帐下，见说黄金光照社。
> 今宵吉梦便相随，来岁生男定声价。
> 撒帐前，沉沉非雾亦非烟。
> 香里金虬相隐映，文箫今遇彩鸾仙。
> 撒帐后，夫妇和谐长保守。

从来夫唱妇相随，莫作河东狮子吼。

前面故事中的新娘在他们的新婚之夜，面对惊诧的新郎，翻开了《清平山堂话本》，指着我们上面引用的这一段让他看。

她问："读懂了吧？不懂，我来讲一讲，收下你这个免费的学生。"他说："我比你还懂！记好：从来夫唱妇相随，莫作河东狮子吼！"于是她给了他一巴掌。

（七） 食品语言文化学问多

食品的语言文化价值，有的是人们在心理联想的基础上，巧妙利用两个事物之间的相似点逐渐形成的。例如，石榴中有数不清的籽儿，符合中国人多子多福的心愿，但愿自己儿孙满堂，也像石榴的籽儿一样数不清。这也可看成是种比喻。有的则是文化习俗的产物，神话传说和民间故事的产物。例如在中国古代神话和民间传说中，西王母拥有一种蟠桃，"三千年一开花，三千年一结果"，人吃了可以长生不老，因此，在中国，桃子是长寿的象征，是祝寿仪式必不可以少的食品，并且有漂亮的名字，叫"寿桃"。

当然较多的却是在语言的基础上形成的，这又大都是借助于同音联想。例如，鱼是吉祥的，因为与"富裕、有余"同音，但鲫鱼虽味美好吃，是淡水鱼的佳品，可是请客送礼的时候却绝不能用，因为"鲫"字与"节、结、急、疾、劫"这些不吉利的字眼儿同音，而鲢子鱼、白条鱼才被认为是最为吉利的。

在中国农村，春节那天不淘米，米必须在前一天淘好，因为"淘"和"逃"同音，春节这天淘米，米就逃了，就要破财了。

其实不仅食品本身有讲究，吃法也有讲究。像在节日或婚宴上，鱼只能看而不能吃，鱼本身意味着余，那么余下来而非吃下去，便是双重地“富裕、有余”，大吉大利大发。鸡大都是完整的鸡端上桌，老母鸡还要加上 8 只鸡蛋，甚至有时还特意在鸡尾巴上留两根鸡毛，目的是要突出“全”、“完整”、“完美”的意思。有些农村春节那天故意在食品中放置头发，目的是要孩子无意间说出“发”这个大吉大利的声音来达到发财致富的目的。有的方言中“头发”与“头户”——第一个富裕的人家——同音，希望通过孩子们的天真的嘴巴达到成为这地方第一号富裕人家的目的。

在北方，在婚礼仪式上，一定要让新娘子吃生的水饺或馍馍之类的食品，还要特意问：“生不生？”新娘子要回答：“生！”生水饺的“生”，在英语则是 unripe，green，而生孩子的“生”是 give birth to，bear，两者不相干。因为汉语中两个意义是用同一个词体现的，人们便偷换了概念，又强行把生熟的“生”和女人的生孩子的“生”混为一谈，真可谓双重的诡辩呀。

中国食品的这种语言文化价值系统，也体现在食品的名称上。如婚礼用的食品一律带上一个“喜”字儿：喜糖、喜酒、喜烟，而祝寿的一切食品又喜加上一个“寿”字儿：寿面、寿桃。

中国食品大都是十分吉利的，如：

全家福

这是传统中国人的人生最高的理想呀！

附：

李翠莲的丈夫，初版中作“张郎”，错了。原文是“狼”，因前文说家中长子曰虎，次子曰狼。二十四史中还有名为“狼”的名人呢。

“胡麻好种无人种”?!

唐代诗人葛鸦儿有一首小诗《怀良人》:

蓬鬓荆钗世所稀,
布裙犹是嫁时衣。
胡麻好种无人种,
正是归时底不归?

胡麻就是芝麻。说是“胡麻”,可见本不是中国原产的,但是,不是中国的东西也并不见得都是坏的,正如外国的东西也并不都是好的一个样。阿里巴巴说:“芝麻,芝麻,快开门!”也许中国的芝麻是从阿里巴巴的家乡传来的吧?是的,在中国,古时候,凡是从西域传来的东西,总要加上一个“胡”字的,“胡”者,洋也,即老外的洋玩意儿。

“胡麻好种无人种”?!这叫啥话呢?您——葛鸦儿女士——难道不是一个人吗?难道您就没有公公、婆婆、小叔子、小姑子么?难道就没有邻居们?既然好种,您可以自己种;您的公公、婆婆、小叔子、小姑子也可以种;您的邻居们也会帮您种——我是江苏淮安乡下人,我们那里,年轻的男人们总是主动地热情地无报酬地为缺少劳动力的人家干活儿的。我想,在这个村子里,非常乐意帮助葛鸦儿种胡麻的年轻小伙子,一定是不少的。然而她居然说是“无人”!这岂不是她葛鸦儿的“目中无人”么！“人”者，万物之灵之谓也。用科学的说法：“人是有语言、能思维、会制造生产工具的高等动物。”符合这个定义的，现在的中国有十三亿呢！炎黄子孙遍布全世界，占世界人口的五分之一呢！即使是在唐朝，也有大几千万呢！因此，我们似乎不可以随便地就说什么“无人”、“没人”的话的。但是，问题在于，人常常不算是人，那不是人的有时却偏偏叫作“人”。白马非马！小孩子家不是人——“长大成人”，长大之前不是人！老人不是人——人老珠黄不算人！女人不是人——嫁鸡随鸡，嫁狗随狗！龙应台说“女教授不是教授”，当然也就不是人。坏人不是人，是魔鬼、畜牲——狗！猪！驴子！我们的话语中的那“人”，常常只是某一个特定的人，符合我们的特定标准的人，我的心目中所期待着的那个人。然而我们说：“有一只小兔，和一只小猫，它们两个人是好朋友。这一天它们两个人上山去玩儿了。”这时候，这兔，这猫，反倒成了“人”了！

“胡麻好种无人种”，在葛鸦儿的心目里，这“人”只是她的老公！别的一切其他的人，都不是她的“人”！“无人”者，没有丈夫。也并不是没有丈夫，而是丈夫不在她的身边！这句话的本义是：胡麻好种没有丈夫来种。不准确，而是：胡麻容易种，丈夫你不在我身边，一个人不能种！“胡麻好种”的“好”是容易的意思，既然种胡麻是那样容易的事情，您葛鸦儿年纪轻轻的，有的是力气，自己种不得了吗？干什么非得有丈夫同您在一起才能够种呢？您也太娇气了，干嘛这样的发嗲呢？这是我们冤枉了葛鸦儿了！她并不是娇气，这是规矩！明朝顾元庆在《夷白斋诗话》中说：“南方谚语有‘长老种芝麻，未见得’。余不解其意。偶阅唐诗，始悟斯言其来远矣。……胡麻即今芝麻也，种时必夫妇两手同种，其麻倍收。”原来是那时候的规矩：种胡麻必须夫妻一同来种，这样才会丰收。夫妻双双，一边把胡麻的种子播撒到泥土中，一边播撒情和爱的种子，这正是一个妻子所渴望着的。丈夫不在，你叫葛鸦儿怎能不伤感呢？

打破沙锅璺（问）到底！为什么一定要夫妻一同来种呢？这是古代人的思维。他们认为，植物生长同人类生殖之间有着神秘的联系。西方学者弗雷泽的名著《金枝》中有非常详细的论述。在全世界许许多多民族中，都有这样的习俗，播种时，不但要夫妻一同播种，还要求大家大说特说有关于夫妻生活的粗话，甚至强制性地要求夫妻在播种时必须在田间做爱。

《宋稗类抄》说，有个文人叫李退夫，住在开封，“一日，老圃请撒芫荽。俗传：撒此物，须主人口诵秽语，播之则茂”。所谓秽语，就是同性和生殖有关系的话语。可见在宋朝，弗雷泽所说的观念还在普遍地流行呢。“退之固矜纯节，执菜子于手撒之。但低声密诵曰‘夫妇之道，人伦之始’云云，不绝于口。”后来，来客人了。“戒其子使毕之，其子尤矫于父。执余子咒之曰：‘大人已曾上闻。’”

再说下去吧，芝麻是春天里种的。春天是绿色的世界，生命的季节，是播种的季节，是爱情的季节。在这个爱情的季节里，植物和人类相互感应的季节里，从播撒芝麻的种子，联想到爱情的种子也应当及时播种，这不是十分自然的事情吗？“胡麻好种无人种”！在葛鸦儿心头最重要的还不是胡麻的收成，而是夫妻间的情和爱呀！

苔　痕

苔痕上阶绿，

草色入帘青。

在飞机上，想到这两句。这是刘禹锡的《陋室铭》中的话。

汉语中的“青”，有时指的是蓝色，“青天白日一点红”之“青天”是蓝色的天空。“青草、青枝绿叶”的“青”是绿色的。“青布”是黑色的布。“青草”之“青”当然是绿色，不是黑色的，也不是蓝色的。所以，草才叫“青草”！因此，“草色”就是绿色的。说“草色绿”比说“草色青”更准确。说“草色青”会引起误解，因为“青”是多义的、模糊的。可是诗人偏偏要说“草色青”，为的不跟上文的“绿”重复。

“苔痕上阶绿”，是复句。第一个分句的主语是“苔痕”，谓语动词是“上”。动词“上”的宾语是“（台）阶”。第二个分句的主语承前省略了（苔痕），谓语是形容词“绿”。

但是，“苔痕上阶绿”也可以分析为倒装句：

苔痕绿上阶——苔痕（上）绿到了台（阶）

还可以分析为：

绿色的苔痕上了台阶

还可以分析为：

苔痕台阶上绿

台阶上苔痕绿

苔痕绿在台阶上

而“草色入帘青”同样可以理解为复句。第一个分句的主语是“草色”，谓语是“入帘”。第二个分句的主语也是承前省略（草色），谓语是形容词的“青”。

入帘的草色青

青的草色入帘

还可以理解为……

问题是：哪一种理解最适合？最符合诗人的原意？不知道。在这种胡思乱想之中，飞机已经到达目的地了。

下飞机的时候，我在想：

台阶上有青苔，一定很滑。那么，就需要提醒大家：

小心地滑！

主人为什么如此之懒散？应当天天打扫！诗人家里应当是有用人的嘛！命令用人把台阶打扫得光滑滑的，照见人影子，多漂亮。

然而，中国文化中，美的就是这个苔痕！没有了苔痕，就没有了情趣，就做不出来这首诗了。苔痕是朦胧的，朦胧就是东方人的美。

据说，日本的寺院里，必须有苔痕。没有了苔痕，就不像是寺院了。

词序和情感

晏殊在《浣溪沙》中写道："一曲新词酒一杯，去年天气旧亭台，夕阳西下几时回？"用现代语法学方法分析，就是：

（1）偏正短语：一曲新词

（2）主谓短语：酒一杯

（3）偏正短语：去年天气

（4）偏正短语：旧亭台

（5）主谓句：夕阳西下

（6）主谓句（主语省略）：几时回

词语或短语的并列，在词性和结构方面应当基本相同。"去年天气旧亭台"是两个偏正短语的并列，符合这一要求。"一曲新词酒一杯"，显然是并列结构，但其结构却不相同。本应当是："一曲新词一杯酒"或"新词一曲酒一杯"。

这三句诗两处化用了前人的诗句。一处是郑谷的《和知己秋日伤怀》："流水歌声共不回，去年天气旧亭台。"另一处是白居易的《长安道》："花枝缺处青楼开，艳歌一曲酒一杯。"晏殊借用这四个短语，组合方式是多种多样的，但大体可分为两类。一类是整齐的，一类是错综的。追求整齐的可以说成："一曲新词酒一杯，去年天气旧亭台。""新词一曲酒一杯，天气如昔亭台旧。"整齐而有变化的，可以是："一曲新词酒一杯，去年天气亭台旧。”“新词一曲一杯酒，天气如昔旧亭台。”讲究错综的可以写作：“一曲新词酒一杯，天气如昔旧亭台。”“新词一曲一杯酒，去年天气亭台旧。”但都没有晏殊的这两句来的漂亮，平仄配合，富于音乐美，整齐和错综之间保持一种动态的平衡。

短语和句子是有重大区别的，不能混为一谈。并列要求结构类型上的相同，最起码的要求就是句子同句子并列，短语同短语并列。短语同句子的并列，应当说是违背常规的。通常认为：短语是静态的单位，句子是动态的单位。那么静态单位和动态单位也是很难并列的。关羽不愿意同黄忠为伍，句子为什么要同短语并列呢？

如果这首词是：“新词一曲一杯酒，去年天气旧亭台，夕阳西下几时回？”四个并列的短语同两个句子，四个静态单位同两个动态单位是如何并列起来的呢？这种并列有什么意义呢？这里牵涉到形式和内容之间的矛盾问题。语言中的问句，在言语生活中可能表现的是祈求或命令。例如：“您有打火机吗？”形式上是疑问句，其交际功能却是祈求和命令：请把打火机给我用一用！这里的静态短语在形式上是短语，是静态的，但其实是动态的，是句子，其表达的内容是：新词一曲、酒一杯、天气依旧、亭台没变，然后一转折：夕阳却又西下，顺着夕阳西下，大发感慨：几时回？！这里动和静的对立，采用了不对称的形式来表现，目的是加深这种不调和感，造成矛盾冲突感。这里的不均衡不对称的表达形式，不仅是为了满足语言的韵律要求，也是为了表现诗人的感慨：世界上没有十全十美的东西，一切都是不完美的，叫人无可奈何的。

从"遗孀"谈语言和妇女的地位

（一） 邓颖超反对"遗孀"一词

《报刊文摘》1988年2月23日，以《邓大姐反对"遗孀"的提法》为题，发表如下文摘：

> 据《中国妇女报》报道：2月10日，邓颖超以全国政协主席、周恩来同志老伴的身份出席已故政协委员和知名人士夫人的春节茶话会。
>
> 邓大姐对姐妹们说，见到你们倍感亲切，我想讲几句心里话。人们常给我们戴上一个某某人遗孀的帽子。我非常反对，外国记者也经常报道我是周恩来的遗孀。这是封建思想的残余。旧社会的"三从"、"四德"把我们妇女压得喘不过气来，真是岂有此理。
>
> 邓大姐自豪地说："中国妇女有自己的名字，有自己的人格，有自己的工作，有自己的才华，为什么非要说我们是遗孀，我们要自己把这个帽子摘掉。"

汉语的"遗孀"，即英语的 widow、relict。英语的 relict 指残余物。汉语在"孀"字之前特意加上一个"遗"字儿，强调说是她的丈夫遗留下来的，那么言下之意，这女人岂不是她的丈夫的私有财产了么？是呀，"遗物"、"遗产"、"遗志"、"遗愿"都是属于死者的，这“遗孀”当然是她的死去的丈夫遗留下来的私有财产的一部分了。对比一下，汉语中可并没有“遗夫”这一说，死了妻子的男人，还是男人，大不了叫作“鳏夫”（guānfū），绝不加上一个“遗”字，因为丈夫并不是属于他的妻子的。这的确是男尊女卑、男女不平等的社会产物。

（二） 汉语中的男女不平等

由于中国的封建社会时间特别长，男尊女卑观念很浓厚，所以在汉语上也打下了深深的烙印。

因为“妇女”的“妇”与“服从”的“服”同音，中国古人解释“妇”这个词的时候就说什么“妇者服也”，妇女的天职就是服从男人。中国古人要求妇女“三从”：在家从父，没有出嫁的时候，一切听从父亲大人的；出嫁从夫，结婚之后一切听从丈夫的；夫死从子，丈夫死亡，一切听从儿子的。因此女人的一生都以服从为天职，是没有做主人的机会的。

在中国，你会听到许多关于女性的格言、谚语、俗语，如：

举案齐眉　夫唱妻随

嫁鸡随鸡，嫁狗随狗。

生是某家人，死是某家鬼。

头发长，见识短。

好男不和女斗。

唯女子和小人难养。

在从前的中国，许多妇女是没有名字的。正如诗人芦芒在《母亲的名字》一诗中所描写的那样：

在以往，祠堂宗庙要入谱，
她才上个名字，叫“某门某氏”。
……丈夫死了也要上个名，
还是——“某门某氏”……

直到新中国成立后，在中国农村，妇女即使有名字，但也是极少使用的，很少为人所知的。正如小说家李准在《李双双小传》中所写的那样：

村里街坊邻居，老一辈提起她，都管她叫“喜旺家”，或者“喜旺媳妇”，年轻人只管她叫“喜旺嫂子”。至于喜旺本人，前些年提起她，就只说“俺那个屋里人”，近几年双双有了孩子，他改作“俺小菊子他妈”。另外还有个不大好听的叫法，那就是“俺做饭的”。

对农村妇女的称呼，是从她丈夫或者她的孩子的角度上称呼的，或者从她必须承担的家庭劳动方面来称呼她，可见中国传统上妇女在家庭和社会上的地位是不高的。喜旺称自己的妻子为“俺做饭的”，这使我想起了英语中的：

homemaker　　household

而与“俺家做饭的”形成强烈对照的是，中国妇女，尤其是农村妇女，称自己的丈夫为“掌柜的”、“当家的”，丈夫在家中的地位是至高无上的，至少在形式上是如此。

有文化的人当然绝不会说“俺家做饭的”，他们说：

内人　内子　内助　贱内　拙荆

因为社会规范是“男主外，女主内”，所以称呼妻子便都带上一个“内”字儿。而且还要带上不好听的“贱”字和“拙”字，以表示这男人的谦虚。

“家属”一词，中国人传统的理解是：妻子＋孩子。如果用来指：丈夫＋孩子，总觉得很别扭。带家属便是带妻子孩子，没有指带丈夫孩子那一说。女人家习惯于做丈夫的家属，而一个男子汉是绝不愿意做妻子的家属的，他的自尊、他的情感都接受不了。

（三） 语言文字和女权运动

汉字也反映了中国人的男尊女卑观念。女字部有许多坏字眼儿，例如：

奸　妄　妨　妒　奴

妖　妓　娼　嫉　嫖

1949 年之后，妇女地位大大的提高了。50 年代有些女同胞对于这些女字旁的坏字眼大为恼火。有一位女士写信给《中国语文》，批判了这些汉字，要求废除这些汉字，另外创一些汉字来代替。《中国语文》杂志刊载了这封信，不过她的建议却无法变成现实。①

其实这个问题在西方也是存在着的。例如英语吧，chairman——主席，似乎这个世界上只有男人才能当主席，女人就永远没有资格当主席似的。mankind——人类，似乎人类全是由男人构成的，女人就不是人类的组成部分。其实少了女人半边天，哪还有人类呢！manmade——人工制造，难道只有男人才能制造东西吗？女人制造的东西还少吗？manpower——人力，只有男人才有力气，女人都是弱不禁风、手无缚鸡之力的吗？不是这么一回事儿。西方语言文字中的男尊女卑激起了西方女权运动者的愤怒和反抗。1974 年的《纽约时报》上曾经发表过长达 11 页的《关于平等处理两性词语的指示提纲》。

男尊女卑，男女平等，这是社会现象，社会问题。它同语言文字是有一定的联系的。但又毕竟是两个问题。社会问题必须运用社会的方式来解决。当然适当消除语言文字上的歧视妇女的现象，如少用或不用“俺家做饭的”和“贱内”等词语，对于消除与解决男女不平等、歧视妇女的社会问题是有好处的。但是仅仅只从语言文字上面着手，是不能最终解决这一社会问题的。

（四）“妻管严”和“半边天”

中国妇女的地位也是历史地变化着的。

从汉字上看，中国古代是有过妇女神气的时代的。中国人的姓氏用字，有许多都是女字部的。如：

姬　姜　姚　娄

说明中国上古的确有过女子掌大权的时代。

新中国成立以后，现代汉语中对妇女的称呼出现了一些新的方式。例如：

女同胞　娘子军　半边天

“女同胞”与男同胞平等而且亲切。“娘子军”显示了中国妇女的阳刚之美，力量和作用都不可忽视。因为毛泽东说过

“妇女能顶半边天”，于是“半边天”便成了中国妇女的称谓，也显示了中国妇女在中国社会上地位的重要。

80年代中国实行改革开放，便又产生了一些新词语。如：

女强人　女能人

这显示了中国妇女进一步走上社会舞台最重要最显眼的地位了。在第11届亚运会上，中国女运动员更是大出风头，因此一家报纸上当时出现出这样的标题：

英雄未可独自美

英雌亚运任翱翔

为中国女运动员临时专门创造了一个词：“英雌”！

中国妇女在家庭生活中的地位，还可从下面的新词语上来考察：

妻管严（气管炎）

床头跪（床头柜）

80年代，谐“气管炎”（气管发炎）之音而构成的“妻管严”是那么的流行，它反映了在当今中国家庭中，尤其城市家庭中，掌管财政大权的都是女同胞，男子汉已大权旁落了。“床头跪”，则戏指妻子处罚丈夫跪在床头，虽然不一定真跪，但从这一玩笑中也可以看出，今天中国家庭中妇女实权比男人要大。

同“妻管严”相对的有个新词叫“夫轻松”，是谐“肤轻松软膏”之音而构成一个戏称，指那些什么家务活也不干的男人。这也表明，在中国，虽然男人已承担了许多家务活，但妇女依然是家务劳动的主力军。

（五） 女性称呼的男性化

在当代中国的女青年中，有一个倾向，那就是有些少女喜欢男性化，取男子式的名字，用男性称呼，模仿男性的语言。在一些少女之间，彼此互称“×老头”。她们不喜欢被人叫作“小×”，而喜欢别人叫她“老×”，而习惯上过去对女性是不称“老×”的。有时她们发起火来，还自称“老子”。有一篇小说中写道：

> 燕华说：“老子不怕！凭什么让他搞钱？我们公司赚几个钱容易？全是老子们没日没夜开车赚的。邪不压正，你越怕越出鬼。”（池莉《热也好冷也好活着就好》《小说月报》1991年2期31页）

而在过去，泼辣粗野的女人也只是自称“老娘”，而绝没有自称“老子”的。

（六） “小姐”的复活和盛行

“小姐”一词在旧中国是流行的，一般用于有权有势的大户人家的闺女，用于有地位有身份的女性。1949年之后，“小姐”一词总是同“资产阶级”联系在一起。五六十年代，一位女性被称为“小姐”那是一种侮辱。“文革”之前，“小姐”一词逐渐被挤出现代汉语。

80年代，随着改革开放的大潮，“小姐”一词复活了，广泛流行了。年轻的女性喜欢被人称为“小姐”，在许多场合，“小姐”逐渐代替了“同志”和“师傅”，而且，“小姐”大大发展了，“小姐”们多了。例如：

空中小姐　香港小姐　广州小姐

公关小姐　礼仪小姐　导游小姐

导购小姐　亚洲小姐　世界小姐

这反映了中国人的生活多样化了，中国人的妇女观改变了，“男主外，女主内”的时代进一步解体了，也反映了女性在中国社会生活中的作用更大了，活动的舞台更宽广了，还反映了女性美的观念改变了。

在这些众多的“小姐”们中，有的用多了，已经有了简称。例如：

空中小姐 → 空姐

香港小姐 → 港姐

但更多的却不能随意简称。例如：

广州小姐 → 广姐(?)

公关小姐 → 公姐(?)

导游小姐 → 导姐(?)

礼仪小姐 → 礼姐(?)

不行！绝不能瞎说乱说！不能根据“空中小姐→空姐”的模式来类推，尽管“公关小姐”使用很频繁，但也不可这样简称。因为语言是不可以随意类推的！

附记：事实是，不久之后，“导姐”就已经满天飞了。

注：①2010年1月19日，天津律师叶满天在人民网强国论坛发表《16汉字之错：既不尊重女性，又误导儿童人生观》。16个汉字是：娱、耍、婪、嫉、妒、嫌、佞、妄、妖、奴、妓、娼、奸、姘、婊、嫖。文章说：第三个为"嫖"，按照《现代汉语词典》的解释为：玩弄娼妓的堕落行为。"嫖"为形声字，部首"女"旁为形，"票"为声旁。常见词为"吃喝嫖赌"，都是形容不务正业、游手好闲等恶劣品行。恶劣行为实施主体是男人，怎么可以在造字时把污水泼在女人身上？更何况这个字偏旁为"票"，在今天大多数人会理解为"钞票"的"票"，将女人和钞票放在一起，即为"嫖"，这给汉字使用者要传达什么信息？要传达一种什么文化？这个字只能说是汉字之污。我建议更改为"伓"，从字面上就可以看出是两个人做了社会不允许、不认可的事，我相信每一个看到的人都会受到一次无形的教育，将来会有效地减少这种行为。这番话，猛一看似乎很有道理，其实并无道理，毫无道理。更改"嫖"字为"伓"，就可以减少嫖娼行为，更是异想天开，荒唐之极。

（2011年10月18日）

数词的禁忌和崇拜

（一）二百五和二十五

有篇小说叫作《热也好冷也好活着就好》，其中写到了1989年夏天几个武汉人逗趣的一席话：

猫子说："我和他们去聊天。"

嫂子说："天有么事聊头？二百五！没听人说的么：十一亿人民八亿赌，还有两亿在跳舞，剩下的都是二百五。"

猫子说："二百五就二百五。现在的人不怕戴帽子。"

（《小说月报》1991年2期29页）

"二百五"，本是数词，等于250。当我们在计算的时候，一百，一百五，二百，二百五……，就是：100，150，200，250。但是在嫂子、猫子的话语中，显然并不是250的意思。这时候，"二百五"已经不是数词了，而是骂人话了，它的意义是：

二百五 ①〈方〉讥称有些傻气，做事莽撞的人。②〈方〉半瓶醋。

（《现代汉语词典》第5版362页）

为什么单单是"二百五"（而不是"二百四"、"三百六"、"四百八"）有"讥笑有些傻气，做事莽撞的人"这个意思的呢？

原来是这么一回事儿：清朝末年的时候，银元取代了银两、元宝，人们一般把五百个银元装作一封，那么二百五十个银元正好是半封。在现代汉语中，“封”和“疯”同音，“半封”和“半疯”同音，于是：二百五＝半封＝半疯儿！二百五＝讥称有些傻气，做事莽撞的人！

用“二百五”来骂人在中国是十分普遍的。您再听一次吧：

高声嫂俨然像个演说家，操着高门大嗓，发表着具有煽动性的演说：“……这些年，咱们尽让这帮二百五的干部折腾稀了。”（王金力《发生在春天里》，《小说月报》1981年8期55页）

这个意思的“二百五”，有时候也可以缩小到“二十五”，即：二百五＝二十五！

（二） 十三点和三八及三八三八

中国人虽然不像西方人那样忌讳十三这个数字，但在上海、苏州、无锡等吴方言中，人们却用“十三点”来骂人。

这个“十三点”是一个形容词，形容一个人的言语、行为不正常、不合情理。例如：

因为侬人十三点，老公勿要抬转来还。（甬剧《打窗楼》）

大清早哗啦哗啦吵，这不是十三点吗？（滑稽戏《三毛学生意》）

汉语中的名词和动词、形容词常常是没有区别的。这个“十三点”也可以是一个名词，指称傻里傻气的或者行为不合情理的人。例如：

我八千块勿坐，出侬一万块，我是十三点哦？（独角戏《拉黄包车》）

与“二百五”、“十三点”接近的说法，在台湾地区，叫“三八”或“三八三八”。“三八”也是一个形容词，形容傻。例如：

“你这个老胡涂，你要叫女儿出嫁几次呀？真三八。”舅父提高声音。（吕赫若《庙庭》）

三八女孩，从这里到高雄要花多少车钱？你们要吃粽子不会自己去买，还要你从台湾头带到台湾尾。（杨青矗《婉晴的失眠症》）

这个“三八”也同时是一个名词，专指傻瓜、笨蛋。例如，

我才看出原来是林玫君，并听到林玫君笑着在骂：“三八，要跌倒也不会选个没人的地方。”（李昂《她们的眼泪》）

“三八三八”，则相当于普通话中的“傻里傻气”。例如：

“她这里有问题。”林玫君指指头说，“又大肚子，三八三八的还要出去参加演唱会，所长不让她出去，她就一直闹。”（李昂《她们的眼泪》）

在香港地区，“八”也是一个贬义词，说一个人“很八”，就是说他多管闲事，“八卦”是对多管闲事的男人的蔑称，而“八婆”便是对多管闲事的女人的蔑称。

（三） 何为“五官”、“五谷”？

中国人品评人的长相，常说“五官端正”。如果遇到一个

过分严谨的人，偏偏要问一个明白："五官"是哪五个器官？那么，最博学多才的人也说不清楚，连词典上也是相互矛盾的。

《现代汉语词典》说，"五官"指：耳、目、口、鼻、身。又补充了一句：通常指脸上的器官。《中文大辞典》说，"五官"指：耳、目、鼻、口、形。或：耳、目、鼻、口、心。《辞源》说，"五官"指：双手和口、耳、目。日本爱知大学编的《中日大辞典》说，"五官"指：身体的五种器官，一般指眼、耳、鼻、舌、皮肤。吴景荣主编的《汉英词典》说，"五官"指：耳、目、唇、鼻、舌。吉林大学编的《汉日词典》说，"五官"指：目、脸、鼻等。

可见汉语中的"五官"并没有一个精确的含义。

中国人都说自己是吃五谷长大的。那么汉语中的"五谷"又是哪五种粮食呢？伍铁平曾经做过一番专门研究，他发现学者们的意见很不一致，他找到七种彼此不同的说法：

郑玄：麻、黍、稷、麦、豆

赵岐：黍、稷、麦、豆、稻

王逸：麻、稷、豆、麦、稻

王冰：黍、麦、小豆、大豆、粳米

《汉法辞典》：黍、稷、麦、豆、稻

《妙法莲华经》：大麦、小麦、绿豆、稻、白芥子

《曼荼罗》：胡麻、大麦、小麦、小豆、稻

所以《现代汉语词典》才说："古书中对五谷有不同的说法，通常指稻、黍、稷、麦、谷，泛指粮食作物。"(第5版1443页)

从谁也说不出"五谷"、"五官"的精确的所指，我们只得承认，现代汉语许多复合词中的"五"，其实是虚指、模糊用法。

（四） 神秘的“五”！

赋予某些数字以一种神秘的含义而加以崇拜，这是许多民族文化中所共有的一种现象。在中国的古代文化中，也有数字的崇拜。在古人心目中，一、五、六、八、九、三十六、七十二，经常被看作为吉祥的数字，而三、七、二十一却又被当作凶数来忌讳。中国有一句现成话叫：“不管三七二十一”，如果解作：3×7＝21，这是常规，“不管三七二十一”就是说破了常规，冒险了，拼命了，当然这也说得过去。但其实，“三、七、二十一”都是可怕的凶数，如果连凶数都不在乎，铤而走险，那就什么禁忌也没有了。

中国人对数字的崇拜中，对“五”这个数的崇拜是尤其的强烈。所以由“五”构成的复合词特别的多，例如：

五采　五祀　五道　五声　五言　五服　五长
五刑　五典　五礼　五周　五众　五味　五药
五气　五色　五帝　五代　五毒　五短　五方
五更　五辈　五金　五行　五经　五岭　五律
五伦　五内　五香　五岳　五脏　五指　五洲
五湖四海　五花大绑　五大三粗　五光十色
五行八作　五劳七伤　五体投地　五讲四美

这大概同我们人类一只手正好有五个手指头这一点大有关系吧？

（五） 中国古文化中的“五”

在中国古代文化中，五行学说盛行，所以许多五个一组的事物都同五行相匹配，建立了一个严整的对应模式。大体是这样的：

五行	木	火	土	金	水
五方	东	南	中	西	北
五帝	太皞	炎帝	黄帝	少昊	颛顼
五佐	勾芒	祝融	后土	蓐收	玄冥
五时	春	夏	季夏	秋	冬
五神	岁星	荧惑	镇星	太白	辰星
五兽	苍龙	朱鸟	黄龙	白虎	玄武
五音	角	徵	宫	商	羽
五色	青	赤	黄	白	黑
五器	规	衡	绳	矩	权
五臭	羶	焦	香	腥	朽
五味	酸	苦	甘	辛	咸
五事	视	言	思	听	貌
五德	明	从	睿	聪	恭
五微	燠	旸	风	寒	雨
五社	户	灶	中霤	门	行
五脏	肝	心	脾	肺	肾
五常	仁	礼	信	义	智
五虫	鳞	羽	羸	毛	介
五数	八	七	五	九	六
（十日）	甲乙	丙丁	戊己	庚辛	壬癸

抓住这些组事物的对应关系，可以帮助我们解开许多汉

语和中国文化之谜。例如，中国许多城市中都有玄武门、朱雀（鸟）门，我们知道这些对应关系，便可以断言，玄武门即这个城市的北门，朱雀门即南门，因五兽中的“朱鸟”同五方中的“南”，五兽中的“玄武”同五方中的“北”有对应的关系。所以南京的朱雀路一定在城南，而绝不会在城北。

（六） “十”表示全、完满

在中国人心目中，十表示全、完满，所以特别喜欢。这一点，鲁迅早在 1925 年就在《再论雷峰塔的倒掉》中评论过了：

> 我们中国的许多人，——我在此特别郑重声明：并不包括四万万同胞全部！——大抵患有一种“十景病”，至少是“八景病”，沉重起来的时候大概在清朝。凡看一部县志，这一县往往有十景或八景，如“远村明月”、“萧寺清钟”、“古池好水”之类。而且，“十”字形的病菌，似乎已经侵入血管，流布全身，其势力早不在“!”形惊叹号亡国病菌之下了。点心有十样锦，菜有十碗，音乐有十番，阎罗有十殿，药有十全大补，猜拳有全福手福手全，连人的劣迹或罪状，宣布起来也大抵是十条，仿佛犯了九条的时候总不肯歇手。（《鲁迅全集》第 1 卷 191 页）

一个民族语言运用中的“好十”的毛病，当然不会因为一个作家的一篇文章就改变的。因此在今天的汉语，“十”还是十分活跃的：“十分、十足、十全、十全十美，十恶不赦……”！

（七） 三、六、九

汉语中，三、六、九，经常是虚指，表示多，用于夸张。如：

三姑六婆　　九牛二虎　　九牛一毛　　九死一生

有人说,"三姑"指:尼姑、道姑、卦姑(占卦的)。"六婆"指:牙婆(以介绍人口买卖为职业从中取利的妇女)、媒婆、师婆(女巫)、虔婆(鸨母)、药婆(给人治病的妇女)、稳婆(接生婆)。这个解释很勉强,在硬凑数目。

而且三、六、九的倍数:十二、三十六、七十二、三百六十、九百三十等,在汉语中也都是虚数,是夸张的说法,只是表示多。

李白有一首诗《秋浦歌》:

白发三千丈,缘愁似箇长。
不知明镜里,何处得秋霜。

Giles 将该诗译成英语作:

My whitening hair would make a long long rope,
Yet could not farther all my depth of woe;
Though how it comes within a mirror's scope,
To sprinkle autumn frosts, I do not know.

张祜有一首诗叫作《河满子》:

故国三千里,深宫二十年。
一声河满子,双泪落君前。

Bynner 的英语翻译是:

A lady of the palace these twenty years,
She has lived here a thousand miles from her

home—

Yet ask her for this song and, with the first few words of it,

See how she tries to hold back her tears.

这里“三千里”没有译作 three thousand paths 而是 a thousand miles,是因为“三千”是虚指,而且英语中常用来夸张的数字是:

twenty, fifty, one hundred, one hundred and one, one thousand, one thousand and one

同理,中国的谚语“三句话不离本行”,译成英语就应当是:

to talk about one's own

never to one's own line

(八) “八”和“发”

在港台地区,数词“八”和动词“发财”的“发”音近,因此大走红运,很受青睐。而“十八”同粤语的“实发”——一定发财——同音,也便十分走红走俏。汽车、住房、电话、奖券等的号码中假如有一个或多个“八”或“十八”,那便是非常得意的事儿,也一定叫人眼红的。

因为在香港地区,“二”和容易的“易”音近,所以“二三”可以谐音为“易生”,“二八”便是“易发”。于是“二三二八”便是“易生易发”,“三三八八”便是“ 生生发发”,便是再吉利也没有的了。

而“一六”同“一路”发音相近。结果168、163、1638、1628这类车牌儿，公开拍卖时都能得到好价钱，因为这是“一路发”、“一路生”、“一路生发”、“一路易发”的吉利话的象征。

（九） 四、七和九

四，在中国人的心理上是对立的。从语义上说，中国人崇尚双数。送礼以双数为佳，四件，八样，十种，都好。“四四如意”，“四喜汤团”，四是吉利的。但是从语音上看，它同死亡的“死”同音，糟了，这天地间谁个不讨厌不害怕死亡呢？尤其是在吉日良辰之际！因此“四”这个数在许多时候是中国人要尽量回避的。

在中国送礼绝不可以是“七件”，因为人们忌讳“七”这个数。“七”同鬼、死亡有某种联想关系。农历七月十七日是鬼节，要举行祭鬼仪式。中国人对死者的祭奠按“七”来计算：头七、二七、三七、四七、五七、六七、七七——第四十九天！因此“七”便大不吉利了。在上海松江的饭馆里，如果您要四碗饭，服务员绝不说：“四碗饭！”而说：“米饭，两碗，两碗！”进行了一番分解工作，即：四→二加二！

在中国许多地方，人们忌讳：六十六、七十三、八十四，认为这三个年龄是一道道门槛，老年人是很难跨得过去的。所以有这样的顺口溜儿：

> 七十三，八十四，阎王不叫自己去。
>
> 六十六，不死也要掉块肉。

但中国人是很聪明的，便想出一个办法，到这个年龄，或少报一岁，或多报一岁，便躲过了、跳过了这一道道门槛儿。

与“四”、“七”相反，九因为与“长久”的“久”同音，便大大讨喜走红。特别是在香港，尤其是与“八”相配，“九八”便是“久发”，“八九”便是“发久”，大吉大利。结婚时新娘的“姐妹”们要向新郎讨开门“利是”（放在红封包里的开门吉利钱），这时候双方讨价还价，总少不了一个“九”，大多是九十九块、九百九十九块之类。

“九”在中国往往被看作为一种极限。所以中国的寿星，往往已过一百大关，也只说自己九十九岁。中国历代皇宫、宗祠、庙堂建筑形式最高为九进院，门饰为纵九、横九排列。中国好多寺观中的巨钟，重量是九千九百九十九斤！

谐音的方方面面

谐音是诙谐的下乘，然而是高等文明之始基。（路威《文明与野蛮》177 页）

（一） 谐音是语音的相似联想

所谓谐音，就是声音相同或者相近相似的不同的字或词之间的一种联想关系。

唐人李百药的《北齐书·高祖十二王传》中记载说："初，术士言亡高者黑衣，由是自神武（按即高欢）后，每出行，不欲见沙门，为黑衣故也。是时文宣（即高洋）幸晋阳，以所忌问左右曰：'何物最黑？'对曰：'莫过漆。'帝以涣第七子当之。"高洋的思维路线是：

黑→漆（语音联想）→七（第七）（语音联想）

于是，高涣就被抓到京城，关在铁笼子里，一年后被砍了脑袋。这个高涣就成了语音联想，也就是谐音的牺牲品了。当然，谐音也只是一个借口，重要的是高洋本来早就猜疑、嫉妒他的兄弟了。因为这高涣本是一个聪明的有本事的人，"天姿雄杰，倜傥不群"，"力能扛鼎，才武绝伦"。他的父亲高欢很喜欢他。你叫他的兄弟高洋如何容得了他呢？树大招风，有本事的人本来命运就是如此。谐音能够杀人，还不重要么？

（二） 谐音的语言基础

汉语，尤其是现代汉语，谐音现象尤其重要。因为，汉语发展的大趋势是语音的逐步简单化，现代汉语普通话语音非常简单，是由声、韵、调三个部分所组成的。它有21个声母，39个韵母，去掉三个特殊的韵母，还有36个韵母。36个韵母中，有23个韵母的覆盖率累频高达90%，而其他13个韵母：o、ei、ia、uan、un、üe、uang、er、ua、iong、uen、uai、ueng，还不到10%。有人从1.38亿字的语料中，抽样11837453个字，统计结果是：不分声调的音节是419个，其中有13个是没有相应汉字的，因此有汉字的音节是406个，共计是7754个汉字。如果区分声调，则有1333个音节，其中有汉字的音节是1241个。而且在有汉字的406个音节中，有192个音节的累频高达90%，在有汉字的1241个音节中，有429个带声调的音节的累频高达90%。

这简单的代价就是同音字、同音词语特别多。然而汉字有五六万之多，汉语的词汇有几十万几百万之多，于是语音相同、相似、相近的现象就是极其严重的了。例如：

① 大、打、达、答、搭、塔、瘩、耷、哒、嗒、怛、妲、沓、疸、褡、笪、靼、鞑

② 起、其、气、期、七、器、齐、奇、汽、企、漆、欺、畦、启、弃、歧、稽、缉、栖、戚、妻、凄、柒、沏、棋、崎、祈、脐、祁、骑、岂、乞、契、砌、迄、泣、讫、亓、亟

③ 一、以、已、易、议、意、义、益、医、仪、艺、依、移、伊、衣、宜、乙、亿、异、壹、揖、铱、颐、夷、遗、胰、疑、沂、姨、

彝、椅、蚁、倚、矣、抑、邑、屹、役、臆、逸、肄、疫、亦、裔、毅、忆、溢、诣、谊、译、翼、翌、绎、艾、蛾、蛇、尾、仡、嗌、欹、刈、劓、佚、佾、诒、圯、埸、懿、苡、荑、薏、弈、奕、挹、弋、呓、咦、咿、噫、嶷、猗、饴、怿、怡、悒、漪、迤、驿、缢、殪、轶、贻、旖、熠、眙、钇、镒、镱、痍、瘗、癔、翊、蜴、舣、羿、翳、酏、黟

双音节词语中，同音现象也同样严重。例如：一生、一升、一牲、一声、医生等。如果把音相似和相近的也包括在内，那就更多了。

古代汉语的语音，王力说：声母为32组，韵母为30个韵部，声韵配合最多可以有960个音节，再加上四声，有约3840个音节。周法高改编、修订董同龢的《上古音韵表稿》而成的《周法高上古音韵表》中，有字音节为3987个，平均每个音节的同音词约5—6个。

音同、音似和音近的汉字、词素和词如此之多，这在交际中，首先是一个负担，往往会造成交际的短路。当代大语言学家王力在《为推广普通话和推行汉语拼音而努力》(《光明日报》1979年10月11日)中说：一个上海教师上课，把“典型”说成“电影”，一个广东教师上课，把“私有制”说成“西游记”，一个湖南教师上课，把“图画”说成“头发”，一个潮州教师上课，把“青年”说成“亲娘”，这些同音当然会给交际带来负面值的后果。

但是，一切事物都有正反两个方面，同音在交际中，也有积极的一面，有特殊的表达效果，有某种艺术魅力，还为一种特殊的谐音文化提供了非常广阔的活动空间。

（三） 谐音的心理基础：联想

谐音得到广泛运用是有它的心理基础的，这从生理心理的观点上看，是以人的心理联想能力为前提的，是心理联想能力促进、推动了谐音的最广泛的应用。联想能力是各个民族的人都具有的。不过，好像中国人最重视联想，也最善于联想，在语言问题上尤其是如此。语言中的联想，是从两个方面展开的，一个是词语和句子的内容，就是它们的意义；另一个是词语和句子的形式，主要是语音形式。语音的联想，表现在创造语言和使用语言两个方面。

在创造语言方面，诗人徐志摩创造了：翡冷翠——佛罗伦萨（Firenze），眸冷骨累——忧郁（melancholy），哀克剎脱教堂——Excter Cathedral，等等，充分发挥了他的联想能力。再如：拜拜（再见）、三克油（谢谢）、金珠玛米（解放军）、阿妈妮（妈妈）、布拉吉（连衣裙），等等，这些外语词语的运用往往是因为有交际的特殊需要，或是为了准确地传递信息，或是为了委婉含蓄，或是为了造成异国他乡的特殊情调，或是为了构造风趣幽默的色彩。林语堂主编的《论语》杂志中有署名“大华烈士”的《吴邑民歌》。作者解释说：“‘大华烈士’即俄文‘同志’之音译。曩在西北军中，时值亲俄联共政策盛行非常热闹，袍泽们均以此名辞相称呼，或有相戏简称作‘X 大娃’者。余初写《西北风》，随意署此笔名，以留纪念，原无他意。不料侪辈不明真相，多就字面解着‘大中华国的猛鬼’，而辄以此相谑。”（《时语俚调》139 页）

在用词方面，在口语中，谐音联想也特别敏感。在鸿门宴上，大谋士范增一再举起自己的玉佩，给西楚霸王项羽看，因为他的玉佩叫作玦，同“决”和“绝”同音，是在提醒项王应下决心动手干掉刘邦了。谐音的广泛运用，就依赖于敏锐而丰富的心理联想能力。口语交际中的谐音，很容易造成交际短路现象。例如给老年人送一口钟，很容易联想到“送终”。所以一个重要问题就是避免不必要的谐音联想。心理联想在编码和解码两个方面同样发挥着不可忽视的作用。司马迁在《史记》中说：“汉八年，上从东垣还，过赵，贯高等乃壁人柏人，要之置厕。上过欲宿，心动，问曰：‘县名何？’曰：‘柏人。’柏人者，迫于人也。不宿乃去。”这里的“上”是汉高祖刘邦。他就是因为“柏人”和“迫人”的谐音联想，才不敢在这个县住宿的。

（四） 谐音和求同的民族心理

汉语中谐音的发达是同中国人的民族心理分不开的。这首先是求同的心理和吉祥的心理。

中国文化是一种“和同”文化。在人际交往和社会生活的各个方面，崇尚的是“和”与“同”。这种求同的民族心理，在语言方面也有强烈的表现。语言中的求同，表现在内容和形式两个方面。这是汉语运用中的一个特点。在语音上求同，是语言艺术的一个重要内容，例如：押韵，讲究平仄，重视单双音节的搭配，对偶和排比及反复，衬词和节奏，谐音等。在语言运用、文学创作和日常生活中，谐音应用如此广泛，就是因为它有民族的求同的心理基础。

中华民族的谐音文化，也是中华民族的吉祥心理的产物。民间有讨口彩的习俗，就是用偏向好的意思的字眼来代替本来不好的字眼。许多地名就是用这种方式改换名称的。新加坡的书城,叫“百胜楼”,原因“书”和“输”同音,不吉利,要回避,就反其道而行之,叫“胜”,书多就是不是“百胜”。

(五) 谐音的审美情趣

中国文化最讲究人情味,追求的是一种审美的情趣。无论是在口语,还是在书面语中,对情趣的追求有时是胜过信息本身的。报纸上说,剪了平头的范晓萱推出了《恋爱数字》MTV 专辑:520——我爱你,530——我想你,000——吻你等。

谐音联想也表现在歇后语中,例如:炮仗掉在水里头——不响。火药闷在铳膛里——不响。开山放瞎炮——不响。断了弦的二胡——不响。铃铛掉了舌头——不响。断了捻子的炮仗——不响。这些歇后语表面形象说的都是“不响”,但“响”和“想”同音,骨子里说的是“不想”——不希望,不愿意。谐音歇后语依赖的是语音的联想,目的是要造成一种幽默风趣的情调。

在吸收外来语词汇方面,值得注意是增义音译法。所谓“增义音译法”,指的是:汉语处理音译外语词语的时候,汉字不仅是单纯表音的符号,往往还兼有表示意义的功能,而且有时候意义并不是外语词语原先所有的。荷兰的正式国名是尼德兰王国,尼德——低的,兰——地方、国家。尼德兰是低地国家之义。荷兰国名是从日耳曼语中的“霍德兰”一词演变而来的,“霍德”本是森林之义,霍德兰原是森林之国。但到了汉语,却同荷花和兰花发生了一些联系。再如一种饮料“Spirit"，翻译为"雪碧"，雪和碧的联想的附加的含义是原文所没有的。在常见的商标中还有：可口可乐—— Coca Cola，奔驰——Benz，四通——Ston，标致——Peugeot，乐口福——Lacovo，登喜路——Dunhill，等等。翻译者精心挑选的汉字，给这些音译词语增加了汉语特有的附加含义和感情色彩。

有时，利用谐音的方式，故意寻找字面上可以望文生义的特殊的汉字，使字面意思同原词语的意思毫不相干，把外语词语变成游戏逗乐的手段。例如：迪斯科——踢死狗，麦当劳——买当奴，洛杉矶——落山鸡，miss——迷死，cancer——砍杀尔，husband——黑漆板凳，等等。例如：

① 几年前，认得的一对青年夫妻，跑到"落山鸡"去打天下。（徐铭谦《中国"皮渣"》）

② 一旁，电梯中走出一位"觅死的"John，或是 Steve 什么的，一手提着挺沉的行李箱，一手拎套西装。仆役才一道"早"！John 就一声"顾得猫儿脸"，早顺手把他那套西装递过去了。二人三五步就跨到了门口儿道"再见"。John 接过西装，手心塞过小费，外饶上："三块油喂你妈吃"而去。（徐铭谦《尊颜何价》）

③ 十分偶然地，往旧金山湾远赴"饿还饿"州，出席"Big Ten "的一项学术集会。/听讲演，念"赔本儿"(Paper)里，掩耳自乐一番。（徐铭谦《"相见欢"》）

④ 熟食如"买当奴"，炸鸡块，热狗等等，都是大批制作，一式一样毫无特色，食物等人，随到随有，可以三口两口抓食大啖吞咽的。（庄因《是福？是祸?》，《午后冬阳》142 页，香港三联书店 1988 年）

这些谐音翻译的外语词语，有一种特殊的修辞意味。

（六） 谐音与造字和用字

汉字是象形文字。古人分析汉字提出“六书”之说，最早记载出现于刘歆的《七略》，班固在《汉书·艺文志》中说：“古者八岁入小学，故周官保氏掌养国子，教之六书，谓：象形、象事、象意、象声、转注、假借，造字之本也。”其中涉及音的有“形声”和“假借”。现代人认为，形声是造字法，而假借是用字法。例如：

同——铜、筒、侗、恫、桐、酮、垌、峒

丁——顶、钉、订、盯、叮、仃、玎、町、疔、耵、酊

分——粉、份、纷、芬、酚、吩、氛、汾、忿、玢、棼、鼢

吉——佶、诘、咕、髻、洁、秸、拮、颉、鲒

文——纹、蚊、紊、汶、雯

唐——糖、塘、搪、溏、瑭、螗、醣

台——胎、抬、苔、邰、骀、炱、跆、鲐、殆

充当形声字声符的汉字，例如“同、丁、分、吉、文、台”等，同由它所构造而成的形声字之间的关系，是一种谐音关系，其实就是利用谐音创造新的汉字的一种方法。汉字中的形声字，在东汉许慎的《说文解字》中已经到了占70％，现代汉字中更高达90％。由此可见，谐音在汉字创造中的作用是巨大的。

假借，许慎在《说文解字》中说：“假借者，依声托事”，即本来没有这个字，就用一个同音字来代替它。例如：用汝水之

"汝"作为第二人称代词,等等。换句话说,假借就是把汉字仅仅当作一个标音的符号来看待,丢开它原来的意义。在借用外来语词语的时候,汉字的作用是标音的符号,所以也可以算作假借的。

不但本来没有字的可以用同音字来代替,就是原本有字的,或者写作者不知道,或者写作者一时忘记了,或者原字太复杂,人们也可以一个常见的、比较简单的同音字来代替。

谐音,也是现代人对汉字进行简化时常用的方法。

(七) 谐音和词语解释

谐音的运用,从用字的角度上看,是假借用字。从字和词语的解释方面来看,就是"因声求义",这是训诂学中的一种重要的手段,叫作"声训法"。

中国传统语文学中,谐音一向是词语解释中的重要手段。例如:"政者,正也。""妇者,服也。""鬼者,归也。"这有一个专门的术语,叫作"声训"。《周易·说卦》中说:"乾,健也。坤,顺也。震,动也。坎,陷也。离,丽也。兑,说也。"运用的就是声训法。

声训法,就是以同音或音近为依据的训诂,这是古代语文学家解释词义和寻求语源的一种方法。例如《释名》的特点是"以同声相谐,从音求义,考合古今,晰名物之殊,辨典礼之异。"(《释名疏证补》的《出版说明》,上海古籍出版社 1984 年)所以在《释名》中:"福,富也。""通,洞也。""食,殖也。""仁,忍也。""地,底也。"这种因声求义的解释方式是有道理的。因为,汉字的义符,表示的是意义类别。声符是表示语音,语音相同的汉字，往往有相同、相似、相近的意义。例如：

决——水的缺　　玦——玉的缺

缺——器物的缺　　阕——门的缺

在语言学上，音和义都相同的，音相近而义相同的，义相近而音相同的，就叫“同源词”。王力在《同源字论》中说：“凡音义皆近，音近义同的字，叫作同源字。”（《同源字典》3页）

（八）　谐音和文化

罗伯特·路威说：“谐音是诙谐的下乘，然而是高等文明之始基。”（《文明与野蛮》，177页，吕叔湘译，生活·读书·新知书店1993年）

谐音和文化的关系，是广泛而深刻的。说广泛，是因为它存在于、渗透到文化的各个方面。许多时候，我们虽然感觉不到它的存在，其实它却在影响着我们。例如说真和假吧，曹雪芹的《红楼梦》中，有两个宝玉，有个姓贾，一个姓甄。两个宝玉中谁真谁假？“甄”与真同音，“贾”与“假”同音。似乎贾宝玉是假宝玉，而甄宝玉才是真宝玉。但是，这其实也并不是作者的真正的意图。事实上是甄非真，贾非假！

不过中国历史上的确有一个女孩子就因为姓“贾”而没有当成皇后——现在，在孙中山打倒了皇帝之后的若干年，还是“X帝”和“X后”满天飞，梦想当影后、舞后的人还是不少的呢！以今例古，当初这女孩子一定很痛苦的吧？——她是宋理宗时的大臣贾涉的女儿。据史书说，人长得很漂亮，宋理宗很喜欢她，但皇太后喜欢的是另一个女孩，她夸谢小姐端庄稳重，有福相。左右的人当然得迎合太后，都说："不立真皇后，难道要立假皇后?!"宋理宗没有办法，只好放弃了自己的所爱、最爱，而立谢女为皇后。贾小姐，因为姓贾，"贾"与"假"同音，失去了皇后的宝座，不能同喜欢自己的人喜结秦晋、比翼齐飞，是很值得同情的。在20世纪80年代，一个女大学生，就是因为对方姓熊差一点拒绝了他的爱情。

谐音同文化的关系是多方面的。其中很重要的一点是：趋吉避凶的民族心理。它是多种多样的谐音文化产生的原因。所以简单化些，可以把许多谐音文化现象称之为趋吉避凶文化。例如在旅游城市的桂林，袖珍旅游品是"迷你棺材"。棺材本来是装尸体用的，很叫人讨厌的东西，然而因为同"官"和"财"，即升官发财谐音而身价百倍了。

有的时候，谐音就是金钱，谐音改变了物的价值。发菜就因为名字好而珍贵、而畅销、而值钱，提供了发财的机会。是谐音创造了动物、食物和用具的文化价值。例如：苹果、橘子、年糕、发糕、桂圆、蝙蝠等是吉祥的。不吉利的，例如：梨子、馓子、雨伞等。

谐音和文化的关系，可以从两个方面着手：一是看谐音对汉文化的影响；二是汉文化对谐音手段的偏爱程度和制约作用。

（九） 谐音和民俗一例：灯和丁

有部电影叫《大红灯笼高高挂》，有句歇后语叫"外甥打灯笼——照舅（旧）"。这是风马牛不相及的事情，联系得上吗？"外甥打灯笼——照舅（旧）。"现在不用灯笼了。于是有人说成“外孙打电筒——照舅(旧)”。意思还在,可是原来的文化韵味全都消失了。因为灯是温暖和光明的象征。正月十五元宵佳节,更是灯的节日,在这灯的海洋里,古今多少故事发生了。在我的家乡江苏淮安还有送灯的风俗。正月十五到二月二之间,送一个小红灯给人家,这人家应当是无子女的人家。主人接受后,挂在床头,招待送灯者一番。如果后来生了小孩还要再次重礼答谢送灯的人。可是若问一个中国人为啥对灯如此似痴似醉若狂呢?其文化含义是什么?就不是每个人都知道的了。原来——灯象征着生儿育女!特别是生男孩子!

《武林旧事》中说:福州流行“橘灯”,是添丁的意思,是吉祥的象征。明朝人谢肇淛在《五杂俎》中说:“天下上元灯烛之盛,无逾闽中者,闽方言以灯为丁,每添设一灯,则俗谓之添丁。”清朝人屈大均在《广东新语》中说,海丰民俗,元宵节时到水边放水灯,得到白灯的是将要生儿子的吉祥信号;得到红灯的则是生女儿的兆头。

原来——

灯:dēng

丁:dīng 成年男人,丁。

〈引〉1.旧指人口:人丁、丁口(男女合称)。

2.指从事某种劳动的人:园丁。(《新华字典》)

谚语说:“好铁不打钉,好汉不当兵。”为什么一定要用“钉”来打比喻呢?因为成年男人就是“丁”——“钉”。通过谐音手段造成了象征,构成了隐喻:灯就是丁,就是人,小孩,就是生儿育女。有些地方，妇女到庙里，到观音菩萨的供桌前，偷了莲灯回家。“莲灯”就是“连丁”接二连三地生，多子多福，当然是那个时代的观念了。而山西柳林城郊，是到庙会上去偷灯，必须马上回家。要求在下次庙会上献上一个新灯。中国许多地方有“送灯”的习俗，其实就是“送丁”——送子(女)。

再回到“外甥打灯笼——照舅(旧)”上来。陕西丹凤有舅舅外甥子送灯的风俗。目的是希望从女方娘家获得生育的能力。这个活动中，有两个角色：舅舅和外甥；两个事物：灯笼和子女；一个共同的目的：生儿育女。到了歇后语中，保留了两个角色，目标隐退了，升到浅表来的是灯笼的功能——照。(参看周星《灯与丁——谐音象征、仪式与隐喻》，见《象征与社会——中国民间文化的探索》，天津人民出版社 1997 年)

(十) 谐音象征的两种类型

民间艺术的研究中，把民间文艺的象征分为两种：形意象征和形声象征。认为：“正是汉民族的这种文字、语言的结构，给民间文艺带来了形意与形声的两大类基本形式。”(胡潇《民间艺术的文化寻绎》461 页，湖南美术出版社 1994 年)

在形声象征中，有的学者又分为两种类型。第一种，以象征形象及其原型事物名称的语音所内含的语义，引申地表征对象事物。例如：用合欢花象征合家欢乐；用忘忧草象征快乐无忧无愁；用含羞草象征腼腆的人，特别是少女；用万年青象征友谊长青；用常春藤象征青春不老，等等。“它们所象征的形象与象征意义与语音方面的关联，是直接统一的，是音音相通而不是相谐，形象不在语音上对被象征的事物的名义或逻辑语音发生形容或模拟，所以它们只是一种‘准’形声的关系。从某种意义说，在这种形声关系中，象征形象既是被象征事物的‘意符’，同时也是它的‘音符’。”（胡潇《民间艺术的文化寻绎》465 页）

第二种，“是以象征形象及其原型事物之名义的语声，去谐音类比被谐音被象征事物之名义的语声，进而达到从意义上对被象征事物的象征。”（胡潇《民间艺术的文化寻绎》466 页）例如：三只羊——三阳开泰；大的荔枝——大利；马背上有一只猴子，树枝头有一个蜂窝——马上封侯。这是纯粹谐音的象征。也有谐音和形意混合式的象征。胡潇说：“形声与形意混合的象征方式，一般来说，形声的形象是主要的或破题的，是造型中的主语，形意的形象则是次要的或者补充和圆题的，是造型中的谓语。”（同上 467 页）例如：民俗画中，常常用柏象征百，用柿象征事，用灵芝象征如意，表示“百事如意”。

（十一） 谐音是研究古文化的手段

这是研究古代社会和文化，尤其是研究古代神话经常运用的一种方法。例如何新在《诸神的起源》（生活·读书·新知三联书店，1986 年）中对于中国古代神话的重新阐释，运用的方法主要就是谐音法。例如，《帝王世纪》中说：“大昊帝包牺氏……一号皇雄氏。”“一号黄熊氏。”而黄帝的称号却是有熊氏。很显然，这是黄帝——伏羲乃同一人的又一证据（黄熊氏与皇熊氏实际正是黄帝有熊氏的省称）。另一方面，昊、黄乃双声音转。太昊又称太皇（泰皇）或泰帝。而黄帝别称皇天上帝。这也表明太昊——伏羲与黄帝是同一神。（33 页）

当然，这种方法应有严格的限制，要与其他条件相配合。

中国人称呼处女为“黄花闺女”。其实这是一种谐音联想：

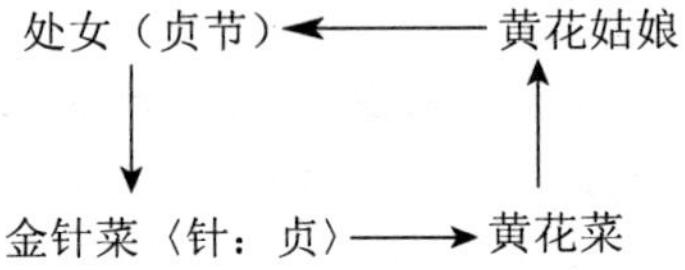

中国人骂人为“二百五”或者“半吊子”。为什么？这是因为，明清时代，五百个钱穿为一串，叫“一封”，那么二百五十钱，只是半封、半吊。“封”和“疯”同音，于是“半吊子”就是“半疯”，“二百五”也就是“半疯”，虽然还没有全部疯，这一半的疯也就很不好了。运用谐音方法就可找到这一说法的道理了。

再如《清明上河图》中的“清明”吧。过去人们都认为是描写春天清明节那天里首都汴京（现在的开封）的节日景象的。现在有人认为不是这样的。

首先，在这图画上，不但有春天信息，也有夏天的景象；既有秋天的景色，也有冬天的特征。它并不是一幅描写某个特定季节中自然景色的图画。这正如杜牧的《江南春绝句》：

千里莺啼绿映红，水村山郭酒旗风。
南朝四百八十寺，多少楼台烟雨中。

有人责问道：一千里外的地方的莺啼，谁个听得见？一千里外的地方的绿映红，谁个看得见？这是忘记了，杜牧并不是就某个特定的空间来观察江南春色的。根据《东京梦华录》的记载，这幅图画创作于北宋末年，完成于南宋初年。当时北方大片国土被金人所占领，首都居民，从大贵族到平民百姓，纷纷南迁到了长江之南。人们思念着故都，回忆故都的繁华，怀念往日的强盛。对于导致今日的失败和屈辱，也进行了反思。由于痛恶当时南宋的政治腐败，就向往北宋开国初年的政治清明。于是，有意识地选择汴京清明坊到虹桥之间的景色来作为描写对象，题名为《清明上河图》。这清明，不是时间——清明节，而是空间——汴京的清明坊；而且是一语双关：政治清明。怀念北宋初年的政治清明，是对南宋初年政治腐败的感慨和愤慨，也是一种寄托和期待。

（十二） 谐音在中国历史上的地位和作用

谐音在中国古代政治生活中的地位和作用是特别重要的，是政治斗争中经常运用的手段。唐武德三年，李世民进攻洛阳王世充，窦建德带领大军来援助王世充。唐军中流行一个童谣："豆入牛口，势不得久。"这"豆"谐音窦，指窦建德，牛口是地方。后来窦建德在牛口被擒后，被李世民下令处死了。事实上，这是唐军制造的谐音谣言，以鼓舞士气斗志。

唐朝末年，马殷割据了一块土地，建立了半独立的国家。这时有廖光图带领数千部曲前来投奔。马殷因为廖先生为人豪迈，而且人多势众，不愿意接纳。对强者的嫉妒之心，是古往今来普遍的共同的。马殷的部下有人劝告说："'廖'者，料也。马得料必肥。是国家强霸之兆，何为拒之？"（《三楚新录》卷一，《古今说海》45 页，巴蜀书社 1988 年）这一解释，使马殷解除了顾虑，以礼接待了廖光图，还封为永州刺史。是谐音帮助了廖光图。再如，当时有童谣："鞭打马，马急走。"这"鞭"谐音为“边”，姓也，指的是边镐，一个将军。而马，不是动物的马，而是马殷。这是谐音的政治预言。

政治斗争中谣言是很重要的一种斗争手段。法国学者卡普费雷在《谣言》(上海人民出版社 1991 年)中说:“有政治便有谣言存在。”“在政治斗争的武库里，谣言这一武器有很多好处。首先，它可以避免自己抛头露面，因为有别人替你说话，他们成了自觉或不自觉的传谣人。而谣言的始作俑者却躲在幕后，看不见抓不着，神秘莫测。没有人为此负责。但所有人都知情。”“谣言不需要证据。公众舆论根据的经常是印象而不是事实。”“谣言也不需要很大的参谋部:它只需要很少的几个人就能酝酿出来。”(224 页)中国历史上有许多政治谣言，其中不少是运用谐音手段制造出来的。政治谣言有公开的，也有含蓄的曲折的。而含蓄曲折的谣言往往更有力量。谐音是政治谣言中经常运用的一种手段。例如《明史·五行志三》中说:“万历末年，有道士歌于市曰:‘委鬼当头坐，茄花满地生。’北人读‘客’为‘楷’，‘茄’又转音，为魏忠贤、客氏之兆。”“委=鬼→魏”，这是析字法。“茄→楷→客”，这是谐音法。

著名的《推背图》第四象，谶曰:“飞者不飞。”这“飞者”指的图画上的那只鹦鹉。“鹦鹉”的“鹉”与“武则天”的“武”同音，所以是暗指武则天。第五象中谶曰:“杨花飞，蜀道难。”这“杨花”的“杨”即“杨贵妃杨玉环”之“杨”，所以是暗示杨玉环将死于蜀道。

所以在中国历史上，谐音在政治斗争中的作用是不可忽视的。

（十三） 谐音和幽默

谐音是构造幽默风趣的重要手段。例如《避暑漫抄》中记载的唐咸通年间的李可及，在延庆节的一段对话：

问："既言博通三教，释迦如来是何人？"

对："妇人。"

问："何也？"

对："《金刚经》云：'敷坐而坐'，非妇人何须夫坐而坐也？"

问："太上老君何人？"

对："亦妇人。"

问："何也？"

对："《道德经》曰：'吾有大患为吾有身，及吾无身，吾有何患？'非妇人何患有娠乎？"

问："文宣王何人也？"

对："妇人也。"

问："何以知之？"

答："《论语》云：'沽之者，沽之者，我待贾者也。'非妇人奚待嫁为？"

利用"敷"和"夫"、"身"和"娠"、"贾"和"嫁"的谐音曲解生义，来开玩笑。这个玩笑还博得了皇帝的高兴，可见是成功的。把谐音联想当作调侃打趣的手段，其实是一般人都会的，是日常生活中经常出现的。例如一个大学生说起她与朋友的一段对话：

男："你现在在干嘛？"

女："到南大去读书了。"

男："真怪，我们男人不去'男大'，你一个小女子，怎么反进了'男大'？"

下面的对话，也是经常可以听得到的：

甲："我有点难过。"

乙："南过，脸朝北就得了！"

日常生活中，谐音常常是诡辩的手段。有许多诡辩也是生活的调味品，人际关系的润滑油，不可以简单化地否定。例如张一弓的《黑娃照相》中写道："听外贸上人说，那毛线名叫'开司米'。"他见爹加倍地愕然，就加倍地露出高深莫测的神色，用英国人听不懂的英国语调，仰脸说："Kiss me！懂么？"他又解释说："翻成中国话，这就是'好'、'老好'、'大大的好'的意思。信不信由你！"（《张一弓代表作》376 页，黄河文艺出版社 1989 年）黑娃的解释，当然是错误的、可笑的。然而作者通过这一话语成功地塑造出了一个乡村孩子的形象。

（十四） 谐音的民族差异

不同民族的语言中，语音同语义的搭配是不一样的，所以谐音有鲜明的民族特点。例如在现代汉语中：一二三五六——没四（事）。翻译成英语就是：one，two，three，five——there isn't "four"！因为英语中的"four"与"matter"、"affair"和"business"并不同音，所以英国人绝不会联想到"It don't matter"和"It's nothing"。

莎士比亚的《第十二夜》中有一句话:“我的命运在M,O,I的手里飘摇。”

马伏里奥:A的背后又跟着个I。

费边:哼,要是你背后生着眼睛的话,你就知道你眼前并没有什么幸运,你背后却有倒霉的事跟着你呢。

为什么说“背后跟着眼睛”呢?翻译家吴兴华注释说:“眼睛原文为eye,与I音相近。”这是不懂英语的人很难理解的。

在汉语中,兔子就是兔子,野鸡就是野鸡,风马牛不相及。但莎士比亚的《罗密欧和朱丽叶》(Romeo and Juliet)中:

Romeo: What has thou found?

Mercutio: No hare, Sir.

英语里的“hare”,就是汉语中的“兔子”、“野兔子”!所以朱生豪翻译为:

罗米欧[①]:有了什么?

茂丘西奥:不是什么野兔子;……(《莎士比亚全集》卷八,49页,人民文学出版社1984年)

翻译得非常正确。无可挑剔。问题出在大文人梁实秋的身上,他翻译为:

罗:你发现了什么?

墨:倒不是野鸡,先生。(梁译《罗米欧和朱丽叶》87页)

俗话说:“眼睛一眨,老母鸡变鸭!”梁实秋虽然没有把老母鸡变成为鸭,却把野兔子变成了野鸡了!难道梁老先生的英语连中学生也不如，他竟然懒到连字典也不查了么？当然不是这回事情。他是有意为之的，是他煞费苦心而为之的。为啥？这就是因为，在英语中，“hare”还有娼妓之意。在这里，说话人是在说双关语，是在嘲讽乳母是个娼妓！读了朱生豪的译文，谁想得到这是一句双关语呢？在汉语中，“野鸡”也指娼妓。梁实秋翻译为“野鸡”，咱中国人一读就明白了。应当说，他翻译得很好，很成功。而在翻译中，谐音双关语是最难翻译的。单纯从物理世界而言，从动物世界而言，兔子就是兔子，把“hare”翻译为“野兔子”，是正确的；而翻译为“野鸡”当然是错误的。但是，从文化世界来看，把这里的“hare”翻译为“野兔子”并不那么好，传达不出原文的含义和韵味来；而译作“野鸡”，就能表现出原文一语双关的妙处了，是值得肯定的一种翻译方法。换句话说，从文化角度上看，英语的“hare”和汉语的“野鸡”具有同义等价一面。

注：①此处译名从原文，下同。

十年新词语冲击波

夏衍在《也谈新词与外来语》中(1986 年 6 月 18 日)说:

> 一是语言文字不能闭关自守,不能自给自足,时代变了,科学发达了,社会生活变了,语言文字也跟着要变,由简到复,由少到多。这种趋势,不以人们的意志为转移。(《夏衍十七年集》614 页,上海文艺出版社 1990 年)

20 世纪 80 年代的新词语冲击波,的确不以人的意志为转移,全然不顾一些人的指责与谩骂,冲击着说汉语的人们。

(一) 读《新潮交响诗》

1988 年 6 月 15 日的《讽刺与幽默》上有一首题为《新潮交响曲》的讽刺诗:

> 大趋势中永恒的载体发出超前的冲击波,
> 第九十九次浪潮呼唤全方位的大胆探索。
> 历史积淀孕育深层次的横向的断裂,
> 时代精神诱发立体化的客观的开拓。
> 多侧面的思考导致强化的反差和执著的转轨,
> 被扭曲的意识期待纯真的净化与彻底的解脱。
> “启示录”凝聚了大量未来宇宙的信息,
> “咏叹调”蕴藏着无穷内心世界的困惑。

感情效应体现变异的心态和意境，
形象思维追求自我的超越与突破。
这是系列曝光后外在意念的流向的回归，
这是同步升华前生活节奏的倾斜的反拨。
你听见主旋律传出的心灵碰撞么？
你看到大循环折射的思想内涵么？
让他们去反思系统工程展示的规律吧，
我们都来抚摸二十一世纪颤动的脉搏！

这首诗的特点是其中出现了大量80年代中产生的新词语。例如：大趋势、冲击波、全方位、立体化、多侧面、启示录、主旋律、大循环、咏叹调、载体、超前、积淀、强化、反差、转轨、系列、曝光、流向、回归、同步、倾斜、反拨、反思、系统工程，等等。其中有些不一定是在80年代第一次出现的，但却是80年代广泛流行的。

诗人是在讽刺挖苦80年代中一些人赶时髦、滥用新词语的现象。在80年代的中后期，中国报刊上出现了不少杂文，抨击了滥造新词语、滥用新词语的现象。这是80年代改革开放的大潮带来的新词语的冲击波所引起的一种社会反馈。是的，80年代里汉语词汇的变化是空前的、惊人的。

（二） 告别了一个时代

语言是社会的一面镜子。这首先表现在词汇上。“四人帮”垮台之后，中国社会转轨到经济建设上来了，于是一大批“文革”流行词语从汉语词汇中淡出了。例如：

黑帮 黑线 黑会 黑手 黑干将 黑后台

黑材料 黑老保 黑样板 黑串连 黑五类

黑七类 黑标兵 忆苦思甜 忆苦饭

红心 红卫兵 红小兵 红宝书 红海洋

红色恐怖 红色专政 造反派的脾气

早请示 晚汇报 献忠心 忠字舞

三忠于 四无限 最高指示

斗批改 封资修 大批判 斗私批修

恶攻 牛棚 火烧 油炸 炮轰

深挖 铁杆老保 造反兵团

狠斗私字一闪念

要文斗,不要武斗

打击一小撮 打翻在地,再踏上一万只脚

叫他永世不得翻身 扫进历史的垃圾堆

不齿于人类的狗屎堆

在那10年中,这些词语是人人讲,天天说,8亿人几乎一时离不开的。这些词语的淡出,标志着在中国一个失去了理智的疯狂的时代永远地结束了。

(三) 铺天盖地的新词语

在中国改革开放的80年代里,引人注目的一件大事是:铺天盖地的新词语——新词语铺天盖地!

口头上,报刊上,到处都是:

彩电　彩照　彩扩　代沟　待业

反思　封顶　离休　推出　创收

创汇　新星　新秀　脱贫　扶贫

网点　音带　音像　影视　纵向

横向　断档　盲流　的士　巴士

立交桥　第三者　方便面　红眼病

迪斯科　地滚球　炒鱿鱼　短平快

冒尖户　钉子户　蝙蝠衫　博士后

胡子工程　皮包公司　人才银行

高分低能　文山会海　南水北调

数量之多，发展之快，使用频率之高，都是中国历史上所空前的。几乎每天每时都有一大批新词涌现出来，而且很快就在社会上广泛流行开了。如果一个中国人，三个月与世隔绝，再来看电视、听广播、阅读报刊，他在这一大批新词语面前，一定会感到一丝丝茫然的。

这表明，中国社会大踏步前进了。是新的政治、经济、科技、文化生活促进了这些新词语的产生，是新的思维方式、新的价值观念导致了这些新词语的产生，是新的生活方式导致了这些新词语的产生。

（四）　大显身手的后缀

在古代汉语中，后缀不多，派生词不多。在现代汉语中，后缀多起来了，派生词多起来了。尤其是在 80 年代的汉语中，后缀更是大显身手了，由后缀构成的派生词成了当代汉语词汇中的一支强有力的生力军。

当代汉语中常见的后缀有：

坛 盲 风 热 性 化 式 型 感 难

群 圈 迷 霸 者 家 员 手 主义

这些后缀都正在同“计划生育”对着干，极其能产、多产、高产、多子多孙。例如：

科坛 影坛 足坛 舞坛 音坛

科盲 技盲 数盲 法盲 舞盲

房霸 水霸 电霸 路霸 菜霸

高价风 条子风 倒卖风 出国风

文凭热 出国热 托福热 “三毛”热

歌迷 舞迷 球迷 信息迷 科技迷

园林化 城市化 在野化

当代汉语中有一个奇怪的现象，后缀可以同词组和句子组合而成为一个超长结构体。例如：

好医生、好妻子、好母亲型

把《水浒传》读成《木许传》，把李逵说成是季达，把大斧说成大爹式

张大千和刘海棠式

失重、失衡、失落感

因为“感”是后缀，黏着的，不能单独使用，整个组合理应是一个词，但一个词这么长，汉人语感上又是很难接受的，汉人心目中的词最佳形式应当是两个音节的，这可以看作是词和词组之间的一个过渡物，可以叫作“超词词”。超词词的存在，正表现了汉语造词极其灵活的特点。

（五） 大出风头的后缀“性”

后缀“性”，通常用在名词、动词、形容词的后面，表示事物的性质、性能、范围或方式。过去，这“性”大都同单音节组合，构成双音节词。例如：

本性	词性	人性	兽性	党性	共性	个性
火性	急性	理性	记性	忘性	烈性	灵性
慢性	母性	男性	水性	女性	牛性	耐性
天性	弹性	血性	恶性	心性	阳性	阴性
延性	药性	野性	硬性	异性	同性	油性
展性	中性	体性	特性	悟性	品性	变性

80年代里，“性”更多地是同双音节组合而构成三音节词。例如：

思辨性	开放性	结构性	实用性	装饰性
指令性	服务性	时效性	非线性	消遣性
歧异性	哲理性	依附性	公司性	营利性
应急性	开发性	智力性	独家性	趣味性
可读性	可行性	过敏性	脂类性	神经性
寻常性	密封性	超时性	拓荒性	挑战性
开拓性	突破性	浮动性	相干性	专家性
曲线性	强制性	全身性	区域性	征询性
自娱性	纪实性	发散性	戏剧性	内视性
一次性	商业性	可比性	普适性	正剧性
暧昧性	动态性	敏悟性	技术性	观赏性

季节性　科学性　导向性　多彩性　探索性

网络性　文学性　扩散性　分享性　功能性

否定性　博弈性　荒诞性　进行性　分裂性

铁磁性　浅薄性　有序性　无序性　混沌性

确定性　随机性　相异性

也可以同三个以上的音节相结合。例如：

不可能性　不安全性　多功能性

主观随意性　不可超越性

80 年代后缀“性”类派生词数量之大、使用频率之高，有时候的确教听众读者难以承受。一句话或一段话中便可能有若干个什么什么“性”。例如《语文导报》1987 年 5 期：

在写作前和写作中，信息具有扩充性和压缩性。在作品问世后，信息具有传输性和扩散性。在欣赏评论活动中，信息又具有分享性。

信息的六大特征

（一）可扩充性。随着时间的变化，大部分信息将不断扩充。（二）可压缩性。人对信息进行加工、整理、概括、归纳就可以使之精炼，从而浓缩。（三）可替代性。信息的利用可以替代资本、劳力和物资材料，减少它们的耗费。（四）可传输性。这是信息的本质特征。新技术革命超出了用文件、书刊来传递信息的限制，开始以光速用各种电信手段高效率地传输信息。（五）扩散性。由于传输的渠道多样，使信息得以迅速散布开来，保密也就极难维持了。（六）可分享性。信息与实物不同，它是不能交易

的。比如一个人出卖一件货物，卖者失去，买者得到。若出卖一个诀窍，买者固已得到，但卖者并无所失。（52 页）

（六）“风”和“热”

在 80 年代的汉语中，后缀“风”和“热”也是大出风头的，各自形成了一个庞大的家族。

后缀“风”原先主要同单音节结合而构成双音节词。例如：党风、家风、文风、校风、厂风、学风、世风、手风、口风、眼风、英风、牌风、威风，等等。在 80 年代却主要同双音节结合而构成三音节的词。如：

涨价风　抢购风　出国风　赌博风
进口风　养兔风　摇奖风　吃喝风
建房风　修坟风　引进风　送礼风

也可以同三音节以上的词结合。例如：吃青蛙风、桌球赌博风，等等。

由后缀“风”所构成的词，本来是中性，包含好和坏两个不同的方面。80 年代由“风”所构成的三音节词和四个音节以上的词，意思都向坏的方面偏离了，表示的都是人们所不愿看到的一些社会现象，都是抨击的对象。

后缀“热”同后缀“风”的意思很接近，所不同的是，“风”所构成的词所表示的事物大都是不好的事情，抨击的对象；但“热”这个后缀却没有这个色彩，它所构成的词表示的事物和现象是中性的。80 年代“热”所构成的词的数量是惊人的多。例如：

汽车热　文凭热　托福热　出国热

求知热　彩照热　冰箱热　家电热

萨特热　尼采热　文化热　反思热

农机热　外语热　绘画热　减肥热

收藏热　城雕热　剧场热　送礼热

苧麻热　跳舞热　旅游热　野炊热

溜冰热　偶像热　丛书热　健身热

皮亚杰热　弗洛伊德热　骑自行车热

出国留学热　马拉多纳热　海明威热

学生首饰热　“增值销售网”热

如果说，从“吃喝风、赌博风”中，我们看到的是社会生活中的一些不良倾向，那么在“求知热、彩照热”中，我们看到的是人们的生活水平提高了，生活丰富多彩了，人们的个性充分发展了，个人偏爱受到社会的承认和尊重了。从这些“风”和“热”的派生词中我观察到了各种各样的中国人在80年代的探索和追求。例如，1988年3月1日《现代人报》上写道：

> 如今中学生的兴趣无时无刻不变幻些新花样。“跳舞热”、“旅游热”、“野炊热”、“溜冰热”已经悄悄地接近尾声，现在又掀起一股“偶像热”——费翔的照片、谭咏麟的纪念章、高仓健的电影广告，一时间成为少男少女们玻璃板下、时装胸前、睡房床头最风行的饰物。

一句话就出现了五个“热”。追求五“热”的中学生的生活比他们父母的中学时代的生活当然要丰富多彩得多了。

（七） 抢手走俏的新词语

在80年代新词语的大潮中，有许多新词语是一闪而过、瞬息即逝的浪花，很快产生，很快消失，不再存在，不再被人们记起，这些新词语可以叫"偶发词"或者"一次性新词语"。

但也有一些新词语一旦产生，就那么热门、抢手、走红、走俏，大红大紫，不胫而走，不翼而飞，报纸杂志电影电视街头巷尾，到处都是。这引起了一些人的反感。有人在人民日报社出版的《讽刺与幽默》上发表了一篇讽刺小品《系列交响曲》。全文如下：

> 我要结婚了。经过系列的思考，做了系列的决定，并采取了以下系列的行动：我寻找一系列的借口向我的亲朋好友一诉苦衷，搞到了一系列的借款。循着系列的广告，我不惜重金购买了华姿系列洗发液、奥琪系列抗皱增白粉蜜、斯丽康系列男子美容霜、三洋系列电动剃须刀、大华系列男女衬衫、金利来系列领带、苹果牌系列牛仔装、燕舞牌系列音响、牡丹系列彩色电视机、华生牌系列组合家具、五羊牌系列床上用品、如意牌系列簇绒地毯、沈阳牌系列橱具餐具；最后，还为客人们买了大白兔系列奶糖、芜湖牌系列南味瓜子和长乐系列安全低毒香烟。婚礼在亲朋好友的赞叹声中进行，新婚夫妇向系列的来宾多次鞠躬致意，并举起双环牌系列高脚杯畅饮天池牌系列通化葡萄酒，然后带着系列的祝福和憧憬，开始了蜜月旅行。
>
> 婚假结束时，新房中的系列产品刚要发挥系列的使

用效果，妻子接待的第一批客人却是系列而至的催账人，接着又在我系列的衣袋中找到了我深藏的欠账单，至此，我系列的谎言被系列的事实所揭穿，妻子的微笑骤然变成恼怒，给了我一系列无情的耳光！我这满脸的系列男子美容霜竟挡不住那系列的泪珠泉水般地淌在我那佩有国际上公认的纯羊毛标志的系列羊毛衫上！

这篇文章讽刺挖苦了走红走俏的“系列”类词语到处被滥用的现象。然而这些走俏的新词语并不会因为一两篇杂文小品文就被打入冷宫的。

（八）　新词语的生命力是强大的

小说家李国文在中篇小说《月蚀》中写道：

对于“农工商”这个来自亚德里亚海滨的新名词，竟然能在县城一位烤白薯的老乡嘴里吐出来，使他感到兴奋。新鲜的事物仿佛初秋早晨和煦的阳光，并不因为这个偏僻的、自惭形秽的小县城而躲到云层里去，不，照样明亮温暖地投射过来。

不过，一想起从那卖白薯的老乡，从心心嘴里讲出来的那个亚德里亚海滨的新名词，就觉得羊角堖明天也许会更好的。

“农工商”这个新词语一下子流到了穷乡僻壤，一个小县城的烤白薯的嘴巴里也冒出了这个新词语，这证明新词语的强大生命。因为许多新词语反映了新的思维方式，新的价值观念，新的生产方式，新的生活，代表了社会的未来。正因如此，小说主人公从小县城烤白薯的人嘴巴中听到这个“农工商”的新词才那么兴奋，对中国的今天和明天充满了信心。

（九） 黑话异军突起

五六十年代，中国语言学家一谈到黑话（隐语）就说，这是旧社会黑社会中流行的语言。他们当时绝没有想到，80年代的中国黑话“死灰复燃”，异军突起，泛滥一时。

80年代当代汉语中的新词语冲击波中其实也包括了黑话中的冲击波。黑话不但在口头上出现了，也涌进了书面语中来了。不少文艺作品中也很常见了。例如：

> （1）钱的称谓，在上海的个体户中很有些混乱。钱曰“分”或“血”。有时曰“分挺”，掏出钱曰“挺分”，请别人客曰“挺生”，包下全部费就是“全挺庄”。赚到或赢到钱曰“进分”，赌输或蚀本曰“坏分”，借钱曰“输血”（形象何其生动！），花钱曰“出血”。工资收入曰“肉里分”（用时如割肉，反言之非工资收入就怎么花也不心痛），被没收全部非法收入就是“赤膊”。一千元称呼“一汀”、“一门汀”或“一块门汀”（由英文 cementing 的音译水门汀简化而来），一百元称呼“一条”、“一龙”或“一条龙”。十元称“一分”或“一张分”，一角称“一毛厘”，分币（有时连角币也被概而括之）统称“癞头分”（癞头即黄癣，患者头皮屑特多；而且头屑是无用的，甚至是令人讨厌的）。而目前的个体户中已经出现了将十元以下的钞票悉数称为“癞头分”的趋向。（谢德辉《钱，疯狂的怪兽》106页，湖南文艺出版社1988年）

(2)“天黑了卖巧。可别砸我的杠子。”(刘汉太《中国的乞丐群落》“卖巧”——销售赃物)

“什么,没有女人的男人只算半个,咴,去你的! 你只有一个女人,可我会挂马子!”(刘汉太《中国的乞丐群落》“挂马子”——搞女人)

语言是社会生活的一面镜子。80 年代这些黑话的出现,正是改革开放之后的消极阴暗的一面的反映。如果说走私、抢劫、卖淫等丑恶的东西冲击了 80 年代的中国社会,那么这些黑话也冲击着 80 年代的现代汉语,形成一种黑色冲击波。

(十) 三字格的兴起

在古代汉语中,绝大多数的词都是单音节的;近现代汉语中,大多数的词都是双音节的;人们习惯于把四音节的单位叫作成语或四字格,而把三音节的当作惯用语;到了 80 年代的汉语中,大量的三字格新词语涌现出来了,而说汉语的也乐意把它们当作一个词来接受了。就这样,80 年代汉语中三音节的词便迅速扩大了自己的队伍。

这批三音节的新词大都是由前后缀构成的。例如由前缀所构成的:

高节奏　高情感　高科技　高速度　高效能
高层次　高难度　高密度　高精度　高敏度
高思维　高档次　高跨度　高空间　软科学
软环境　反物质　反粒子　反世界　反语法
反修辞　反逻辑　超一流　超时空

值得注意的是有许多前后缀，在80年代里几乎只同双音节词结合而构成三音节词，而一般几乎不同单音节词结合而构成双音节词。例如前缀“高”、“低”、“反”和后缀“风”、“热”、“性”、“型”、“式”等。一些以前只同单音节相结合的词缀，80年代里也开始同双音节结合了，例如：“坛”和“盲”就可以构成“影视坛”和“科技盲、恋爱盲”等。

三个单音节并列而构成的三音节词也多起来了。例如：

编导演　短平快　传帮带　高精尖
软懒散　老大难　名优特　工青妇
农工商　假大空　高大全　大洋古

中国人很喜爱这种三个音节并列的新词。

汉语的惯用语，大都是三个音节的。80年代新的惯用语大量出现。例如：

关系网　炒鱿鱼　铁饭碗　大锅饭
泡病号　靠边站　冷处理　一刀切

人们逐渐习惯于把惯用语也当作为词了。

传统上，说汉语的人喜欢意译词，而有点儿排斥音译词。但80年代开始倾向于音译词了，而且音译词中三音节词又很多。例如：“欧佩克、卡巴迪、迪斯科、比基尼、尤里卡、迪斯尼”等。当然更多的也还是意译或意音兼顾的，其中也有许多是三音节的。例如：“艾滋病、迷你裙、保龄球、地滚球、地球村、宇宙流”等。

因此，就汉语词汇体系内部来说，似乎又形成了一股三音节词的冲击波。

（十一） 新词语的两个面

一方面，80年代的新词语的冲击波，用新的思维方式、新的科学技术、新的生活方式冲击着中国人，促进中国人走向世界、走向现代化。另一方面，这个新词语的冲击波，也的确用一些资本主义的、封建主义的腐朽没落的东西冲击着中国社会，而这也正是改革开放之后社会上的消极阴暗的另一面在汉语词汇中的反映。

因此，“三点式、比基尼”这两个词一时间成了中国报刊上的热门话题，有大声叫好的，说冲破了封建意识；也有大肆讨伐，骂得狗血喷头的。有争议的还有：做爱、选美、三围、男妓、二奶、桑拿浴、乳房学、丰乳器、情人节、老板鞋、小姐衫、助勃器、男子学、公关小姐、世界小姐、礼仪小姐、自我设计、自我实现、按摩女郎、应召女郎、情人银行、无上装女郎、花花公子衫，等等。

这些新词本身都反映了中国社会的巨大变化，反映了当今中国人观念的变化，反映了当今中国社会中的敏感的社会问题。而以“黄”为词素的一群新词的出现，例如：“拒黄、反黄、黄货、制黄、传黄、贩黄、嗜黄、扫黄”等，也正反映新时期的中国所面临的社会问题。

（十二） 后缀“感”和主体意识

汉语“感”过去主要同单音节相结合。例如：

恶感　反感　观感　好感　快感

灵感　美感　敏感　肉感　性感

痛感　实感　手感　口感　质感

但是，作为构词后缀的"感"，主要的大量的是同双音节结合而构成三音节词。例如：

主体感　精神感　责任感　历史感　立体感
多维感　使命感　失落感　亲切感　流动感
痛苦感　命运感　荣誉感　紧迫感　幻灭感
断裂感　虚幻感　临场感　危机感　喜剧感
悲剧感　报复感　公平感　神秘感　保护感
忧患感　现实感　时代感　分布感　方位感
层次感　空间感

而且使用得十分频繁，有时候又那么的集中。例如：

① 现在对运动员的事业心、荣誉感、责任感的教育比较薄弱，一些运动员缺乏远大的目标和对事业不懈追求的紧迫感。(《文汇报》1987 年 4 月 23 日)

② 立体声音响设备与单声道声音相比有三个优点：具有各声源的方位感和分布感；提高了声音的保真度和清晰度；提高了声音的临场感、层次感和空间感。(《西安晚报》1987 年 4 月 29 日)

③ 它们没能给予读者一种使之正视现实，大胆怀疑，使人重新选择的危机感和幻灭感，而只是给人以超越现实的喜剧感，并使读者陷于自我陶醉之中。(《中国》1986 年 4 期 111 页)

④ 这种脱离实际的做法尽管动机是善良美好的，却促使了广大青年在现实生活条件局限下，超越时代地去

追求未来社会美好理想，由此而产生外部矛盾和内心冲突，并由此出现断裂感、失落感和虚幻感。(《上海青少年研究》1986 年 11 期 5 页)

这反映了在中国改革开放的大变动的历史时期里，在走向世界的历程中，在迅速走向现代化的历程中，中国人的主体意识的觉醒和发扬，以及他们的内心世界的丰富而复杂的感受。对现实社会，对现代汉语的新词语的冲击波，他们的感受都是十分复杂的。

平常而神奇的词……

我们——你，他和我——都生活在词的海洋里。词包围了我们，跟随着我们；词冲击着我们的耳膜，词闯进了我们的眼帘，词涌现在我们的心田……除非是聋哑人，全都生活在这个词的海洋之中，从我们学会说话之日起，直到生命的中止。

词太平常了！然而它又是那么神奇！平凡到不值一提的词，却又神奇到不可想象的地步：说一句“者行孙”，孙大圣悟空就被装到瓶子里来啦！喊一声：“芝麻，芝麻，快开门！”大石板门霍然开了！

词太简单了，然而它却那么复杂！那么不可思议！小孩子小嘴巴一张，“妈！”妈妈就给他吃奶。然而，为什么把人叫作“人”呢？为什么不能叫作“猪”？我们头顶上只有一个太阳，为什么却有那么多的名字？“心”和“意”同义，但是，“春心”绝不等于“春意”！“春花、春风、春雨、秋月、秋水、芳草、香草”等，多平常，就是：春天的花，秋天的月亮……；但是其中的韵味浓厚得让人陶醉，可却说不出来。

小狗汪汪地叫唤，就叫它“狗”，乌鸦“鸦鸦”地叫喊，就叫作“鸦”。奇怪的是，难道只有中国人——不，说汉语的人——听到的万事万物所发出的声音才是单音节、双音节，有声调的呢？例如：呼啦、轰隆、哗啦、嘭嘭……词的复杂，一些平常的词，可以复杂到语言学家、哲学家、逻辑学家，都无能为力，说不出一个道理来。

词是有道理的，词又是没道理的，甚至是荒谬的。“生前死后”，“死后”是死亡之后；“生前”字面上的意思是产生之前，但是通常理解的却是活着的时候，其实是“死前”。合逻辑的说法应当是：“死前”，但人们从不说“死前死后”。“兄弟”就是哥哥加上弟弟。可是“夫妻老婆店”绝不是：夫＋妻＋老婆！“水晶包子”的馅子不是水晶。“虎皮肉”不是虎皮加上肉。“木耳”不是木头的耳朵。“海马”不是马。“铁饼”不能吃。“师母、老板娘、师兄”不是老师的母亲，不是师傅的母亲，不是老师的哥哥。“丈母娘”怎么解释呢？

词一文不值，小孩子嘴巴一张，词就成串出现了：小狗汪汪，小猫咪咪，汽车迪迪……但是“一字千金”，甚至万金的都有！

任何一种语言的音位和音节、词类和句式，都是有限的。然而词语却是无限的，开放的。即使一个人一出生就专门学习一种语言的词汇，事实是到他离开这个世界的时候，也绝对不能掌握这种语言的全部的词语。

词是古代文明的化石。

词是个人灵魂的窗口。

词是游戏的工具。

词是人们发泄的手段。一个痛苦的人，嘴巴里反复不停地大声叫喊某个特定的词，内心的痛苦消失了。

就“男牛”“女猪”谈简称

（一） 田小琳率先反“男牛”“女猪”风

香港的田小琳女士1985年在《语文报》上发表了《男牛和女猪——语素小议之三》，文中批评说：

> 我从《北京晚报》上看到一篇短文，说是新街口一家百货商店，在门外广告牌上写着“男牛××元”、“女猪××元”，路过这里的日本朋友看了小声议论，不知道什么时候起，中国人把“公牛”改叫“男牛”，把“母猪”改叫“女猪”了，怀疑汉语的词语发生了什么变化。……这是滥用简称形成的生造词语，这样做只能引起语言运用的混乱，而且“男牛”“女猪”的说法很不雅，这也是对语言环境的一种污染。（田小琳《语法和教学语法》275—276页，河南教育出版社、香港文化教育出版社，1990年）

六年后，有一位男士在郑州出版的1991年2期的《语文知识》上写道：

> 笔者逛街雅兴不大，日前偶一出去，发现某商店店门前显眼的地方挂着一块大招牌，上面写着：“新到紧俏品：男牛，单价四十五元；女猪，单价三十元。”当时我愣了：“男牛”是什么呢？“女猪”又是什么呢？百思而不得其

解。到店里一打听，原来“男牛”即是男式牛皮鞋，“女猪”即是女式猪皮鞋。如此生造使用简缩词，真使人啼笑皆非！

作者是湖南的中学教师。1990 年 11 月在苏州由中国社会科学院语言文字应用研究所召开应用语言学讨论会上，天津的一位大学教师在他的打印的论文中，也讨伐了“男牛”、“女猪”，斥责为：生造词、不规范。

（二） 方言中的“男牛”“女猪”

汉语的方言是非常复杂的。

在汉语普通话中，表示动物性别的方法是：

公×　　母×

但方言中就五花八门了。您瞧呀：

北京	公牛	母牛
西安	犍牛	女牛
苏州	雄牛	母牛
温州	牛牯	牛娘
长沙	牛公、牯子、公子	牛婆子、牛婆
福州	牛公	牛母
梅县	牛牯	牛嫲
广州	牛牯	牛乸
阳江	牛公	牛乸

如果一个北京人嘲笑西安人的“女牛”、温州人的“牛娘”、福州人的“牛母”不雅，那么他们会认为你真是一个阿 Q 的。

因为：

加以进了几回城，阿Q自然更自负，然而他很鄙薄城里人，譬如用三尺三寸宽的木板做成的凳子，未庄叫“长凳”，他也叫“长凳”，城里人却叫“条凳”，他想：这是错的，可笑！（《鲁迅全集》第1卷490—491页）

既然“长凳、条凳”一样合理，其中的任何一个都并不可笑，那么，“母牛、女牛、牛母、牛娘”，也都一样的合理，既不可笑，也没什么不雅。

（三）“空姐”的胜利

搞语言学的人一般都反对滥用简称。

田小琳在她的短文中从“男牛、女猪”发挥开去，批评了80年代中期滥用简称的风气：

值得注意的是，报刊的标题有的为了拼凑字数，使得句式整齐，但也有随意用简称的情况。例如把“空中小姐”（民航机上的女服务员）称为“空姐”，把“女盗窃犯”叫“女窃”。这都不是规范的用法。（276页）

我是1991年收到田小琳从香港寄来的大著的，这时候，在现代汉语中，“空姐”已经大获全胜了、合法了、规范了，取得了“词籍”、“户口”了，再也没有被指责为不规范了，许多词典上也都收录了。

1985年田小琳在她的短文中还明确地说：

“计划生育”不能简称为“计生”或“划育”。（276页）

但是几年后，“计生”一词已经合法了，普及了，还有一些高等学校，就叫作“计生学院”呢！1991年2期《语文知识》上的那篇短文中也说：

> 某政府部门新增一办公室，挂的招牌是“计生办”。这“计生办”是计划生育办公室呢，还是计划生产办公室？当时我未敢妄下定论。后经请教，才知道是管计划生育的。

这位作者还在反对“计生”一词。他的理由是：

> 对事物的名称进行简缩，一要通俗易懂，二要大众化、习惯化。按自己的主观意志随意“创新”滥用，会给交际交往带来不良影响。

但是，习惯是可以改变的，也可以培养的。因此，一些人的不习惯是改变不了“计生”在现代社会中逐步巩固了的合法地位的。

(四) 简称的多样性

汉语中，“汽车”一词由词素“汽”加“车”构成。双(多)音节词需要简称时，是取前一个音节呢，还是后一个音节呢？如：

A式：

汽配——汽车配件

汽修——汽车修理

B式：

车站——汽车站

车票——汽车票

A式和B式都是合法的，例如：

A式：

北大——北京大学

奥运会——奥林匹克运动会

B式：机票——飞机票

船票——轮船票

如果是两个双音节词构成的词组ABCD，那么便有六种简缩的可能：AC，BD，AD，BC，AB，CD等。例如：

AC式：

父母（父亲母亲）　　工农（工人农民）

科技（科学技术）　　基建（基本建设）

婚恋（婚姻恋爱）　　中日（中国日本）

BC式：

夫妻（丈夫妻子）　　影评（电影评论）

剧评（戏剧评论）　　地导（本地导游）

BD式：

影视（电影电视）　　影星（电影明星）

影后（电影皇后）　　情侣（爱情伴侣）

AD式：

母子（母亲儿子）　　父子（父亲儿子）

亲友（亲戚朋友）　　春游（春天旅游）

AB式：

复旦（复旦大学）　　清华（清华大学）

南开(南开大学)

CD式：

研究(学术研究)　　玩笑(政治玩笑)

都是合理的,可能的,允许的,通得过的。

(五) 信息焦点和简称

简称,简的是形式,内容——信息却不能简,要求尽量保留原有的信息。"清华大学"简称为"清华",大家都知道还是指清华大学,信息量并未减少。而把"清华大学"简称为"大学",就不一定还是世界上独一无二的清华大学了,信息量大大减少了。

保留原有的信息量,是简称的一个原则。而汉语中偏正式复合词特别多,信息的焦点大都在第一个音节上。换句话说,区别性特征大都靠第一个词素来传递。因此汉语简称中AC式特别盛行。这在体育术语中特别明显,很受欢迎。如：

女花(女子花剑)　　女足(女子足球)

女排(女子排球)　　女单(女子单打)

男双(男子双打)　　男篮(男子篮球)

这正如汉语句子的简缩一样,必须保留并突出传递信息焦点的词语。例如：

排队买香肠 → 排香肠

排队买到北京去的火车票 → 排北京

开始时有点儿不习惯,但是用久了,也就习惯了,连语法学家也认为是合法的了。

（六）“男貂”、“女狐”……

田小琳在她的文章中进一步发挥说：

> 如果“男式牛皮鞋”、“女式猪皮鞋”可以简称为“男牛”、“女猪”，推而广之，“男式貂皮大衣”、“女式狐皮大衣”也可以简称为“男貂”、“女狐”。这样下去，只能破坏汉语词汇的规范，损害汉语词汇的健康。这个例子使我们知道，不要利用汉语词素构词的方便简易来随意用简称。（277 页）

语言学家对语言的健康、纯洁都是充满了“爱心”的。这一爱心是可贵的。但正如有些母亲的爱心有时会束缚、阻碍自己孩子的自由发展一样，语言学家的爱心有时也不利于语言的发展和丰富。

因为如果我们把“男式牛皮鞋”简称为“男鞋”、把“女式猪皮鞋”简化为“女鞋”，这就如把“清华大学”简称为“大学”一样，大大减少了信息量，没意思！如果简称为“男皮鞋”和“女皮鞋”，信息量也还是大大的不足。如果简称为“男牛鞋”和“女猪鞋”，一来多了一个音节，不经济；二来不符合现代汉语爱好双音节的习惯。

现代汉语中词的最佳形式是两个音节，所以人们喜欢压缩三音节的词语。例如：

照相机→相机　　汽车票→车票

飞机票→机票　　大幅度→大幅

那么在“男式牛皮鞋”和“女式猪皮鞋”中，信息的焦点在“男、牛、女、猪”这四个汉字上，于是人们创造了新词：

男牛　女猪

这符合汉语的构词法，这符合简称的原则，这没有什么不好的，所以才有生命力，才大受欢迎。为什么受欢迎呢？这是因为它满足了人们运用语言进行交际活动的经济节约的原则，适应了高速度发展的快节奏的现代化社会生活的需要。在信息化的社会里，时间就是金钱，信息就是效益，因此简称的发达、繁荣及流行可以说是现代语言的一个特征。

（七）　简称的多义性

简称很容易产生多义。

如果有一个叫“上海杀虫剂厂”的单位，你简称为“上杀厂”，是符合构词规则，但容易使人联想到“上杀场”，到刑场上去，这就坏了！

如果把“人民艺术家代表大会”简称为“人代会”，这就同“全国人民代表大会”混淆不清了，这不好。

“人大”是多义的，在北京高校中指“中国人民大学”，可在全国范围内却指“全国人民代表大会”。

“南大”，在北方指天津的南开大学，在南方则指南京大学。在新加坡指的是南洋理工大学。

“女足”，可是女子足球，也可是妇女的脚，“三寸金莲”！

“女牛”，可是女式牛皮鞋，也可是母牛、雌性的牛！

因此，创造简称时的一个要求便是：力求减少多义性。在使用简称的时候最好加以必要的说明，用上下文和语境来明确这一简称的真正的所指，以避免误会。

（八）“哈”在哪儿？

1991年3月14日的《文摘报》上有这么一个大标题：

欧式建筑在哈复兴

这“哈”显然是一个地名。它在哪儿？

古巴首都叫哈瓦那，中国东北有个哈尔滨……

这篇文摘中说：

“洋葱头”式的穹顶，挺拔雄伟的哥特式廊柱，变化多样的门窗雕饰，造形别致的街头建筑小品，构成了哈尔滨市特有的建筑风格，使它获得了“东方莫斯科”、“东方巴黎”的美称。然而，近几年来由于种种原因，哈市特有的建筑风格遭到严重破坏……

这“哈”原来指“哈市”、“哈尔滨”，如果正文不交待，谁个知道呢？

（九）中国地名有特殊的简称

中国地名大都有一个专门的特殊的简称。例如：

京（北京）	宁（南京）	津（天津）
沪（上海）	赣（江西）	闽（福建）
皖（安徽）	粤（广东）	湘（湖南）

晋（山西）　　　鲁（山东）　　　冀（河北）

这是历史形成的，不可随意改变的。

中国人民热爱的周恩来总理曾经写过一首地名诗：

两湖、两广、两河山，
五江、云贵、福吉安，
四西、两宁、青甘陕。
还有内台北上天！

这里概括了当时中国全部省和中央直辖市的名称：

两湖——湖北、湖南
两广——广东、广西
两河山——两河：河北、河南
　　　　两山：山东、山西
五江——江苏、江西、新疆（谐江音）、浙江、黑龙江
云——云南
贵——贵州
福——福建
吉——吉林
安——安徽
四——四川
西——西藏
两宁——宁夏、辽宁
青——青海
甘——甘肃
陕——陕西

内——内蒙古

台——台湾

北——北京

上——上海

天——天津

这是临时性的简缩，不能作为一般用例。“京沪列车”指北京、上海间的列车，是不能说成“北上列车”或“上北列车”的。四川通常是简称为“川”，而不能简称为“四”。“天津”通常简称为“津”，而不能简称为“天”。

今天中国有一句流行口头语：

目标是天南海北，不去新西兰！

这“天南海北”指的是：

天津　南京　上海　北京

而“新西兰”不在大洋洲，而在中国，指的是：

新疆　西藏　兰州

其中不少也是临时性简称，例如西藏习惯的简称是“藏”，而不是“西”！

（十）　避免不良联想

田小琳的出发点是好的。简称应该避免不良的联想。相声演员也提出了这个问题。相声《省略语》中举出的例子是：

怀来运输公司→怀运

怀来轮胎厂→怀胎

铁岭锅炉厂→铁锅

上海测量研究所→上测所

开封刀具厂→开刀

开源塘瓷厂→开塘

上海自行车厂→上行

自贡杀虫剂厂→自杀

令人捧腹大笑，的确不可取，应当避免。

“博导”和“汽配”

（一） 何谓“博导”？

在中国的高等学校里，教师们追求的荣誉是：

助教——讲师——副教授——教授——研究生导师

而研究生导师又分为两种：

硕士研究生导师　博士研究生导师

有人说中国副教授不值钱了，多如牛毛。但是研究生导师却要少一些。而在研究生导师中，硕士生导师也不稀奇了，多着呢，但博士生导师就少多了，于是博士生导师便成了高校知识分子的最高追求了，物以稀为贵。于是在有博士点的高校中，口头和海报上，你会遇到一个新词，叫作：

博导

博导者，博士研究生之导师谓也。

我想，博导不久将会出现于现代汉语的书面语中，并进入现代汉语的词汇系统的。

（二） “博导”引起的麻烦

在现代汉语中，“导师”一词有两个义项。其一是“在大事业、大运动中指示方向，掌握政策的人”，如：毛泽东是我们的伟大导师，马克思是全世界无产阶级的导师。其二是指“高等学校或研究机关中，指导人学习、进修、写作论文的人员”。“博导”是属于第二个义项的。

“博导”的出现，引起了“导师”的失衡。既然大学生有导师，进修教师有导师，硕士研究生也有导师，可又没有：

大导——大学生的导师

硕导——硕士研究生的导师

进导——进修教师的导师

于是便成了如下两个局面：

A 式：

a. 导师 { 大学生的导师
硕士研究生的导师
进修教师的导师 }

b. 博导——博士研究生的导师

“博导”从“导师”中分化出来，同“导师”平起平坐，分庭抗礼，平分秋色，各霸一方。

B 式：

$导师^1$ { $导师^2$——大学生、硕士研究生、进修教师的导师
博导——博士研究生的导师 }

“导师”分化为广狭两个义项，一个“导师”是广义的，包括了“博导”在内，一个“导师”是狭义的，排斥了“博导”，只指大学生、硕士研究生和进修教师的导师。

“博导”的出现，是高校知识分子的价值观念和心理状态的产物，目的是要显示和强调博士生导师的尊贵崇高的社会地位和学术地位。

“博导”的出现是社会文化因素打破了词汇系统内部平衡的一个极好的例子。

（三） “汽配”和“博导”的矛盾

“汽配”是今天的中国十分流行的一个新词。

汽配者，汽车配件也。

许许多多的人工制造物都有配件，但大都没有“X 配”的说法。例如说：

导配——导弹配件

火配——火箭配件

录配——录像机配件

望配——望远镜配件

到我写这篇短文的时候，还的确没有见到过这些“导配、火配、录配、望配”的说法。

这是因为导弹配件、火箭配件、录像机配件、望远镜配件等都不如汽车配件那样的普遍、常见、大众化，有广泛的社会需求。这么说来，有“汽配”而无“导配、火配、望配”的根源又在于汽车配件的多而广，大众化、平民性。

天下事真太难以把握了呀！有“博导”而无“大导、进导、硕导”是因为博士生导师以稀少取胜，具有贵族性。而有“汽配”无“导配、火配、录配、望配”可又是因为汽车配件多而广，具有平民性、大众化的特色。这两者表面上看来是针锋相对、矛盾着的呀。但其实又是可以统一的，这两者表面对立的背后的深层都有一个法则存在，即：社会的需要。对“博导”来说，是社会心理的需要，是知识分子价值观的实现；对“汽配”来说是社会实用的需要，是为了交际的方便和经济。

（四） 词汇系统的不平衡

与“博导”类似的是，中国高校升级风愈刮愈烈，师范学院纷纷升格为师范大学了。于是“X 师范学院”一旦升为“X 师范大学”，就不可以再叫“X 师”，而一定叫“X 师大”，这个“大”字绝不可少，尽管双音节化仍是现代汉语的主旋律，但对 X 师范大学的师生们来说，他们宁可要三音节的“X 师大”，这是他们的心理状态和价值观念的表现，这个“大”字儿给他们的心理以某种满足。

与“汽配”类似的是：

彩照　　彩扩

猪苗　　鸡苗

女双　　男单

男足　　女排

这些新词的出现以及广泛地流行、迅速地普及，就在于它们的大众化平民意识，社会广泛地使用和高频率地出现。而黑白照相，黑白照片的冲洗扩印，市场上出卖的种牛、种马、女子五人舞蹈、男子六人武打、男子跳伞、女子跳伞等则没有出现专门的新词语，就因为它们不常见，不常使用，没有一个实际运用的需要。

当然啰，男子游泳、女子游泳也常见，可又没有男泳、女泳之类说法，也许是不顺口不入耳的原因吧？谁知道呢？

附：

“硕导”一词现在已经很流行了，而且同“博导”一同上了《现代汉语词典》（第5版）。这就是我所说的“潜词显化”，因为具备了必要条件和充分条件。

（2011年10月16日）

“报纸”和“杂志”

在现代社会中，不同报纸和杂志打交道的人如果还有，那也是极少极少的了吧？那么，什么是报纸？什么是杂志？有什么区别？这很简单：

报纸 以国内外社会、政治、经济、文化等新闻为主要内容的散页的定期出版物，如日报、晚报等。(《现代汉语词典》第5版51页)

在现代英语中，新闻叫news，new是新，报纸便叫newspaper，新闻记者便叫newspaperman，news也可以指报纸，所以，newsboy是报童、送报人，newsdealer便是卖报人。

而杂志则是：

杂志 ①刊。②零碎的笔记(多用于书名)。(《现代汉语词典》第5版1692页)

杂志在现代英语中叫作magazine：

magazine —— paper —coverd (usu. weekly or monthly) periodical with stories, articles, etc., by various writers.(《现代高级英汉双解词典》240页)

无论是现代汉语，还是现代英语，“报纸 newspaper”和“杂志 magazine”的区别都是明确的。然而在现实的言语生活中却又是含混的、界线不清的。名与实的矛盾真是古今皆然，时时都有，所以，孔夫子先生也大声疾呼要正名的。

现代中国，明明是装订成册的定期出版物，本应该叫作“杂志”的，可却常常叫作“报纸”。例如最流行的专门选载中短篇小说的杂志并不叫《小说月刊》（也有这么一种杂志），却叫《小说月报》，其实并不是散页的。中国各大学都出版专门的综合性学术杂志，本该叫作《北京大学学刊》、《南京大学学刊》的，然而绝大多数统统叫作“学报”，例如《北京大学学报》、《南京大学学报》、《复旦大学学报》等。

与此相反，明明是散页的出版物，今日中国又都喜欢叫作“刊”——刊，刊物，即杂志也。例如，上海出版的《生活周刊》。你别上当，认为它是装订成册的玩意儿，错啦，那本是八版的小报纸！再如，中国各高校也常常出版自己的报纸，本该叫《南大校报》、《复旦校报》什么的，可偏编不叫“报”，而叫作“校刊”，编辑部也都叫“校刊室”，以区别于“学报编辑部”。在有学问、讲究语言文字运用的中国高等学校里，“报纸”和“杂志”正好换了一下位置。为什么？不知道！习惯而已。合理吗？不知道。反正是现实，只有面对现实，承认它了事。

现代汉语中，杂志又叫作期刊、刊物。报纸和杂志连称就叫“报纸杂志”，如果简缩一下，便叫“报刊”，因为“报杂、纸杂、报志、纸志”或者“杂报、杂纸、志报、志纸”都是中国人所无法接受的，或会引起误解，或会使人感到荒谬。在现代汉语中，如果这个复合词语本身简缩有困难，人们就用它的同义词语来代替它，绕一个弯子，用“期刊”中的“刊”来代替“杂志”就是一个例子。

更奇怪的是，在现代中国，“报刊、报纸杂志”有时会被说成是“报刊杂志”。其实，“报刊”已经是“报纸＋杂志”了，从形式逻辑上看，再冒出一个“杂志”来可是太不合理了。“（报纸＋杂志）＋杂志”？！什么话呀？！叠床架屋，头上安头，脚下安脚，多此一举。然而凡存在的都是合理的，黑格尔老人真伟大！这一方面是因为说现代汉语的人喜欢对称、均衡，偏爱双音节词和四字格，为了凑双音节词和四字格，可以牺牲形式逻辑，这也可以叫作语言中的唯美主义、形式主义吧？

另一方面，其实呢，我们的语言中也是喜欢充满多余信息的，例如：

沙皇（Czar）　　卡车（car）
啤酒（beer）　　吉普车（jeep）

这些汉语词语中的“皇、车、酒”不也都是多余的信息吗？但由于我们说汉语的人偏爱双音节，同时也为了不懂外语的人易于接受才加上去的呀。

《现代高级英汉双解词典》为 magazine 下定义时，强调了“by various writers”，杂志中的文章是由不同作者所写的。但在今日中国，有一本少儿杂志叫作《童话大王》，每一期全部文章都是青年童话家郑渊洁一个人写的，这同“magazine—杂志”的定义不合，可邮局还是承认它是一本杂志的。因此，我们只好说，任何定义都是抽象的、概括的，而具体事物总是丰富的、复杂的，用定义框死客观事物是不妥的，不足取的。

形象而奇妙的量词

（一） 汉语特有的量词

一个小说家写道："他放任而行。他遇到各种各样的事物。亿万条、块、个、片、丝、根，不同几何形状的固体扑面而来，指向他，撞向他，在他周围堆积起来，堵塞着整个空间。"（柯云路《梦非梦》，《小说月报》1991 年 2 期 32 页）这里的"条、块、个、片、根"，都是量词，都是修饰"固体"的：

亿万条固体、亿万块固体、亿万个固体、亿万片固体、亿万丝固体、亿万根固体

像这样把六个量词并列联用，是不符合汉语的一般习惯的。这是小说家故意采取的所谓艺术化的手法，他追求一种反常的新鲜感。一般的用法则是：

数词＋	量词＋	名词
两	条	腿
三	本	书

这是名量词。如果是动量词，则是：

动词＋	数词＋	量词
玩了	三	次

吃过　　五　　回

汉语的量词丰富而又复杂，不同的名词及动词必须有不同的量词配合。

（二）量词的形象性

量词是名词的计量单位。同一个名词与不同的量词搭配，能够显示出量的区别。例如：

一个人	一伙人	一群人	一撮人
一碗水	一桶水	一缸水	一江水
一块煤	一堆煤	一车煤	一吨煤
一颗珍珠	一串珍珠	一把珍珠	一箱珍珠

汉语的量词还能显示出名词所表示的事物的形体特征。例如：

条——表示细而长的固体

颗——表示圆形固体

根——表示细而长的固体

丝——表示非常细而长的固体

粒——表示小圆珠形或小碎块形固体

片——表示薄而平的片状固体

把——表示有把手的固体；可以用手抓并用手计量的固体

因此中国人运用量词，除了满足语法上“名词必须同量词配合”这一要求之外，还特别在形象化方面下工夫。例如：

①只记住了我今日的话，留心那，
一掬温存，几朵吻，留心那几炷笑，
都给拾起来，没有差——记住我的话，
拾起来，还有珊瑚色的一串心跳。（闻一多《收回》）
② 对着那淡淡的初月一眉，
尝一尝新菱是什么滋味。（严阵《采菱歌》）

闻一多一连串地量词超常运用，把平常事物最充分地陌生化了，其实是一连串的隐喻。“几朵吻”就是把吻隐喻为花朵了。

“初月一眉”或“一眉初月”，暗含着一个比喻：初月的形状就像人的弯弯的眉毛，不，是美丽少女的眉毛。“一钩弯月”或“弯月一钩”，告诉你，这弯弯的月亮，就像一把金钩！而“一弯上弦月”，说的是这上弦月的形状是弯弯的，正如中国民歌中所唱的那样：“月儿弯弯照九州。”

（三） 量词的感情色彩

汉语中可以同表示人的名词配搭的量词是很多的。例如：

个　位　名　口　条　员　撮　伙　群　拨

但是感情色彩却大不相同。

“个、群”都是中性的。“一个人、一群人”，既没有褒义，也没有贬义，单纯计量而已。

“位”，不但对象是有身份的，而且也是尊敬的对象。通常用于学者、教授、专家、诗人、作家、艺术家、总统、主席、书记、厂长、知名人、客人、老人等。可以对比：

“您这位小姐尊姓芳名……”

“你这个姑娘姓什么？叫什么名字呀？”

用“位”比用“个”要客气而有礼貌得多。因此，人们绝不说：“一位小偷、一位土匪、一位杀人犯”。而“撮”则是贬义的，只用于坏人。例如：“一小撮坏蛋、一小撮居心不良分子、一撮暴徒、一撮行凶抢劫犯”。

“伙”也带有些许贬义，但要比“撮”轻得多。例如：“一伙流氓阿飞”、“你们这一伙人在干什么？”“那一伙没安好心，专门算计人”。

“条”限于“一条好汉”和“一条懒汉”这一类说法。这是近代汉语的用法，明清小说中常用。现在西南官话中还这么用。例如：“往身后寻去，只见来路的峡口有一匹马负一条汉子，直腿走来。”（阿城《遍地风流》）

而在通行的汉语中，用“条”称人贬义色彩是很强烈的。例如：

去年的有一天，一位名人约我谈话了，到得那里，却见驶来一辆汽车，从中跳出四条汉子：田汉，周起应，还有另两个，一律洋服，态度轩昂。（鲁迅《答徐懋庸并关于抗日统一战线问题》，《鲁迅全集》第6卷534页）

称“四条汉子”，这是非常轻蔑的一种说法。而“一位名人”用尊敬的量词“位”，又是反语手法的运用。这里量词的运用正表现了鲁迅愤怒斥责的心态。

（四） 借用动词做量词

说汉语的人，有时候喜欢借用动词、名词、形容词来做量词。借用动词来作为名量词用，就把名词悄悄地同动作行为联系起来，显示了名词的动态美。例如：

① 黑色孵着一流徐缓的小溪，和水里影映着惨淡的晚云，与两三微弱的灯光。（焦菊隐《夜哭》）

② “输你一挑柴！”（野莽《杀天》）

③ 他的嘴唇上留了一转淡青的须毛毛，看起来好细致，好柔软。（白先勇《玉卿嫂》）

④ 深潭里捧起一捧碧水，便是一片清澈的诗情。（刘不朽《香溪小曲》）

⑤ 小城的南面，一串珍珠般的灯火，宛如一挂水晶项链，闪烁在韩江白皙的脖项上。（曾铸《小城多重奏》）

⑥ 沙发几上供着一插康乃馨。（谷应《困惑》）

⑦ 枯树上挂满了豆荚，豆荚上还带着两朵豆花和一垂两垂豆荚。（沈尹默《秋》）

用动词“流”做小溪的量词，显示了小溪在流动。用动词“挑”来做柴的量词，是因为搬运柴靠人肩膀来挑。用动词“转”来做胡子“须毛毛”的量词，因为胡子转动着。用动词“捧”来做水的量词，是因为诗人在用手捧水。用动词“挂”来做项链的量词，因为项链是挂在脖颈上的。用动词“插”来做康乃馨的量词，是因为康乃馨是插在花瓶中的。

（五） 借用名词做量词

借用名词做量词，可以显示出与这个量词相配合的名词某一方面的典型特征。例如：图布欣跨着一峰骆驼，挥动哨棍。（冯苓植《阿力玛斯之歌》486 页）因为骆驼都有驼峰，才用“峰”来做量词。

借用作为量词的名词同它所修饰的名词之间都具有某种相关关系或相似关系。例如：

① 嫂嫂嘴巴一撇，威严地一挥手，接着就把一篱衣收进自己的房子里了。（韩少功《风吹唢呐声》）

② “你说，根哥，这一沟楠竹，运到县城能值多少钱?”（王月圣《长筏》）

③ 一河晚霞一河花
一河色彩一河画（张宝申《彩色的小河》）

④ 无家可归的夜晚
所有的渴望
涉不过一溪浅浅的月色（赵岚《望月草》）

“一篱衣”，“篱”（篱笆）是晒衣服的地方。楠竹生长在河沟湾。晚霞映在小河里，这色彩是小河中晚霞的色彩。小河是晚霞和色彩的所在。月色是小溪流中的月色。正是凭着这些相关关系，名词“篱”、“沟”、“河”、“溪”才临时借用作为量词来修饰“衣、楠竹、晚霞、花、色彩、画、月色”等。

⑤ 从树林的枝桠间看见，一镜圆月正悬在山顶的碧空。（周同宾《天籁》）

⑥ 苗苗儿盘腿坐在蒲草编的垫子上，仰望着满天繁星，一梳半月。（周同宾《乡情》）

因为镜子同月亮、梳子同月亮都有某种相似之处，便临时借用作为量词的。

（六） 量词的艺术美

量词是汉语艺术美的重要的手段。选择好量词往往能够给人以丰富的优美的诗情画意。例如：

① 直到窗外晨曦一滴一滴地漏进来，慢慢地把整个儿教室灌满。（何立彬《月向西沉》）

② 爱的天使
驾一湖的碰碰船
漾粼粼的笑波
溢一湖的纯真（潘万提《坦诚的裸露》）

③ 我们各自缄默
风与风拉开的距离
堆积着一大群枯黄的日子（嵇亦工《中午》）

④ 汽车远去了
丢给我一包邮件
看文书飞呀跑呀，
背回来一袋子欢喜。（李瑛《汽车远去》）

⑤ 可是妈妈去了，药还剩下一箩。
可是还剩下一箩人间的痴情。（傅天琳《半枝莲》）

⑥ 像女娲的五色石，像夸父的手杖，像精卫的嘴喙，

把一瓣瓣温馨的爱镶嵌在山山水水，打扮这片陌生的存在。（曾新《盐井，祖辈的传说》）

⑦ 五月，在空间飘着
五月，在田里流着
雨丝里，水灵灵的槐花
一串串清静，一瓣瓣欢乐（邢长顺《五月情歌》）

⑧ 巉岩上，一挂飞泉，下面，滴成一个不大的潭，潭边，流出一股水，扯成一条小溪。（周同宾《天籁》）

一滴一滴的晨曦，一湖纯真，一大群日子，一袋子欢喜，一箩痴情，一瓣瓣爱，一串串清静，一瓣瓣欢乐，一挂飞泉，这些说法，形象生动，美，富有诗情画意。这便是汉语量词的艺术美。再如：

⑨ 你系着红领巾，
嘴角噙着一束稚气的笑，
啊，这是送给妈妈的
一个甜甜的吻？（傅天琳《晨》）

用动词“束”来临时作为“笑”的量词，别出心裁，别具一格。其实这里暗暗地打了一个比喻，可爱的孩子的美好的笑就像鲜花朵朵。所以表层是“一束笑”，深层却是“像一束鲜花一样的一串笑”！

（七） 复合量词在发展

当代汉语的一个倾向是量词在向复合化的方向发展。即两个以上的量词组合在一块儿，当作一个量词来使用。例如：

① （我厂）年产服装 60 万件套。（《光明日报》1988 年 7 月 20 日）

② 从 1970 年到 1985 年，荣获各种锦旗、奖状 150 面个。（《解放军报》1990 年 5 月 13 日）

③ 8 万平万米的建筑，动力和工艺设备约 7 万台、套、件，工艺管道 101 公里。（《文汇报》1990 年 7 月 12 日）

④ 按国际市场钢材比价计算，首钢达到 1.83 万美元/人年，比英钢联的 1.48 万美元/人年、西德克罗克纳的 1.7 万美元/人年、法国尤西诺的 0.86 万美元/人年分别高出 80％—113％（《北京日报》1989 年 12 月 18 日）

这里的“件套”，“面个”，“人年”，“台、套、件”，“美元/人年”等都是复合量词。目前复合量词的数量正在扩大，复杂的程度也在不断增加。

（八） 复杂的量词

有一个相声叫《水兵破迷信》，其中有两句：

甲　你读过多少本书呀？

乙　前前后后，我念了有……三吨半吧。

“书”通常用的量词是：“本、册、套”，等，没有用“吨”的。这里是开玩笑。

汉语中许多名词同量词之间已经形成固定的习惯了，一般是不能随意改动的。例如：

一匹马　一头牛　一头驴

一只鸡　一尾鱼　一口猪

是不能说成:一条马,一匹牛,一口驴,一条猪的。

但是各地方言量词同普通话量词差异很大。现在的作家很喜欢使用方言中的量词。例如:

① 只看见一件蓝褂子在眼前晃悠,地上一把踢翻的板凳。(王安忆《小鲍庄》)

② 很惊异很新鲜地看到一根紫红色头巾轻飘飘地落到黄麻杆上。(莫言《透明的红萝卜》)

③ 他们向主人献了一份厚礼:五个猪腰、两匹马、一架地。(《西南军事文学增刊》)

④ "爹,咱又能拉一只队伍啦!"父亲说。(莫言《红高粱家族》)

⑤ 草莓有一棵菩提树
菩提树有一段被汽车扔下的路
路边有一个小酒店
小酒店有一张蓝餐巾
蓝餐巾写着很多草莓
我和你同采一颗草莓(傅天琳《红草莓》)

这里的"一把板凳","一根头巾","一架地","一只队伍","一张餐巾",都不是普通话的用法,可能是方言中的量词。诗人小说家们把方言中的量词带进了书面语,这便使本来已经复杂的现代汉语中的量词更为复杂了。

目和眼及其功能

（一） 成语中的“目”

在现代汉语中，带“目”的成语特别多。例如：

目无全牛	目无全子	目不见睫	目不斜视
目不识丁	目不转睛	目不窥园	目不暇接
目中无人	目击耳闻	目光如豆	目光如炬
目光炯炯	目空一切	目送手挥	目迷五色
目挑心招	目指气使	目食耳视	目濡耳染
目瞪口呆	一目十行	鼠目寸光	眉目如画
眉清目秀	众目睽睽		

这些个“目”，就是英语中的 eye，便是现代汉语中的“眼”、“眼睛”。汉语的成语保存了许多古代汉语的成分。这个古代汉语中的“目”早就被“眼”和“眼睛”所代替了，现在只保存在这些个成语中了。

（二） 带“目”的汉字

“目”也是汉字的一个构成部件，专有名词叫部首。在汉字中，“目”部的汉字特别多。清代编辑的《康熙字典》收罗的带“目”的汉字多达 650 个！这些带目的汉字大都同眼睛这一器官及其功能有关。例如：

盯（注视）	盱（xū 张大眼）
眄（miǎn 斜眼看）	眇（miǎo 眯着眼睛看）
盻（xì 愤怒地看）	眊（mào 眼睛失神）
眨（眼睛一开一闭）	眡（shì 看）
眴（tián 眼球转动）	眈（dān 眼睛向下看）
昧（mèi 眼睛不明亮）	眣（shùn 用眼睛示意）
眢（yuān 眼珠枯陷失明）	眩（眼花）
眙（chì 瞪着眼睛）	眲（nè 轻视）
眭（huī 目光深注的样子）	眏（jiá 眼睛闭着）
眽（mò 眽眽，凝视的样子）	睁（张开眼睛）
眗（shùn 眼珠转动）	眺（tiào 向远处望）
眯（眼睛微微闭上）	睩（qì 张开眼睛注视）
瞀（mào 目眩）	瞋（chēn 瞪着眼睛看对方）
睨（tǎng 眼睛无神）	瞎（看不见）
瞑（闭上眼睛；眼睛昏花）	瞟（斜着眼看）
瞠（chēng 瞪着眼看）	瞥（匆匆一看）
瞚（shùn 眨眼）	瞰（kàn 俯视）
瞭（liǎo 眼珠明亮）	瞬（shùn 眨眼）
瞵（lín 眼光闪闪地看）	

睍　瞪　瞳　瞩　懵　睡　睠　眉　睢　盲

这说明古代中国人是重视眼睛的功能的，而且对于眼睛的观察也是细致入微的。

中国人评品人的美丑好坏，是从眼睛开始的。儒家的亚圣孟子认为，观察一个人的眼睛，便可以判断他的人品，是君子还是小人，内心圣洁还是邪恶。老百姓则认为眉清目秀的才是好人，三角眼的都是坏人、土匪、特务，鼠目寸光的是小人。小说戏曲中的大美女大都是大眼睛的，或有丹凤眼的。少女以眉目传情。画家努力画眼睛，画龙点睛。中国人把“目”扩大到许多领域去了，围棋术语有“目”——空，小说有“目录”，演出有“节目”，文章、计划有“纲目”。从“面目”一词看，目已成了人的最重要的特征了。

透过汉字形体，我们也可形象地感受到中国古人对事物的认识。例如：

睡——目十垂。眼睛皮垂下来了，上下眼皮合拢了，这就是睡。

盲——亡十目。没有眼睛，或者有眼睛却失去功能，这便是盲：看不见！

（三） 成语中的“眼”

当“目”在现代汉语中被“眼”取代之后，便又形成了许多新的带上“眼”字儿的成语。例如：

眼高手低	眼花缭乱	眼疾手快	眼开眼闭
眼明手快	别具只眼	愁眉锁眼	打马虎眼
独具只眼	横眉竖眼	挤眉弄眼	喜眉笑眼
冷眼旁观	鹰鼻鹞眼	另眼相看	贼眉鼠眼
直眉瞪眼	望眼欲穿	眉开眼笑	手疾眼快
有眼无珠	心明眼亮		

还有也可以当作俗语来看的，例如：

吹胡子瞪眼　杀人不眨眼　有鼻子有眼

横挑鼻子竖挑眼　眼观六路耳听八方

如果把这些成语中的“眼”译成英语的 eye：有鼻子有眼——to have nose and to have eyes。说英语的人是无法接受的。

因此“眼高手低”就要译成：

to have grandiose ideas but puny abilities || great ambition but little talent || to aim high but fall low

似乎说英语的人对眼睛的重视远不如我们说汉语的人。

（四）　带“眼”的双音词

在现代汉语中，带“眼”的双音词，中型词典上收录的就有一两百个。有些带眼的词是非常形象而生动有趣的。例如：

眼波	眼帘	眼馋	眼红	眼热
眼生	眼线	眼尖	眼福	眼快
眼力	红眼	白眼	青眼	飞眼
巨眼	冷眼	四眼	招眼	顺眼
惹眼	起眼	显眼	触眼	刺眼
挑眼	醉眼	醒眼	急眼	费眼

这些词中的“眼”都很难直译成英语中的 eye。在英语中与这些词意义相同相近的词大都并不需要同 eye 相联系。如：

眼红——be covetous; be envious; be jealous

眼热——covet; envy

眼生——look unfamiliar

眼熟——look familiar

而“眼帘”不能译成 eye-flag、eye-curtain，译成 eye 即可。

(五) 带“眼”的三字格

在汉语中，带“眼”的三字格也很多。例如：

眼巴巴	眼睁睁	二五眼	翻白眼
干瞪眼	海底眼	千里眼	势利眼
耍心眼	小心眼	直心眼	青白眼

“青白眼”是从《晋书·阮籍传》上流用下来的。

(阮)籍又能为青白眼，见礼俗之士，以白眼对之。

(阮籍母亲死后)嵇喜来吊，籍作白眼，喜不怿而退。喜弟康闻之，乃赍酒挟琴造焉，籍大悦，乃见青眼。

阮籍是中国古代三国时曹魏的大名士，他年轻的时候，会做青白眼。汉语中的“青”，可以表示三种颜色：一是黑，如“青衣”指黑色的衣服，“青布”指黑色的布；二是蓝，如“青天”指蓝色的天空；三是绿，如“青草”和“青枝绿叶”指绿色的草、绿色的树枝和树叶。这“青白眼”中的“青眼”即黑眼，指眼珠。中国人，不，汉人的眼珠是黑色的。这“白眼”，鲁迅说：“白眼大概是全然看不见眸子的，恐怕要练习很久才能够的。青眼我会装，白眼我却装不好。”(《鲁迅全集》第三卷 510 页)

阮籍母亲死了，嵇喜来吊唁，阮籍做白眼，嵇喜不高兴地走了。因为阮籍讨厌鼓吹礼教的俗人，便用白眼来对待他们。嵇喜的弟弟嵇康也是当时的大名士、大文人，同阮籍一样反对礼教。他带着酒抱着琴来拜访，阮籍很高兴，便用青眼待他。

因此，《现代汉语词典》(第5版)上说：

白眼　眼睛朝上或向旁边看，现出白眼珠，是看不起人的一种表情(跟“青眼”相对)：白眼看人|遭人白眼。

青眼　眼睛正着看，黑色的眼珠在中间，是对人喜爱或重视的一种表情(跟“白眼”相对)。

(六)　好的“眼”和坏的“眼”

在中国，坏的眼睛是：

三角眼　　贼眉鼠眼　　鹰鼻鹞眼

狗眼(看人低)　　势利眼

而好的眼睛便是：

丹凤眼　　水灵灵的眼　　水汪汪的眼

会说话的眼　　迷人的眼

晚清小说家刘鹗在《老残游记》中写道：

王小玉方抬起头来，向台下一盼。那双眼睛，如秋水，如寒星，如宝珠，如白水银里头养着两丸黑水银，左右一顾一看，连那坐在远处墙角子里的人，都觉得王小玉看见我了；那坐得近的，更不必说。就这一眼，满园子里便鸦雀无声，比皇帝出来还要静得多呢，连一根针掉在地下都听得见响！

当代小说家韩霭丽在《眸子》中写道：

> 她何尝不知道自己的丹凤眼是美的。那双眼睛的确不大，细细的，长长的，眼微微的向鬓角挑去；眼珠虽不黑，但目光流盼时，深灰色的瞳仁里不时有一颗颗火星迸发，眼白却白得淡淡地泛出蓝色的闪光，单眼皮，睫毛并不长，但又密又黑，使眼睛围着云雾一般，朦朦胧胧的，显得深不可测，神秘，诱人。但她的眼睛真正的美是美在笑，不论是浅笑，还是大笑，那双眼睛里就会有鲜花开放。那花儿鲜艳，娇媚，逗人喜爱，使她的脸面顿时甜蜜，俊俏，神采飞扬。即使她气恼、冷笑，那眼里依然隐约有花儿颤动。古老的民歌《诗经》中描写过的“巧笑倩兮，美目盼兮”。大概赞美的就是这种眼睛吧。如今这眼睛也有讲头，据说叫花花眼，我奶奶就说过，女人要有这样一双迷人的眼睛，就能叫再冰冷再强硬的男子汉低头。

在中国文学中，对女人的眼睛是有许多精彩的描写的。

（七）　眼睛的功能——看！

眼睛的功能当然是：看！

在现代汉语中，动词“看”的同义词和短语有近 200 个！丰富多彩，让说写者根据交际的目的、对象、情景、上下文、主题、语体、风格的不同要求而自由地选择。

现在让我们看看人们的一些选择吧：

> (1) 在这短暂的对话中，玉环并未转身面向玄宗。

她虽然坐在御座的旁边，但趺出一段，如果转过头去回话，便不能端坐，必须仰视才行。玉环本能地这样端然正坐，是为了避免玄宗俯视。从高处向低俯视，脸形看起来是偏的，那么额上的淡绿色小点就变得滑稽可笑，她的精心化妆也就全失败了。(《文摘报》1985 年 2 月 14 日)

(2) 在辽宁，杨振怀察看了重点灾区险情，乘直升飞机鸟瞰了辽宁受灾的概貌，最后又在盘锦扎下来，与辽宁省委领导一道仔仔细细地巡视了被滔滔洪水三面包抄着的盘锦市区的防洪堤坝，研讨了对策。(《光明日报》1985 年 10 月 15 日)

(3) 走完第一厅回头仰望，只见一朵朵飘动着的彩云，那是洞顶的堆积物和水蒸气被灯光反射出现的景象。(《今晚报》1985 年 2 月 2 日)

(4) 我们左顾右盼，心里纳闷，我脱口而出："这是养蛤场吗?"(《海洋》1983 年 1 期 1 页)

(5) 登上柳树岛既可领略此岛的优美风光，又可远眺美丽的佳木斯市。(《今晚报》1986 年 10 月 3 日)

(6) 临行时，他俩在维多利亚公园话别，在幽暗中两人默默地互相凝视着。(《文汇报》1986 年 12 月 13 日)

(7) 我把信顺手放在一旁，连看也不看；而且我说这话时，着重用眼睛瞟了一下范一琴医生。(徐慎《难判的离婚案》)

(8) 车把式拢起鞭子，靠坐在负载的麻袋上，淡漠地瞅着急驶的列车。(张洁《尾灯》)

(9) 路平紧紧地盯着侯兵。(徐孝鱼《凡人》)

(10) 我下意识地用眼角的余光瞟视韩改改的动静。(张玉良《道场》)

(11) 他举着香烟,扫视着狼藉满地的房间。(池莉《金手》)

(12) 李千君站着,手扶栏杆,向远边眺望。(周绍义《雪界》)

(13) 我木然地凝视竹篮。蓦然,小姑娘的眼光投向我身边。(韩起《荷花》)

(14) 他惶恐地坐了下来,默默地打量着这间简朴的小屋。(徐孝鱼《凡人》)

(15) 小姑娘的眼眶里登时闪动起阳光,环顾了一眼撒在地上的折扇。(韩起《荷花》)

(16) 少柯低头斜睨着他,眼角又带有嘲弄意味地挑起来。(母国政《家庭纪事》)

(17) 梅香玉默默地注视着路平。(徐孝鱼《凡人》)

(18) 吕伯荪话刚出口,后悔地瞥了一眼又昏睡过去的老伴儿。(母国政《家庭纪事》)

(19) 我的去拜谒桐君,瞻仰道观,就在那一天到桐庐的晚上,是淡云微月,正在作雨的时候。(郁达夫《钓台的春昼》)

(20) 更纵目向江心望去,富春江两岸的船上和桐溪合流口停着的船尾船头,也看得出一点一点的火来。(郁达夫《钓台的春昼》)

(21) 只见荷花还站在门口凝望着我。(李健君《姐妹花店》)

(22) 我转过身去，眼光落在桌上的宣纸上。(王安忆《运河上》)

(23) 许展生皱着眉头，逼视着儿子。(毋国政《这生活像一朵鲜花》)

(24) 她变得爱观察大街小巷过路的战士，有时忘情地跟在后面走，直至那战士投来惊疑的目光，她才恍然若失地离开。(王中才《三角梅》)

(25) 他一会儿看看烟嘴，一会儿望望站在一旁的蔡四爷，一会儿扫视一下围观的人们，一会儿又把目光在老会计的脸上久久地流连……(吴若增《翡翠烟嘴》)

(26) 路平和梅香玉不禁面面相觑。(徐孝鱼《凡人》)

(27) 又随手翻了翻新到的报纸，头版头条通栏特号大字标题，映入他的眼帘，真是信手拈来，皆是教材。(《奔流》1979 年 1 期 4 页)

(28) 司徒瑞麟立刻拿眼睛搜索查理。(何卓琼《电流越过边境》)

(29) 小朵知道一场老生常谈是不可避免的事，便也一旁直视两位长者。(航鹰《东方女性》)

(30) 许展生怒目而视，不予回答。(毋国政《这生活像一朵鲜花》)

正因为中国人高度重视眼睛和眼睛的功能，古今汉语表达眼睛功能的词语才会有这么的多，动词"看"的同义词语、近义词语才会这么的多，形成了一个大家族。只有掌握了汉语的人才能如此自由地进行选择。

从眼睛和眼睛的功能在汉语中的表现中，我们也便体会到：汉语中的同义词语、近义词语是十分丰富的，汉语是很发达丰富的语言，当然，要掌握如此丰富复杂的语言是很不容易的，非下功夫不可的。但是学习它也是很有趣的。学会它，也是很有用的。一一辨明众多的“看”的同义词语、近义词语、等价词语，就是一件很有趣的事。掌握了之后，才能对汉语的美有进一步体会，才能更好地运用汉语达到我们所追求的目标。

汉　餐

天(天津)南(南京)海(上海)北(北京)的朋友,你吃过汉餐么?

天南海北的汉族人,居然不知道"汉餐"呢!

2005 年,第一次到银川,在文昌北街上,西北第二民族学院的聂焱教授问我:"吃汉餐,还是清真餐?"

我首先惊讶韩流居然也在宁夏回族自治区滚滚涌动,其次奇怪聂教授居然如此喜欢韩餐,也许是因为他在韩国出版过一部论文集的缘故吧?我知道他没有到过韩国。我的回答是:"我不喜欢吃韩餐。"

后来,看到餐馆的招牌,我才知道,聂教授说的是"汉餐",不是"韩餐"。这是同音词语的误会。这时候,我才知道:我吃了六十多年饭菜,原来居然叫作"汉餐";我六十多年来一日三餐地吃得津津有味的东西我居然连名称也不知道,好丢人呀。

2006 年春天,前度的我今又来了,这次才感受到"汉餐"是银川市人民的常用词语,招牌上,嘴巴里。我们南京的居民是"汉餐盲"——在南京,对南京人,嘴巴里说"汉餐",可能误会为"韩餐",那里韩国餐馆到处都是;如果写在纸上,人家会指责你生造词语,出洋相,穷卖弄。我也到过北京、上海、广州和深圳等地,那里也没有"汉餐"的。

在西北第二民族学院的校园里的小湖边漫步,我想:为什么这银川市会有“汉餐”这个词的呢？为什么银川市和二民院都如此严格区分“清真”和“汉餐”？这是因为，宁夏回族自治区是回族聚居地区，是中国回族人最多的地区。1990 年全国人口普查的数据是——

宁夏——152 万	甘肃——109 万
新疆——68 万	江苏——12 万

回族人和汉族人在饮食方面最大的区别是：汉族人吃猪肉——大肉，回族人绝不吃大肉。民族的和谐友好团结是社会安定国家兴旺发达的必要条件。银川市严格区分清真餐和汉餐是现实生活的需要，是避免民族冲突的一种手段。过去曾经发生过的汉回两个民族的矛盾冲突有的就是大肉惹的祸。

“汉餐”是银川方言词，权威的《现代汉语词典》中有“汉语、汉字、汉族、汉学、汉文、汉姓、汉民、汉奸”等，没有“汉餐”。但是，汉餐的概念还是有的，例如“满汉全席”就是满餐和汉餐的总汇。那么在“汉餐”一词出现之前，这就是我过去说的空符号，银川的“汉餐”事实是这个空符号、潜词语的实现，或者叫作显性化。

再进一步说，既然有汉餐和清真餐——似乎清真餐应当叫作“回餐”吧？——那么我们有五十多个民族呢，似乎还应当有：维餐（维吾尔族）、哈餐（哈萨克族）、土餐（土家族）、藏餐、蒙餐、布依餐（布依族）、拉祜餐（拉祜族）等，也许这些餐类词语是不能变成现实的，只是语言世界里的梦中情人，井底的月亮。

复合词语中的修饰成分可以有两种。

第一种是描写性的，例如：

蓝天　白云　青山　绿水　蝴蝶结　象鼻山

赤发鬼(刘唐)　青面兽(杨志)

事物的表面形态是多种多样的，描写不可以是面面俱到的，往往自觉不自觉地定格在特征上，所以描写式也可以叫作特征式。

第二种是区别式的，例如：

西餐　藏药　蒙医　男保姆　川贝母

西餐区别于中餐，藏药区别于汉药物……“汉餐”是区别式的。

(2006年5月8日)

二手和二手房

(一)

手,是人类最重要的肢体之一。手是劳动的肢体:我们都有两只手,绝不在城里吃闲饭。这是那个时代动员城市人口到乡下去的口号。

每个人都有两只手。多了不好,少了不行。

生来如此的多了少了,是畸形,不漂亮,被人瞧不起。男的难讨老婆,女的嫁不出去。

后天有失去一只手的,叫作“独膀子、独爪子”。我的一个堂兄在解放战争中丧失了一只手,人们叫他“独爪子”。他当然不会像西班牙的塞万提斯那样说:因为我少了一个爪子,我的这只爪子就更光荣!革命残废军人。

手多出来了不好:三只手——小偷。但是,多一倍:三头六臂,不坏呀。手最多的是谁?千手观音菩萨。千万人顶礼膜拜。

(二)

有两只手,但是可以只用一只手。吹牛不脸红的人可以自夸“只手打倒孔家店”。如今孔家老店新开,开到全世界去了。红火着呢!

第一把手权力最大，可以大到为所欲为，搞一言堂、家天下。可以“一手遮天”。这是一个问题。解决它，难呐。第二把手，第三把手，第十三把手，权力就小多了。后面的“把手”常常是聋子的耳朵——可有可无的。“减肥”了，毫无关系的。

“第一手”，是亲自的意思。第二手，是转自他人的，转手的。靠第二手资料，是做不成大学问的。靠第二手、第三手、第若干手资料做学问，就必然是学术泡沫。真正学者依靠的是第一手资料。

“二手房”，其实应当叫“第二手房”，是他人转让的房子。如此，直接购自开发商的房子，应当叫“第一手房、一手房”了，不过很少有人这么样说。这正如：南京长江二桥、长江三桥，但是长江一桥呢？有北京第二外语学院，北京第一外语学院何处有？西北第二民族学院在银川，西北第一民族学院何在？二汉教学，“一汉教学”哪里去了？

（三）

南京的马路上，有广告语“二手房源”。这个“二手”不是两只手，是第二手，就是转手，应当叫第二手房。依据经济原则，简化为“二手房、二房”。曾有的房地产广告中说：“你要二房吗？”表面上，这个“二房”是“二手房”的简称，顺应汉语双音节化的大趋势、结果是，遭到臭骂狠批。原因是，“二房”是第二个老婆——小老婆，目前时髦的“二奶”——最小的奶奶！《现代快报》2007 年 8 月 6 日有个标题：

> 不满二房横刀夺爱，下最后通牒威胁离婚——
> 拉丹儿子遭原配夫人“逼宫”

《现代快报》2007 年 8 月 6 日还有个标题：

江宁二手楼市还能"暗火"多久？

也是二手楼＋市，不是：二手＋楼市。

如果：二手——房源。意思是：这个"房源"是第二手，还有价值么？如果假话漫天飞，第一手消息也未必可靠，谁还相信第二手信息？即使真的是第二手的信息，如今，人家也要强调是第一手的。王婆卖瓜，自卖自夸。

其实，这是："二手房——源"。这是语法结构和语义结构上的切分。但是，语音上不能如此，这样读出来，别扭呀。这同"一衣＋带——水；谈——何＋容易"是一个样子的。

事实上，这个广告语，应当是："一手——（二手房）源"。"第一手——（第二手房）源"。

词语视点的多样性

（一） 视点

任何词语的创造和词语的运用，都必须有一个独特的视点。不过在方位词语方面表现得更突出罢了。方位的确定，必须有一个参考点。例如，所有的亲属称呼语，都是从“我”的角度出发区分出来的亲属关系，也就是说“我”是亲属称呼词语的视点。

廖秋忠在《现代汉语篇章中的空间》一文中说：

> （在＋）名（＋的）＋ 空间方位词（＋距离）……格式中的“名”是个名词或名词短语，指某一已知的人、物或处所，是它后面的方位词的参考点。例如：
>
> (1) 在桌子的前面
>
> “桌子”是某一已知位置的桌子，是方位词“前面”的定位参考点。（《廖秋忠文集》3—4 页，北京语言学院出版社，1992 年）

我们把这个参考点叫作词语的视点。词语的研究，应当抓住视点问题。词语的运用，首先必须先确定一个视点。尤其是方位词，没有视点就没有方位观念和方位词语。

（二） 构词视点和用词视点

词语的视点，有两种：一是构词视点，二是用词视点。

所谓构词视点，指的创造词语的时候，人们自觉或不自觉地采取的视点。例如，我们中国人从小就生活在咱的中国，中国就在咱的脚下、面前、身后，可是，中国这块土地却偏偏叫作“远东”，那遥远的阿拉伯等地，却叫作“中东”和“近东”！问题在于，这些地理名词不是咱中国的创作，而是欧洲人的作品，这是从欧洲人的眼光来看世界的结果。这些词语的构词视点是欧洲。

所谓用词视点，指的是运用词语的时候，说写者所采取的视点。例如：“远近高低树，东西南北云。”（姚合《题刑部马员外修行里南街新居》）其视点是诗人自己所处的位置。用词的视点可以同构词视点一致，也可以不一致。例如，亲属称呼语的构词视点都是“我”——表达者本人。我们通常称呼他人的时候，都是站在自己的立场上来运用亲属称呼语的。这时候，用词视点同构词的视点是一致的。而在称呼自己的岳母为“妈妈”或称呼公公为“爸爸”的时候，其视野点显然不同于构词视点，这叫作用词视点。

（三） 论域和视点

单音方位名词有：上、下、左、右、前、后、里、东、西、南、北、中、外、内，等等。它们出现的位置，正常情况下是在名词的后面。例如“上”：桌上、楼上、枕上、床上、地上、身上、屋顶上、地板上、地平线上……

方位是空间概念。确定方位是在一定空间中的行为。这空间范围可叫作“论域”,论域有开放和封闭之分。例如:

上有青天,下有黄土地。

上有天堂,下有苏杭。

上不欺星辰,下不欺鬼神。(贯岛《不欺》)

没有标明所涉及的范围,好像是开放得无边无际的。当然,日常生活中,常识范围内的事情,总是有限度的。这个限度是不言而喻的,不需要多说的。例如:“上身T恤,下身短裤”,“楼上卡拉OK,楼下大修长城”。前者的论域是某人的身体,后者是某座大楼。一般说来,论域应当比视点的范围要大得多。视点只是论域中的一个显著的标志而已。

(四) 视点和论域的隐现

论域和视点可以出现,也可以不出现。例如:

A. 华东、华南、华北

B. 屋内、屋外、屋上、屋西

吟诗掷酒船,仙掌白楼前。(姚合《送殷尧藩侍御赴同州》)

雨晴烟树里,日晚古城中。(姚合《闻蝉寄贯岛》)

A类词语的论域是中国。中国简称为“华”。论域已经出现在短语之中,这是显性论域。

B类词语的论域是:房屋及其周围的空间。“屋”只是视点,论域没有出现在短语之中,这是潜性(隐性)论域。白楼和古城也是视点,而不是论域。

视点也有显和潜之分。例如：

A. 江北、江南

咸阳桥上雨如悬，万点空濛隔钓船。（温庭筠《咸阳值雨》）

灯下和愁睡，花前带酒悲。（雍陶《自述》）

B. 川东、川西、川北、浙南……

南美、西非、北欧、东北亚……

A类中，视点是江——长江、咸阳桥、灯和花，已经出现在短语之中了，这是显性视点。B类中，川——四川是论域，不是视点，视点是四川的中心点，它没有出现在短语之中，所以是潜性视点。

（五）"名词＋方位词"的视点

出现在名词后面的方位词，其视点有两种类型。

第一，该名词所表示的事物就是视点，短语所表示的意思是：以该事物为标记，其他事物的相对位置。例如，"上"就是位置在这个名词所表示的事物之上的意思。以地板为视点，"地板上"指地板的上面，"地板下"指地板的下面。地板上＋地板下，构成了一个开放的空间，这个开放的空间是其论域。再如：地下、桌下、村南、村北、床下、枕下、河东、河西、坡前、坡后、屋内、屋外、山东、河北、江南……表示视点的词语往往就在短语之中。这类名词，大都是表示具体事物的，常常是器物或山河，因为它们是有明显特征的、相对稳定的，可以用作其他事物的标记。

方位是一个空间概念。非空间名词原则上是不能这样运用的。例如抽象名词和专有名词：

博爱——博爱东(?)、博爱前(?)

李白——李白上(?)、李白东(?)

一来本身没有方位，二来也不能作为其他事物的标记。

这类视点又有两种情况，一种是它是空间中的一个点或一条线，它本身不是一个空间。有的方位词不适宜这一视点，例如，通常不说"地平线内"等。另一种是作为视点的事物是一个空间，例如：房屋，于是它就可以同几乎所有的方位词相搭配。

第二，以该名词所表示的事物的全部为其论域，而其中的线和点只是视点。例如："我住浙江西，君去浙江东。"(姚合《送薛郎中往婺州》)

"苏南、苏北"的论域是整个江苏，其中的"苏"是江苏的简称。其视点是江苏的中部——长江。类似的如：皖南——在安徽的范围内，以其中线为视点，是其南部。淮南——以淮河为范围，以其中点为视点，在其南边。南京西——在南京为范围，在南京城的西面，以南京的中心点为视点。

再如：华北、华南、川东、川西、岭南、汕头、汕尾、北京西、南京西、上海东、坡前、岭后、中山北路……这些词语，其中所出现的名词都是论域，而不是视点。这类名词大都是地名，因为它们有自己的范围，可以按需要再划分为更小的区域。

同样的方位名词同名词的组合，形成了两种意义：A、桌上——在桌子之外，不是桌子的一部分。B、苏北——在江苏之内，是江苏的一部分。作为方位名词，它们不能出现在名词之前。

（六）“方位词 ＋ 名词”的视点

东，作为方位名词，在“山东”中指的是山的东面；作为形容词，在“东山”中说的是东面的山。做形容词用的方位词出现在名词的前面：

上人、下人、上半天、上辈子……

北戴河、南戴河、南海、北大荒……

西蜀、北魏、前汉、东吴、北京、东京、南京、内宾、外贸……

南斯拉夫……

作为形容词的方位词，其视点也有两种。

第一种，短语中的名词表示的是论域，视点是该事物的中点、中线。例如：上身、下身。论域是整个身体，视点是身体的中部。再如：“北渚水云叶，南塘烟雾枝”中“南塘”是南面的塘；“应居西石室，月照山苍然”中“西石室”指的是西边的石室。“东非”和“北美”的论域是非洲和美洲，其视点是非洲和美洲的中点或中线。

另一种，把该名词所表示的事物放置到它所从属的范围中去，而以那个更大的范围的中线、中点为其视点。例如：南唐、北周等。其视点：中国的中心点。其范围是整个的中国版图，周在中国的北方，唐在中国的南方。作为论域的中国没有出现，这是潜性论域，或叫论域空缺。所以：北魏——魏在中国的北部。南粤——粤在中国的南部。东吴和西蜀——吴在中国的东方，蜀在中国的西方。因此没有西吴和东蜀。

于是，同样的方位名词修饰名词，也有两种含义：

A. 上身——身体的一部分。

B. 南粤——中国的一部分，不是粤的一部分。

方位词既是名词，又是形容词，但它们出现的位置是互补的，不出现在相同的位置上。作为方位名词用的，只出现在名词之后。作为形容词，只出现在名词的前面。“上身”和“南粤”是同构异义。

（七） 同义、多义和歧义

视点和论域的多样性，使汉语词语中同义、多义和歧义现象呈现出异常复杂而丰富的局面。这是一个很值得注意的问题。

方位＋名词同名词＋方位是对立的，所以：

前村≠村前	后街≠街后	前屋≠屋前
上身≠身上	上头≠头上	前厅≠厅前
后门≠门后	外城≠城外	后院≠院后
上桌≠桌上	（还有个“上桌”，“上”是动词。）	

但是，由于视点和论域的多样性，于是就出现：

国外＝外国　　　　　　内心＝心内

它们的论域不同，但其所指是同一的。

由于存在着表示论域的两种格式：

A. 名词＋方位词——论域在前

B. 方位词+名词——论域在后

A和B,两者结构方式是对立的,其结构意义虽不相同,但所指含义却是相同的。这种格式可以构造出一大批结构同义的词语。所表示的都是:该地方在论域中的位置。于是:

A. “苏北”是江苏的一部分,“皖南”是安徽的一部分……

B. “东非”是非洲的一部分,“中东”和“远东”是东方的一部分……

因此,从理论上说,这些词语都存在着一个相应的表达方式:

A. 显词:苏北、皖南、川东、赣南……
   潜词:北苏、南皖、东川、南赣……
B. 显词:东亚、东非、南美、东欧……
   潜词:亚东、非东、美南、欧东……

如果这些潜词出现,就出现了“苏北=北苏、东亚=亚东”等同义现象了。这些潜词就语言系统而言,都是合理的。但是,人们不说。这是一个历史现象,一个文化和心理问题。它们的区别好像就在于:中国的地方用的是A式结构,而外国地名常用的是B式样结构。

视点的多样性也是多义词产生的原因之一。例如“地下”是多义词:地下1≠地下2——因为视点不同:“地下1”以地平线为视点,指的是地平线之下,“地下2”以人体——人的眼睛为视点,指的是地平线之上,是地的表面。

视点的多样性也是同义词语产生的原因之一。例如:地上＝地下——因为视点不相同："地上"以地平线为视点，"地下"以人体——特别是眼睛为视点。但不能因此就说汉语中：上＝下！

“X 留学生”和“X 的留学生”

“X 留学生”是多义短语：

A. 指的是这个留学生的国籍。例如：中国留学生（中国人）、美国留学生（美国人）、韩国留学生（韩国人）等。

B. 指的是留学生去留学的国家。例如：中国留学生（在中国留学的非中国人）、美国留学生（在美国留学的非美国人）等。

按 A 式表达法，鲁迅、胡适、徐志摩、王力是中国留学生。

而按 B 式表达法，鲁迅是日本留学生，胡适是美国留学生，徐志摩是英国留学生，王力是法国留学生。

《咬文嚼字》2001 年 11 期上，有田永丰的“一针见血”短文《鲁迅、胡适是哪国留学生》，批评了李慎之《回归“五四” 学习民主——给舒芜谈鲁迅、胡适和启蒙的信》中的一段话：

> 鲁迅是明治维新后建立了极不成熟的“民主制度”的日本留学生——而胡适则是在被马克思称作“天生的现代国家”的美国的留学生。

批评说：“作者在不知不觉间，将鲁迅和胡适改了国籍。”

其实，既然“X 留学生”可以指所留学的国家，因此说鲁迅是日本留学生，并没有错，李慎之并没有改变鲁迅的国籍。田永丰的批评是错的。他的这一批评不但李慎之难以接受，读者也是很难同意的。

但是，值得注意的是，李慎之原文中的细微差别：

鲁迅——日本留学生

胡适——美国的留学生

现代汉语中，"的"字轻视不得。它的有无，是大不一样的：

狐狸尾巴——狐狸的尾巴

小姐脾气——小姐的脾气

老爷脾气——老爷的脾气

小张先生——小张的先生

同样，也存在着这样的对立：

A. 多义格式		B. 单义格式
日本留学生	——	日本的留学生
美国留学生	——	美国的留学生

A 式是多义的，既可指留学生本人的国籍，也可指他所留学的国家。B 式是单义的，只能指称留学生的国籍，不指留学所在的国家。

原文作者李慎之忽视了"的"的重大作用，无意间改变了胡适的国籍。

批评者田永丰忽视了"的"的重大作用，忽视了"的"的有无所造成的差别，把有"的"和无"的"一视同仁，他对无"的""X 留学生"的批评是无的放矢了，他应当专门批评"X 的留学生"。

公开批评他人也不是小事，理当慎重从事。"的"的有无也不是小事，阅读的时候，本当仔细。特别是有无相对立的时候，特别是公开批评他人的时候。

教训是：语文评论家，应当提高自己的语文水平。语文评论家在公开批评他人的时候，应当更仔细、更慎重一些。这样才能服人，才能有效应。

（2001 年 11 月 22 日）

“大”和“小”

（一） 80年代“大”字风

在1988年6月5日的《中国文化报》上，有人在一篇短文中抨击说：

大，原本是一个普通的方块字，近年来却屡屡“重用”，很有些刺眼。

首先表现在作家们的笔下，随便一划拉就是一长串：“唐山大地震”、“百万大裁军”、“海南大气候”、“世界大串联”、“阴阳大裂变”、还有“人工大流产”……

其次是一些单位搞的评选和比赛，诸如“十大国内新闻”、“十大国际新闻”、“80年代北京十大建筑”、“五洲杯青年歌手电视大奖赛”、“川丝杯全国教育好新闻大奖赛”。真是不乏其例，不一而足。

笔端奔涌“大”潮，比赛总离不开“大”字。人们不禁要问，是作家们“江郎才尽”，还是主办者想以此招徕读者和观众？特别是“流产”、“好新闻”之类，不知究竟“大”到什么程度？

对“大”字的“偏爱”（滥用！），是不是也属于一种“时尚”？笔者闹不清楚。把这种现象罗列于此，求教于各位作家、主办者，也求教于读者诸君。

这话说得一点也不错。80 年代的中国人的确是很喜欢一个“大”字儿，口语中、书面语中“大”字的确成了风。不过，这也并不是什么坏事儿。这其实是中国社会风气的一种反映。自从三中全会以来，中国人思想大解放，视野大拓展，对未来充满信心，放眼全球，面向世界，走向世界，所以一切的一切，都力求一个“大”字儿。对比十年“文革”中的“忠”字热、“黑”字风、“红”字潮，不能不说这是社会大进步的象征，这是好事儿，似乎不必去攻击它。

然而，有其名而无其实的“大”字就不怎么好了。例如只有几种服装，便来一个“冬令时装大展销”，这就不合适。

（二） “大”上海和“小”上海

中国人喜欢说什么“大上海”呀“小上海”的，这“大上海”和“小上海”可便是天差地别的，全然不是一回事儿。您看：

大上海＝上海　强调上海的大，参照点是那些比上海小的中小城市。

小上海≠上海　指的是有一点上海特色、风味但远不能与上海相比的地方。

80 年代中国流行的“唐山大地震”、“百万大裁军”、“世界大串联”、“阴阳大裂变”、“人工大流产”等等，都同“大上海”是一个类型的：

大地震＝地震　　大裁军＝裁军

大串联＝串联　　大裂变＝裂变

大流产＝流产　　大逃亡＝逃亡

类似于“小上海”的说法便是：

小香港　小巴黎

这在当前中国许多城市里都是很流行的说法。许多繁华的商业区或自由市场，都有这样的雅号。许多小得可怜的店铺也都爱取这样的好听的名字。因此，“清仓血本大拍卖”的“大”，其实也未必大，夸张而已。叫“小香港、小巴黎”口气也都不小，大得很呢，这也是夸张！

（三）“大”农业和“大”粮食

80年代的汉语中，“大”已成了前缀，迅速地构成了许多三音节新词。例如：

大农业　大粮食　大课堂　大语文

大文化　大科技　大林业　大牧业

这“大农业”的“大”不同于“大上海”的“大”，它虽然也是指农业，不能用不等号。可它并不是把农业同其他行业相比，单纯地突出农业的大，比别的行业大，因此也不可以在它们之间画上等号。这些由“大”字构成的新词都代表了一个全新的概念。

农业，传统上只指种植业。当今的“大农业”突破了这个概念，种植业、植树造林、草原畜牧、家畜家禽的饲养、渔业及淡水养殖，直到养蜂、种花等家庭副业，多种经营都是大农业的主要组成部分。

粮食，本来只指以含淀粉质为主的水稻、小麦、玉米、高粱等禾本作物。可现在的“大粮食”已经突破了这一概念，把一切可吃的农产品都包括在内了，不仅包括以含淀粉质为主的禾本作物，还包括花生、豆类、水果、蔬菜、木本油粮——油茶、板栗、核桃、林枣、柿子等，也包括肉、蛋、奶、鱼、虾、贝类等。

这类“大”字新词，是80年代观念更新的产物，是社会进步和科技发展的标志。

（四）“小”字热

80年代汉语中，有一股不可忽视的“小”字热，而且“温度”很高。例如：

小商品	小发明	小创造	小制作
小论文	小言论	小科技	小百货
小小说	小青年	小报告	小金库
小水电	小化肥	小包干	小氮肥
小水泥	小煤窑	小气候	小全张

“小商品”也是商品。“小小说”也是小说。“小包干”也是包干。这里的“小”只是指规模、程度上的小而已。“小水泥”，指不纳入国家统一分配的、以立窑为主的地方水泥厂。“小水电”指各省、市、自治区的县和乡镇在中小河流上兴建的小型发电站。“小气候”，指贴近地表两三米的小范围内的特殊气候。“小小说”，指字数在1000字左右的微型小说，又叫“一分钟小说”、“迷你小说”、“拇指小说”、“瞳仁小说”、“超短小说”。“小商品”，指价格较低、品种繁多、生产分散、消费变化迅速、不易列入国家计划中的三类工业品中的小百货、小文化用品、小针织品、民用小五金、民用小家电、小日用杂品、小农具、小

食品，民族用品中的小商品，个体劳动者产品，家庭副业产品，乡镇企业产品，街道企业产品。小商品的特点是，需要量大，利润小，同广大人民生活息息相关，是人人所需、家家必用的。

“小”字热，反映了当前中国社会生活的丰富多彩的一面，人民的生活需求受到了高度重视，经济生活多样化，生活方式多彩化。小字新词中的“小金库”，不仅仅各企业机关团体中有，也是许多男子汉老爷子们所拥有的。在一些中国家庭中，妻子是“财政部长”，财权独揽，丈夫往往有一个秘密小金库，从额外收入中偷偷抽取一部分，背着爱妻来消费，烟呀酒呀什么的可从中开支。这也反映了中国妇女在家庭中的实际地位，也是“妻管严”现象的产物。

（五）“大”青年和“小”青年

中国人过去说，“人生七十古来稀”。中国古人活到五十岁就满足了。三国时蜀汉皇帝刘备临死前对儿子刘禅说：“人五十不称夭，年已六十有余，何所复恨，不复自伤，但以卿兄弟为念。”意思是：人活到五十岁时死去，就不能叫作“夭亡”，便是很正常的事情了。我已经活到六十多岁了，现在死去，哪里还有什么不满足的呢，还有什么遗恨呢？因此，对于死，我已没有任何悲哀伤痛了，只不过总是很不放心你们兄弟几人的未来。

据统计，1949 年前国人的平均寿命是五十岁。所以鲁迅四十多岁的时候就被人们称为“老头子”了。50 年代，有些学术权威，也只有四十多岁，就被尊称为“×老”了。

可现在不同了，中国人寿命长了。人们流传着这样的话语:“七十不稀奇,八十小弟弟!”那些须眉皆白七老八十的人开口说:“还小呢,才七十八!”

80年代的中国,一方面少年儿童早熟,急于挤入青年的行列,不安心做少年。在中国传统中,“少年”一词也指青年男子。五四以后的中国文学中,二十大几的人也有叫“少年”的。据说德国人维特自杀的时候已经二十四岁了!但郭沫若翻译歌德的小说时,书译作《少年维特之烦恼》。现在可绝不可以把二十四岁的人再叫作“少年”了。十七八岁的人已经算青年,而不再是“少年”了。

另一方面,青年的上限大大扩大了。四五十岁的语言学家,也算“青年语言学家”。“青年作家”可以包括五十岁的人在内。青春是美好的,青年是光荣的,在少年向青年行列挤的同时,中老年也拼命向青年行列中挤,这一来,青年包括了一个漫长的年龄段,从十七八岁直到四十七八岁,都是“青年”!

于是,“青年”分化了:

小青年　大青年　老青年

男青年　女青年

大龄青年　大龄女青年　大龄男青年

大龄未婚女青年　大龄未婚男青年

大男　大女

二十岁以下的叫“小青年”。三四十岁的叫“大青年”。五十左右的叫“老青年”。二十七八未婚的,男的叫“大男”,女的叫“大女”。“大龄青年”的“大”,是着眼于该结婚而还没结婚这一点的,是强调婚姻问题的迫切性而创造的。

“青年”一词外延的扩大和“青年”一词的分化，也可以说明青年在中国社会中地位的提高。

分化后的“大青年、小青年、老青年”所指的确切的时间，这是很难说清楚的，因为“青年”一词本身就是模糊概念，而且在不断地变化之中。

(六) 四“大”金刚

你到中国的庙宇中去，便可以看到四大金刚、十八罗汉。在佛教中，是金刚大而罗汉小吗？不是。这个“大”字是衬字，为的是协调音节，上口入耳好听好记。还有“三千古佛”的“古”，也是衬字，只起协调音节作用。不信你对比：

① 十八罗汉，四大金刚，三千古佛。

② 十八大罗汉，四金刚，三千佛。

③ 十八罗汉，四金刚，三千古佛。

④ 十八罗汉，四大金刚，三千佛。

⑤ 十八罗汉，四金刚，三千佛。

⑥ 十八罗汉，四大金刚，三千佛。

只有例①念起来顺口。所以在汉语中，“大”和“小”也经常起调节音节的作用，目的是上口入耳。

学习中国地理，就会遇到：

四大高原　四大盆地　三大平原

其实中国并没与它们相对立的“四小高原、四小盆地、三小平原”，这些个“大”字儿也都是为了调节音节。

如果你要知道一些中国近现代史常识，便又遇到“三大战役”之类说法，这个“大”不仅表示战役大，也起到了调节音节的作用，因为“三战役”，与“四高原、四盆地、三平原”以及“五高峰”一样，不上口，不入耳。

（七）“大”=“大小”

“大”和“小”可以合成一个词：“大小”，表示大小的程度。例如：

米兰的花很小，只有米粒那般大小。

我的孩子都长大了，没有三五岁大小的孩子了。

这样的“大小”，也可以说成一个“大”字：

米兰的花很小，只有米粒那般大。

我的孩子都长大了，没有三五岁大的孩子了。

下面这些个“大小”、“大”，就一般不能用“小”来代替：

米兰的花很小，只有米粒那般小。

我的孩子都长大了，没有三五岁小的孩子了。

值得注意的是，“大”和“大小”也并不完全相等。例如：

这鞋子大小正适合，穿起来很舒服。

不能说成：

这鞋子大正适合，穿起来很舒服。

这就不通了。

（八）“大”和“小”既对称又不对称

汉语中的“大”和“小”往往是对称的。例如：

大脑——小脑　　大腿——小腿

大门——小门　　大麦——小麦

大米——小米　　大楷——小楷

大考——小考　　大国——小国

大学——小学　　大豆——小豆

大葱——小葱　　大便——小便

值得注意的是，有时候，大和小指的是同一类事物规格上的大和小，大门和小门都是门，大门一定比小门大；但有时候却指的是一个大范畴下的不同的品种，例如大麦和小麦是两个不同的品种，因此不能说大麦比小麦大，小麦怎么也长不成大麦。同类的如：

大熊猫——小熊猫　　大黄鱼——小黄鱼

大熊猫一生下来便是大熊猫，小熊猫长1万年还是小熊猫，因此便有了这样的概念：

大、小 > 大熊猫　　大、小 > 小熊猫

“大”和“小”并不都是对称的。有有“大”而无“小”的，例如：

大方——小方（×）　　大伯——小伯（×）

大意——小意(×)　　大约——小约(×)
大纲——小纲(×)　　大夫——小夫(×)
大度——小度(×)　　大凡——小凡(×)
大副——小副(×)　　大端——小端(×)

也有有“小”而无“大”的，例如：

小　说——大　说(×)　小　费——大　费(×)
小　结——大　结(×)　小数点——大数点(×)
小　心——大　心(×)　小意思——大意思(×)
小　生——大　生(×)　小夜曲——大夜曲(×)
小市民——大市民(×)　小两口——大两口(×)
小儿科——大儿科(×)　小　品——大　品(×)

这就是语言的不对称性的一面。

可见语言的词汇的确是一个系统——复杂的开放的系统，可又有不成系统的另一方面的特征。

（九）　非对称的“大”和“小”

唐李延寿撰《北史》卷十四《后妃传》中说：“冯淑妃小怜，大穆后从婢也。”校勘记引张森楷的话：

> 齐无小穆后，何以得称大？疑“大”是“本”之讹讹。

张氏的说法，就一般情况而言，是颇有道理的。因为“大”和“小”往往是一一对应的。如：

大老虎——小老虎　　大白兔——小白兔
大前提——小前提　　大提琴——小提琴

大人物——小人物　　大世界——小世界

指同一物种中的大的和小的两端。这时候，大 A>小 A，两者的对立十分明显。

但有时候，大 B 和小 B 却是两个不同的物种，如：

大麦——小麦　　大龙——小龙(蛇)

大熊猫——小熊猫　　大黄鱼——小黄鱼

因为大 B 和小 B 不是同一物种中的大者或小者，因此，就难以——其实是不能够——比较它们的大或小。

王蒙在小说中写道：

> 读了他的诗，一个穿着小海军服的胖小子问他的妈妈："什么叫小麦？小麦比大麦小多少？""我的孩子，小的不见得比大的小啊，你明白吗？"(《布礼》)

是的，小的不见得都比大的小，君不见：

小象>大狗　　小老虎 > 大青蛙

小老虎 > 大白兔　　小象 > 大老鼠

有人对"大白兔、小老虎"很是不理解。大白兔是白兔中的大者，小老虎是老虎中的小者，所以小老虎比大白兔大。另一种说法：

大老虎——小白兔　　大老板——小伙计

大总统——小百姓　　大将军——小士兵

这是老虎和白兔的比较，老虎是大的，白兔是小的。总统大，将军大；老百姓小，当兵的小。

有时候，也有大 A＝小 A 的，如：

大兵＝小兵

大兵并不比小兵大，小兵也并不比大兵小，大兵小兵一般大，一回事，都是对普通士兵的戏称、卑称。

但是：

大上海≠小上海

这里“大上海”即上海，“小上海”却是具有上海特色的某个小地方。

既然上海在并无小大两个的情况下可以大称为大上海，那么，北齐无小穆后，也还是得称大穆后。就这一点而言，张森楷的理由是不充分的。

大和小都可以使中心词转义，或叫语义偏离。如：

大粮食≠粮食（“大粮食”包括粮食，但比粮食范围广）

小老头≠老头（“小老头”指有老头味儿的小人，少年人）

又如：

① 韩素音家庭的小“联合国”。（《文摘周刊》1983 年 4 月 28 日）

② 这一系列有组织的刑事犯罪活动使和平宁静的卢森堡忧心忡忡。卢森堡犯罪学家阿尔曼德·麦尔根叹息道：“近来，这里成了‘小芝加哥’，而警察力量却不见加强。”（《上海译报》1987 年 8 月 31 日）

这里，“小联合国”指具有联合国特征的家庭，即家庭成员有着不同的国籍;“小芝加哥”指卢森堡,就刑事犯罪多这一点而言。

但大 A 和小 A 偏离的方式不同：

大 A:指包括 A 在内的比 A 范围广的一个类。

小 A:具有 A 在内特征的非 A 的一个 B。

我的一位朋友某日忽发奇问:“既然有小说,为什么没有大说呢？为什么不把中篇小说和长篇小说叫作中说、大说呢？是长篇,干吗还叫小说?”

有意思。“小说”一词刚使用时,大概还没有短篇、中篇、长篇之别,否则倒有可能叫小说、中说、大说。如今“小说”仅仅是指一种文学体裁,并非篇幅短小才叫“小说”,故有“小说”而无“中说”、“大说”,这也是大和小的不对称。

有时候,是有“小”无“大”或有“大”无“小”：

A. 大方、大概、大纲、大略、大夫、大拿、大内、大使、大意、大观、大驾、大黄、大略、大婚、大烟、大伯、大多数、大路货、大麻风 、大肚子、大陆架、大不列颠、大和民族、大韩民族……

B. 小生、小心、小心肝、小说、小费、小结、小卖部、小九九、小市民、小意思、小不点、小肠气、小算盘、小夜曲、小性儿、小品文、小儿科……

这个时候,“大”和“小”就不对立不对称不对应了。

“大男人”和“小女人”

汉语中有三个“大男人”，却没有一个与之相对称的“大女人”！

第一个“大男人 A”中的“大”字，指的是年龄的大和小。如：“家里没有一个大男人，日子难过呀。”同年龄上的“大男人”相对的概念当然是“年龄小的男人”。但是这个概念却不用“小男人”这个词语来表达。换句话说，汉语中没有同“大男人 A”相对的“小男人 A”。

第二个是“大男人 B”中的“大”字，指的是人格和人品的高低，具有特定的文化内涵和丰富的感情色彩。指的是男人中的一部分人，并不是所有的男人都是“大男人 B”。这个“大男人 B”的对立面是“小男人 B”，它们一同构成了“男人 B”的下位概念：男人 B——大男人 B、小男人 B。如：“人家可说是一个大男人，真正的男子汉！不像你这样的小男人，小肚鸡肠。”“今天社会上缺少的是大男人，到处都是一些小男人。”正因为“大男人 B”的标志不是年龄，所以，一个小男孩，也是一个“大男人 B”！而一个身材魁梧的男子汉却可能是一个“小男人 B”。

“大男人”的这两种意思，其论域都是男人，是对男人所进行的内部区分。A 类区分的语义特征是年龄，B 类区分的语义特征是文化道德人格人品。

第三个“大男人C”，其实是在“大男人C——小女人C”的对立中存在和实现的。

其论域是：男人＋女人。即男人和女人的综合。其区别性语义特征是属于文化范畴的。

因此，“大男人C”指的是所有的男人，不是男人中的一部分。哪怕是一个小男孩，也是一个“大男人C”。“大男人B”和“大男人C”，有共同之处，都是指的人格和人品。但是这里有两种不同的立场。第一种立场，是把男人作为分类对象的，从男人中间区分出了两种人：“大男人B”和“小男人B”。第二种立场，是站在男女对立的立场上看待问题的，这个时候，所有的男人在其人格和人品方面都是高级的。中国传统文化是男人的文化，男人都是君子，小人似乎已经被排除出男人的行列了。因此“大男人C”指所有的男人，其实是文化偏见中的中国男人，或者说是中国男人的文化偏见。

“小女人C”是同“大男人C”相对立的，指的并不是女人中的一部分，不是按年龄来区分的，也不是从文化道德方面着眼对女人的内部区分。它指的是所有的女人，是从男女对立的角度出发考虑问题的。因此，只要你是女人，哪怕到了七老八十的，也还是一个“小女人C”！例如：“你是大男人，怎么同人家小女人相比呢？”俗话说“男不跟女斗”指的就是这样的男人和女人。一个女人人格再伟大，还是“小女人”！这是中国文化中的妇女观念在汉语中的表现，孔夫子是把女子同小人相提并论的，他的心目中的君子是只限于男人的，而且是“男人中的男人”——大男人。

现代文坛上流行的所谓“小女人散文”中的“小女人”即

“小女人 C”。不是“大男小女”或“大男大女”中的“女”。“大男大女”中的“大”指的是年龄。《现代汉语词典》中有“大男大女”，指的是超过法定（或习惯的）婚龄的未婚男女。口语中的“大男小女”指的也是年龄，“大男小女”其实是“大男小女＋小男大女”的。

事实上，社会生活中是有“大女人”的，那就是：巾帼英雄，女中丈夫，女强人，“英雌”。如花木兰、梁红玉等。问题在于，我们的文化是男人的文化，是重男轻女、男尊女卑的文化。这一观念反映、巩固到语言中来，就出现了“大女人 B”的空缺现象。而语言又有其保守的一面，有时并不迅速地随着社会观念的改变而改变。

汉语中有另一种的“大女人”和“小女人”的对立，指的是大老婆和小老婆的对立。同这种“大女人”和“小女人”相称的“大男人”和“小男人”却是没有的。这是因为在社会生活中只有大小老婆的现象，没有大小丈夫的现象。

事物和概念上的对称关系，同词汇系统中的对称，是两个不同的问题，是不能混为一谈的。

“大上海”和“小上海”

（一）“小上海”不是上海

1995 年 6 月 14 日的《扬子晚报》上有一个标题：

大上海“长”出一个小上海

这个“长”字用得很好。“长”本适用于生物，但是在这里运用于非生物了，这里隐含着一个比喻，把上海当作一个人、一个生物了。不久前的《中国青年报》也有类似的标题：

矮楼怎样长高的？

但是，我此刻的兴趣不在这类“长”字上。想谈一谈的其实是大、小上海。

在我们平常的口语里，说到“大上海”，是指真正的上海，“大”只是修饰形容它的大，它比中国其他的城市（南京/苏州/无锡/镇江/扬州……）要大得多。而“小上海”则绝不是上海，而是另一个城市，它比上海小，但是它在某个地方有类似于上海的一面。这正如：

小巴黎≠巴黎　小香港≠香港　小苏州≠苏州

小李广≠李广（＝花荣！）　小诸葛≠诸葛亮

这里的问题在于，某个事物的大小有两种。

A. 假如这不是一个单一的东西，有好多个。其中有大又有小。例如：

大李和小李　　　　大老头和小老头

大人物和小人物　　大裤衩和小裤衩

B. 把这一事物与其他同类事物相比较的大小。例如：

大老头和小姑娘　　大成功和小失败

大喜悦和小忧愁　　大狸猫和小老鼠

大上海——小常州

从语法学的角度上看待这个问题，A 式的“大/小”是修饰性的。而 B 式的“大/小”则是限制性的。通常所说的大上海的大，是属于 B 式的，是它与中国其他城市如南京（苏州/无锡/镇江/扬州……）等相比来得大。当然，上海与南京（苏州/无锡/镇江/扬州……）都是城市，是同类的。只有同类的东西才能够相比较。

因为中国只有一个上海，它是唯一的，不需要加以限制，所以并没有 A 式。但是可以加以修饰，这便是 B 式。

说没有 A 式，这是从事实和逻辑的角度上看问题的。但是，换一个角度，运用比喻的方式，A 式就出现了。上面的那个标题里的“小上海”，就是属于 A 式的。在说话人的心目中，这个大地方就可以是上海，真正的上海。当然，这是一个比喻，一个夸张的说法。

（二） 修饰与限制

在汉语中，附加性的成分在名词（这里主要是说：人名、地

名、朝代名称等)之前,有两种类型。一种是修饰性的,另一种则是限制性的。修饰性的如:

大上海　东吴　西蜀　南粤

上海、吴、蜀、粤,都只有一个,“大、东、西”是对于它们的修饰和描写与形容。限制性的如:

西周——东周　西汉——东汉

南齐——北齐　南朝——北朝

东魏——西魏　东晋——西晋

东德——西德

这些朝代或地方或国家,都有两个,或时间上一个在前,一个在后。在前者叫“西”,而名“东”者则是后一个。或是一南一北、一东一西地同时存在着的。

(三)　以地代人

“小上海”还有一个意思,指的上海人。例如:“江西老表的小二子现在成了一个小上海!”说的是这个小二子从前不是上海人,现在定居上海,算是一个上海人了。

这个“小上海”是与“老上海”同类相对的。这个“小上海”是多义的:一、人小,二、人不一定是小,而是说话人不很瞧得起,甚至有贬义、不友好的含义。

与这个“小上海”相对的“老上海”也是多义的:一、是老人,二、在上海居住有年头!“老+地名”和“小+地名”,用来表示人,现在是很普遍的,非常能产。

奇怪的是“大”不能与地名相组合用来表示人,“大上海”

绝不能用来指称上海人。

总而言之,“大上海”、“小上海”和“老上海”都是多义的。但是,并不会引起误会,因为说话的时候,总是有上下文与情景的。因此是不必害怕它的多义的,不必设法消除它的多义。

“上”、“下”谈

（一）“上”敬和“下”谦

我曾收到香港中国语文学会的一份公函。格式如下：

> 19　年　月　日
>
> 致
>
> 承蒙惠赐下列书刊，已经收到，特致谢忱。
>
> 以后如有新书刊出版，亦请继续寄下。本会也会寄上本会之出版物，以资交换。
>
> 香港中国语文学会
>
> 谨　启

引人注目的是“寄下”和“寄上”。请别人寄书刊给自己，叫作“寄下”，谦词也。犹如称自己的夫人、儿子叫什么“贱内”、“拙荆”、“小犬”、“犬子”一般。而给别人寄书刊，则叫作“寄上”，敬词也。犹如用“贵”、“尊”、“令”一般。

香港语文学会的文明礼貌值得赞美和效法。

忆当年，1982 年春天，在合肥稻香楼开中国语言学会年会时，著名的相声艺术大师侯宝林先生在大会上说：

> 有朋友问我：“老侯，听说你有个儿子也说相声。是你家老几？”我回答道：“是我家小三。”人家问我儿子，用

“老”，尊敬我。我回答人家，提到我自己的儿子，用“小”，谦逊些。“老”、“小”的使用，是讲究文明礼貌，但这并不是所有的人都知道的。

这个“小三”即“老三”，便是著名笑星侯耀文。

这“上”和“下”的敬谦，也如同“老”和“小”的敬谦一样，并非所有人都知道的。因此，语文工作者不必担心失业没事干。

（二） “上”和“下”的对立和对应

有“上”必有“下”，有“下”必有“上”。“上”和“下”是相互依存，互为条件的。“上”和“下”在客观世界中是对立而统一的，在现代汉语中也是对立的、对应的。如：

上班—下班	上场—下场
上级—下级	上局—下局
上乘—下乘	上市—下市
上去—下来	上面—下面
上文—下文	上山—下山

一本上下册的书，如果只有上册或下册，对于一个书迷来说，对于一个收藏家来说，心中总不是个滋味。

对于没有看到上集而只看到下集，或者反之只看了上集而被人强逼着离开了电影院的人来说，之所以心中颇不是个滋味儿，那是因为：对称法则在作怪。

在现代汉语中，“上”和“下”有多种词性，名词、动词、形容词、趋向动词、结构助词，在这各种层次上，在绝大多数情况下，“上”和“下”都是对立的、对应的。真是：

上有天堂，下有苏杭。

上不着天，下不着地。

于是乎，一旦只有“上”或只有“下”，人们的固有习惯被打破了，对称的心理平衡被打破了，这样一来的结果便是：失落感，焦躁不安感，愤愤不平、无所措手之感！

（三） 有“上”而无“下”

其实客观世界本来就存在着不对称性，有的本是只有“上”而无“下”的，也有的本是有“下”而无“上”的。如：

上报　上席　上当　上钩　上寿　上诉　上书
上声　上税　上谕　上香　上岁数　上年纪

似乎并没有与之相对立、相对应的玩意儿。

可也有的在事理上是似乎有与之相应的“下”什么玩意儿，可我们的语言中却从不这么说，而用另一种说法。如：

上火—（败火）

上映—（罢映？息映？）

上刑—（松刑？停刑？）

（四） 有“下”无“上”

不对称中可又有对称。既有“有上无下”者，也就有“有下无上”者。同理，有的当然是客观世界上本没有的，如我你他男男女女老老少少美美丑丑胖胖瘦瘦都有这么一个“下巴”，或大或小，然而世界上有谁见过长了一个“上巴”的人呢？再如：

下野　下乡　下海　下属　下榻
下饭　下酒　下蛋　下放　下作
下葬　下笔　下剩　下怀　下脚
下马威　下不为例

当然，有的也是似乎客观世界有那么一个“上”字儿的东西在，可我们通常不说这个“上”字的话，却别有用语。如：

下半旗—（升半旗）　　下意识—（意识）

有“上”无“下”者、有“下”无“上”者的存在，都打破了绝对对称者的十全十美的美梦。语言也可以教育人们丢掉幻想，面对现实，体味“人生不如意者常八九”的古训。

（五）“上”和“下”的中和

“上”和“下”的对立有时候是会消失的。如：

A. 躺在地上的日本兵，有的还在滚动着，伸胳膊蹬腿，有的早已血肉横飞，回富士山老家去了。

B. 躺在地下的日本兵，有的还在滚动着，伸胳膊蹬腿，有的早已血肉横飞，回富士山老家去了。

（刘流《烈火金刚》）

A 和 B 同义。如果我们不打上着重点，一般人是不会注意这两个句子的差异的。因此：

地上＝地下！！！
上＝下 ???

如果依此规律类推，那么：

我在地上捡了一分钱＝我在地下捡了一分钱

你的手帕掉在地上了＝你的手帕掉在地下了

这小家伙喜欢在地上打滚＝这小家伙喜欢在地下打滚

地上太脏不能坐，站站吧＝地下太脏不能坐，站站吧

都是行得通的、你我常说、也挑剔不出什么来的句子，因此，千真万确：

地上＝地下　上＝下

这就叫作“上”和“下”对立的消失，语义对立的中和。

那么，这里为什么可以中和呢？

我想，这是视点的魔杖在显神威。说“地上”是与“地下”对立的，其视点是客观的。说“地下”是同说话人相对比的，我们这些人都是“高高在上”的哩。因此是：

客观视点	主观视点
地上	地下
上	下

但是必须区分语言的中和和言语的中和。所谓语言的中和，指的是语言体系中这些对立的词已经改变了含义，为整个社会集团所公认了。而言语的中和，则只是语用现象，是暂时的、有条件的，并不改变词语的固有的意义。

“中乐、华乐、民乐和国乐”与“中蒙医”

香港汪惠迪先生在新加坡的《联合早报》上发表一篇文章，题目叫《中乐、华乐、民乐、国乐》，文章中说：

> 大陆的民族乐团可以叫民乐团，同样的乐团，台湾叫国乐团，香港叫中乐团，新马叫华乐团。同是华人，使用同一乐器，演奏同一乐曲，却因地域不同而分别奏出了中乐、华乐、民乐和国乐……这是一种非常有趣并值得研究的语用现象。

为了强调是中华民族的特有的东西，常常加上的限制性修饰语，除去上举例子之外，还有“汉、唐”等。例如：

中——中乐、中文、中装、中医、中药、中餐、中资企业……

华——华乐、华文、华语、华侨、华裔、华人……

民——民乐、民歌、民谣、民居、民风、民办、民营……

国——国乐、国语、国学、国术、国歌、国格、国货……

汉——汉语、汉字、汉学、汉字文化圈……

唐——唐装、唐城、唐人街……

同其相对的是“洋、海、番、西、西洋”等，例如：

洋——洋油、洋布、洋钉、洋火、洋柿子、洋山芋、洋金花……

番——番薯、番瓜、番鬼婆……

西——西餐、西装、西裤、西医、西兰花、西番莲……

西洋——西洋景、西洋画、西洋红……

这些标记语的选择，取决于不同的构词策略，或者说是构词时的参考物体或视点。

“中”者，中国之谓也，是同中国之外的国家相对的：中式——外式。着眼点是国家。中国是一个多民族的国家，五十多个民族有很多种语言，汉语只是其中之一。就这个意义说，把汉语称为“中文”的确是不很准确的。

“华”者，华夏民族之谓也，中华民族之简称也。着眼点是民族。“华”字有些模糊，“华文”和“华语”显然只指汉语（口语或书面语），不指中国境内其他民族的语言文字。但“华人、华侨、华裔”却并不专指汉族人。

“民”者，民族也，民间也。用“民”字来指中国特有的东西，是就中国内部而言的，或从民族方面说的，或就社会阶层而言的，它的对立面是其他民族，或官方的、社会上层的东西。“民”没有同外国相比较的意思，其实，每个国家都有“民”同“官”的这一层对立。

“国”者，国家之简称也。就此意义，“国”字似乎等于“中”字，但是“中”字只限于中国，“国”字对不同的国家可以有不同的内容，中国人说的“国语”显然不同于法国人、德国人和俄罗斯人所说的国语。这正是新加坡学者反对台湾学者把汉语称作“国语”的原因。

顺便说一下，在上海的《咬文嚼字》上，陶本一在《中国人要说标准的中国话》中提倡：

> 现在是到了大声疾呼的时候了，我们都生活在一个国家里，让我们都说一种话，标准的中国话——普通话，为了国家的统一，为了社会的进步，也为了自己的发展。（《咬文嚼字》1996年第2期）

中国是多民族多语言的国家，宪法赋予各个民族都有使用自己民族语言的权利。提倡各个民族都使用汉语普通话，不利于民族的团结，特不符合宪法的精神。从这点上说，把普通话叫作"国语"的确不太好，一来容易使人误会，二则所有国家都有语言，把"国语"作为某一种语言，也不很妥当的。"汉"和"唐"是中国历史非常强盛的时代，以古代今，古色古香。这个"汉"和"唐"只是一个符号，非真正的汉或唐，其实唐装并非唐代人的服装，谁见过唐代人穿旗袍呢？！

值得注意的是：运用这些修饰成分所构成的词语，可能是同义的，但也可能是不同义的。例如：

中乐＝华乐＝民乐＝国乐

华语＝国语

但：

国学≠汉学　　国歌≠民歌

国营≠民营　　唐装≠中装

同时，并不是所有事物都能够像"中乐、华乐、民乐、国乐"这样整齐，往往一种东西只选择其中的一种方式。例如并没有"中画"、"华画"、"民画"和"汉画"及"唐画"的说法，只能叫作“国画”。

这一来，就出现了同义现象和多义现象。例如，南京的《扬子晚报》上，经常出现这样一则广告：

用中蒙医学瑰宝征服世界

这个“中蒙医学”，是多义的：

（1）指中国和蒙古两个国家的医学，“中”、“蒙”分别指两个国家。类似的是“中朝医学”可以理解为中国和朝鲜两个国家的医学。

（2）指中国医学中的汉族医学和蒙古族医学，“中”字其实是“汉”族，“蒙”指蒙古族。类似的是“中朝医学”，可以理解为中国医学中的汉族医学和朝鲜族医学。

（3）指中国医学和其中的蒙族医学。类似的“中朝医学”可以理解中国医学和其中的朝鲜族医学。一般地说，这是一种逻辑错误：种概念同属概念在逻辑上是不能并列的。但是，在有些时候，这样的并列也是可以的。例如“江苏省和南京市各界人士”等。

这一广告的意思是第二种。这一意思本可以说成、也最好说成：“汉蒙医学”，或者干脆就叫作“中医学”——“汉医学”。

“中医”一词，有广义和狭义之分。广义的“中医”包含中华各民族的医学在内，是同西方医学相对的。其下位概念是：

汉医汉药　蒙医蒙药　藏医藏药

朝医朝药　维医维药　回医回药……

这一用法是比较科学的，符合我国多民族的特点的。类似的是“中文”，按理说，中国的文字不限于汉字，还有其他文字，例如：蒙文、藏文、朝文、维吾尔文等。狭义的“中医”，只指汉医汉药，这种习惯的用法是历史的现实的。因为汉民族是中华民族中人口最多的，医药学也比较发达的，所以一提到“中医中药”，人们首先想到的就是汉族医药，往往忘记或忽视了兄弟民族的医药。类似的是一提到“中文”，通常想到的都只是指汉字汉语。

两个“中医中药”，广义的是上位概念，狭义的是下位概念。于是，甚至可以这样说：“中医中药中的中医中药”。这时候，“中医中药”的广狭两种意义同时出现了，前者是广义的“中医中药”，后者是狭义的“中医中药”。这当然是在玩弄语言文字游戏。同样也可以说“中文中的中文”的说法。

（2002年5月22日）

对偶和对联

（一） 无处不在的对联

在中国生活，同说汉语的人打交道，处处时时事事都少不了、离不开一个对联。

中国的对联产生于唐代，到北宋时逐步得到推广。明朝开国皇帝朱元璋又大力提倡，便在全国普及流行，明清时期形成了对联热、对联风。

据说朱元璋皇帝曾经亲自给一户以阉猪为业的人家题了一副对联：

双手劈开生死地
一刀割断是非根

他还给开国功臣、大将军徐达赠送了一副对联：

破虏平蛮，功贯古今第一
出将入相，才兼文武无双

“破虏”，指打败统治了中国几十年的蒙古人。“平蛮”，指平定了南方的少数民族。“破虏平蛮”，说的是徐达大将军帮助朱元璋皇帝推翻了元朝，统一了中国，建立了大明皇朝。

在中国，风景名胜地有胜迹联，过春节有春联，结婚时送喜联，祝寿时有寿联，吊丧时送挽联。谈情说爱，嬉笑怒骂，逗趣打闹，讽刺挖苦，都少不了对联。才子佳人，文臣武将，不识字的老头老太，讨饭花子都爱用对联显示才华，装点人生。

不会欣赏对联，就不能体会中国文化，就难以同中国人真正沟通——心有灵犀一点通！对联可以说是了解中国人和中国文化的一个通道。

（二） 风景名胜和对联

中国话说：画龙点睛。意思说画龙时只要把眼睛一画上，画在纸上的死龙就活了起来，活灵活现。如果说中国的风景名胜是一条条龙，那么这名胜风景地的对联便是一双双神奇的眼睛，它使中国的风景名胜佳地在中国人的心目中活起来。不能欣赏中国名景名胜地的对联，就难以体会这些风景名胜在中国文化中的地位和意味。中国的风景名胜对联已经是中国的风景名胜的血肉——不可缺少的有机组成部分了。

让我们看几副风景名胜对联吧。

心清，水浊
山矮，人高 （四川青城山）

大肚能容，容天下难容之事
开口便笑，笑世间可笑之人 （北京潭柘寺）

处己何妨真面目
待人总要大肚皮 （四川峨眉山）

三千里外一条水
十二时中两度潮（杭州碧波亭）

一幅湖山来眼底

万家忧乐注心头　（昆明西山）

由于这些对联的装点，风景名胜地便人化了、人情化了，充满了中国的文化色彩，中国人的人情味、人性美。

（三）春节和春联

春节，是中国人传统的最隆重的节日。过春节，俗称“过年”。过年就要贴对联，这是古已有之的习惯。而且是家家户户都要贴对联，几乎每一个门上都要贴对联。

春节的对联叫“春联”。这是了解中国人的心态、中国社会风貌的一个窗口。据说，在旧中国，有老百姓写过这样的春联：

年年难过年年过

处处无家处处家

怕过年，年难过，可见人民十分贫困。处处无家，可见无家可归的人太多了。

现在常见的春联：

江山无限好

祖国万年春

迎新春，千门开，抬头见喜

奔四化，万人起，举步生风

东风万里，六畜兴旺

政策归心，五谷丰登

爆竹声声，旧风俗旧习惯随旧岁送走
春风习习，新思想新气象伴新春到来

春水绕春山，一阵春风春笼大地
红心映红日，五星红旗红满长天

从春联中人们便可以看到中国社会的现状和中国人的向往，使你感到人民是乐观而自信的。

（四） 婚联

祝贺亲戚朋友新婚的对联，叫婚联。例如：

栀绾同心结
莲开并蒂花

皓月描来双燕影
寒霜映出并头梅

当门花并蒂
迎户树交柯

又红又专两情鱼水
同心同德百岁鸳鸯

云汉桥成牛女渡
春台箫引凤凰飞

红梅并蒂相映美
矫燕双飞试比高

海枯石烂同心永结

地阔天高比翼齐飞

琴瑟永谐千岁乐

芝兰同介百年春

对新婚夫妻的祝福，突出了成双成对，强调同心同德、和谐一致，希望婚姻牢固、百年永存。作为爱情婚姻的符号的有："双燕、鸳鸯、凤凰、琴瑟、莲花、梅花、鱼水"，等等。

（五） 对偶是汉语修辞学中最重要的手法

对联的构成手法是对偶。对偶是汉语修辞学中最重要的修辞手法，也是中国人最喜欢的修辞手法。汉语最古老的文献中就有运用对偶手法的例子了。

对联分上下两联。两联必须字数相等，这是最起码的一个要求。对偶的上下两联的语法结构应当相同。例如：

宝剑锋从磨砺出

梅花香自苦寒来

句法结构都是：

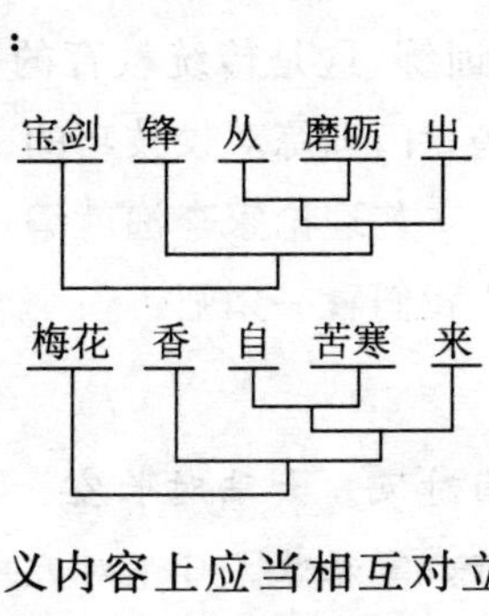

上下两联在语义内容上应当相互对立或相互补充，形成有机的整体。上下两联相同部位的词语应当在词性上一致，

语义上相关。

严格的对偶，声调上要遵守一定规则。古代汉语的声调分平上去入，现代汉语普通话分阴平、阳平、上声、去声。古入声字分别归入阴平、阳平、上声中去了。中国人又把平上去入分成平仄两声，“平”就是平声，“仄”包括上去入三声。严格的对偶还要协调平仄，即：在同一联之下，平仄要交错开来，不可连续使用平声或仄声；在上下两联的相同部位上，平仄不可相同，而应当对立。例如：

平平——仄仄——平平——仄

仄仄——平平——仄仄——平

（六） 对仗训练

如果说，对偶是汉语的一种修辞手法，对联是一种中国特有的文学作品，那么，对仗也可以用来指运用对偶手法制作对联或诗文中的对偶句的一种创造活动。对仗是中国传统文人的基本功，拿手好戏，看家本领。中国古代的儿童，一开始学习就要进行对仗的训练，这是传统教育的一个重要内容。因此，在中国就有一些专门训练对仗技巧的书籍。

清代大戏剧家、文艺理论家李渔就编过《笠翁对韵》（笠翁是李渔的外号）。让我们看一条吧：

一东

天对地，雨对风。大陆对长空。山花对海树。赤日对苍穹。雷隐隐，雾濛濛。日下对天中。风高秋月白，雨霁晚霞红。牛女二星河左右，参商两曜斗西东。十月塞边，飒飒寒霜惊戍旅；三冬江上，漫漫朔雪冷渔翁。

再来看《声律启蒙撮要》中的一段吧。

一东

云对雨。雪对风。晚照对晴空。来鸿对去燕。宿鸟对鸣虫。三尺剑，六钩弓。岭北对江东。人间清暑殿，天上广寒宫。夹岸晓烟杨柳绿，满园春色杏花红。两鬓风霜，途次早行之客；一蓑烟雨，溪边晚钓之翁。

正因为整个社会重视，又有悠久的传统、丰富的资料，加上从小的严格训练，所以对联才能成为中国特有的艺术之花。

（七） 奇联妙对

中国人在对联上花尽了心血，呕心沥血挖掘、发挥汉语的艺术美，因此，在中国奇联妙对多的是，它已成为各层次人民文化生活中不可缺少的一个内容。对联的形式多种多样，如析字对：

鳥入風中，啄去虫而为鳳

馬来蘆边，吃尽草以成驢

“風”是繁体字的“风”字。“鳳”是繁体字的“凤”字。“芦”繁体字是“蘆”。“驴”的繁体是“驢”。

同旁对：

琴瑟琵琶，八大王，王王在上

魑魅魍魉，四小鬼，鬼鬼犯边

上联四个汉字“琴瑟琵琶”，上面各有两个“王”字。下联

“魑魅魍魉”四个汉字都是“鬼”字旁。所以才说“王王在上”，“鬼鬼犯边”。这也是双关语，表面上讲的是汉字的构造，骨子里却在指责一些人和事。

拗口对：

望江楼，望江流，望江楼上望江流。江楼千古，江流千古

印月井，印月影，印月井中印月影。月井万年，月影万年

正因为拗口，才显出荒诞怪异美。可见艺术本是戴着镣铐跳舞，只有脚尖着地，才显示出了芭蕾舞的高超的艺术。

歇后对：

一二三四五六七
孝悌忠信礼义廉

上联少了一个“八”，意思是“亡八”——乌龟。下联少了一个“耻”，意思是“无耻”。这是副斥责大坏蛋的对联。

镶嵌对：就是把所要表达的内容悄悄镶嵌在别的语句中。例如有人给民国总统袁世凯赠送了一副对联：

民犹是也，国犹是也
总而言之，统而言之

他所要表达的意思是四个短语开头的那四个汉字：“民国总统”。有人又添了几个字：

民犹是也，国犹是也，无分南北
总而言之，统而言之，不是东西

大骂袁世凯："总统不是东西！"

串名对，就是把本来没有逻辑联系的名称巧妙地组合在一起。例如：

帝女合欢，水仙含笑

牵牛迎辇，翠雀凌霄

这本是八种花名，但组合后，"帝女"和"牵牛"、"水仙"和"翠雀"做主语，是动作行为施发者；而"合欢"和"迎辇"、"含笑"和"凌霄"则是做谓语的动宾短语，形成四个主谓句子。

选词对：

南南北北，文文武武，争争斗斗，时时杀杀砍砍，搜搜刮刮，看看干干净净

户户家家，女女男男，孤孤寡寡，处处惊惊慌慌，哭哭啼啼，真真惨惨凄凄

这是对中国历史上军阀混战、民不聊生、家破人亡、天昏地暗的真实情景的描写。

填空对：

(　)二三四五

六七八九(　)

要你填上"一"和"十"，是要你理解为"缺一"——缺衣和"少十"——少食！

反复加夸张对：

大人、大人、大大人，大人一品高升，升到三十六天宫，与玉皇大帝盖瓦

卑职、卑职、卑卑职，卑职万分该死，死落十八层地狱，为阎罗老子挖煤

真是嬉笑怒骂，淋漓尽致。

（八） 多义对联

有一则民间故事，讲的是财主和教书先生签订合同，其内容如下：

无鸡鸭也可无鱼肉也可唯青菜豆腐不可少不得学费

财主的理解是：

无鸡鸭也可，无鱼肉也可，唯青菜豆腐不可少，不得学费。

而教书先生则坚持这样理解：

无鸡，鸭也可。无鱼，肉也可。唯青菜豆腐不可。少不得学费。

由于两人的理解不同，闹出了许多故事，这里就不详述了。这就是对联的多义现象。中国人创造了许多可以有两种以上理解的对联。例如：

明日逢春好不晦气
终年倒运少有余财

可以有两种理解：

A. 明日逢春，好不晦气
终年倒运，少有余财

B. 明日逢春好，不晦气

终年倒运少，有余财

再如：

此屋安能居住

其人好不悲伤

也可以有两种解释：

A. 此屋安能居住？

其人好不悲伤！

B. 此屋安，能居住。

其人好，不悲伤。

中国人充分利用汉字、汉语的特点而创造形成了对联这种艺术形式，通过对中国的对联的研究，你可以进一步了解汉语在语音、语义、语法、语用等各个方面的特点。

魔幻式双关对联

（一） 只有10个汉字的对联

北宋有一个大文人叫苏东坡，他在担任杭州的地方长官的时候，为西湖孤山的一座亭子写下了这样的对联：

水水山山处处明明秀秀

晴晴雨雨时时好好奇奇

只有10个汉字：

水　山　处　明　秀

雨　晴　时　好　奇

但这没有形态变化的10个汉字却能变化出许多花样来。

（二） 层次双关

这副对联，我们可以做不同的层次切分：

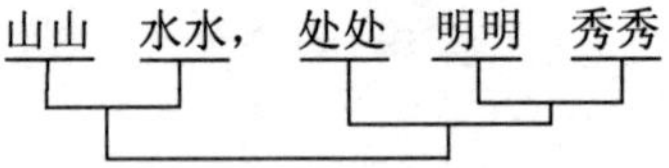

上下两联都是单句。“处处”和“时时”是状语。

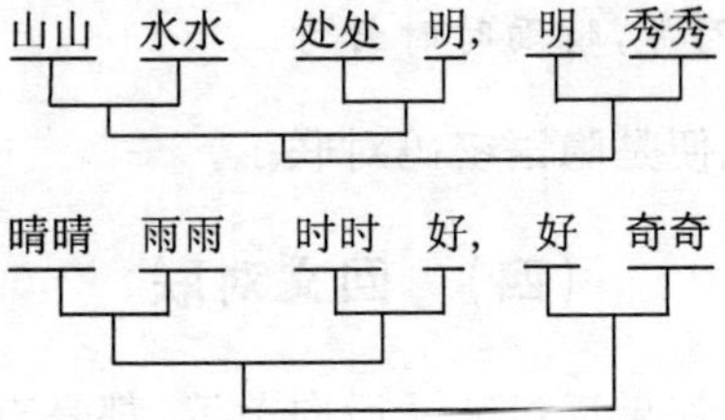

前一个“好”是形容词，后一个“好”是副词！上下两联都是复句，各有两个分句组成。

（三） 隐语密码对联

这诗还可以隔字来读，跳着读，拆开来读。

如果隔字读，便成为：

水山处明秀，水山处明秀。

晴雨时好奇，晴雨时好奇。

上下两联各重复了一次，这可以叫作“反复对联”。

如果跳着读，便是：

水水明，山山秀，处处明秀。

晴晴好，雨雨奇，时时好奇。

还可以跳着读成：

水山水山，处处明秀明秀。

晴雨晴雨，时时好奇好奇。

如果拆开来读便成了：

水明山秀，水山处处明秀。

晴好雨奇，晴雨时时好奇。

这一来，也便是隐语密码对联了。

（四） 回文对联

上述对联，如果反过来从后向前读，都是有意义的：

秀秀明明处处，山山水水。
奇奇好好时时，雨雨晴晴。
秀秀明，明处处，山山水水。
奇奇好，好时时，雨雨晴晴。
秀明处处山水，秀山明水。
奇好时时雨晴，奇雨好晴。
秀明处处，秀山山，明水水。
奇好时时，奇雨雨，好晴晴。
秀明处山山，秀明处水水。
奇好时雨雨，奇好时晴晴。

（五） 汉语的灵活性

这10个汉字，在写诗的人和解诗的人手中，像一块面团子一样，被搓来揉去，变化无穷。

汉语的特点是什么？有人说：灵活性，十分灵活。有人说：意合法，只要可以意会，不太讲究严密的形式标志。这是个严肃而复杂的学术大问题，我们不伤那份脑筋，少掉几根头发为好。

玩味这首魔幻的双关诗，对我们考虑这个问题大概是会有一些帮助的吧！

简单而多变的词序

（一） 词序是最重要的语法手段

词序是汉语的最重要的语法手段。构成成分完全相同，只要词序不同，意义就完全不一样了。例如：

① 一样的白云，

一样的蓝天，

但不同风景，不同语言；

尽管风景不同，语言不同，

一样的白云，

一样的蓝天。（绿原《白云书简》）

② 话说“文化大革命”来到矮凳桥，当头一炮大革文化命。（林斤澜《车钻》）

③ 这残忍的“革命”、使她备尝了“革命”的残忍。（马瑞芬《女学究轶闻》）

④ 旧梦与新岸——并非谈创作的创作谈（《十月》1982 年 5 期）

在以上各例中，显然：

不同的风景≠风景不同

不同的语言≠语言不同

文化大革命≠大革文化命

残忍的"革命"≠"革命"的残忍

谈创作≠创作谈

不但句法结构不同。含义也完全不一样。

（二） 词序也是重要的修辞手法

在汉语中，词序也是重要的修辞手法。

革命家彭德怀在给作家巴金的信中强调：

他是伟大人民的儿子，从不愿作人民的伟大儿子。(《人民日报》1982 年 5 月 20 日)

词序不同，"伟大"的修饰对象就不一样了：

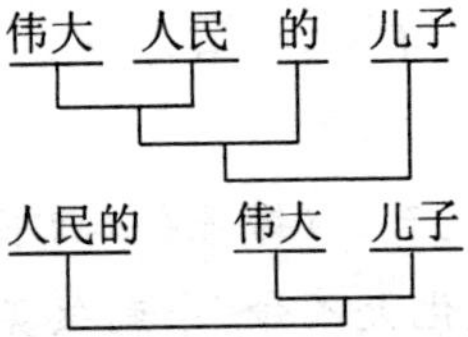

彭德怀强调了人民是伟大的，而他自己是平凡的。

郭沫若有一篇文章，题目叫作：《人做诗与诗做人》。三个实词的两种词序形成了强烈而鲜明的对照。

利用词序造成词语相同但意义不同的对比格式，这是中国文人最喜欢的修辞手法。再如：

① 天水相接的地方出现了一个小黑点，一个白点，一挂船上的白帆和一条挂着白帆的船。(王蒙《海的梦》)

② 他虽然笨，究竟也经过锻炼了，晓得当时那一班

人——造反的当权派和当权的造反派，如果要触你的霉头，倒不在乎你做了什么，而在于要达到一个这样那样的目的，例如他的二百一十七。（高晓声《李顺大造屋》）

“一挂船上的白帆”和“一条挂着白帆的船”，“造反的当权派”和“当权的造反派”，有点儿像绕口令，但不仅表现了不同的概念，也抒发了作者的感情：帆和船相互依存，在茫茫的大海中。造反和当权是紧密联系的 —— 为了当权而造反，造反就可以当权。

戏剧家曹禺的名剧《北京人》中的江泰说：

我们只会叹气、做梦、苦恼，活着只是给有用的人糟踏粮食，我们只是活死人，死活人，活人死。

“活、死、人”三个词颠来倒去，反复强调没有意义的不像一个人一样的生活着的人，行尸走肉！

（三） 自由自在的词序

汉语教师们一再强调，汉语的词序是固定的，这是对的。不过，这只是问题的一个方面。其实汉语的词序也有极其灵活的一面。例如：

两个人骑一辆车＝一辆车骑两个人

两个人盖一床被＝一床被盖两个人

汽车盖着油布　＝油布盖着汽车

一斤三元　　　＝三元一斤

一个小组五个人＝五个人一个小组

一个人五块糖　＝五块糖一个人

汉语词序的这十分灵活的一面，使得中国人可以十分自如地根据表达的需要来选择词序。例如：

① 西风又起了，萧萧地，萧萧地。（袁鹰《西风絮语》）

② 她唤他，轻轻地。（欧阳子《花瓶》）

③ “不用了，真的。”林玲说，尽管她十分希望有人送给她一块新围巾。围巾，紧挨着脸颊，像情人那样。（李功达《蓝围巾》）

这些话本来都可以这样来说的：

西风又萧萧地，萧萧地起了

她轻轻地唤他

真的不用了

基本意思是一样的。不过后一种说法意思平缓平淡些，而前一种说法则强调一些。

（四） 词序和歧义

在汉语中，词序不当容易引起歧义。例如：

使我大吃一惊的是她发出的声音竟大大变了调，根本不是我平时听惯了的那种清晰、和蔼、甜丝丝的外婆的声音。（张安民《舅舅汉姆》）

“我平时听惯了的那种清晰、和蔼、甜丝丝的外婆的声音”，可以有两种理解：

A.

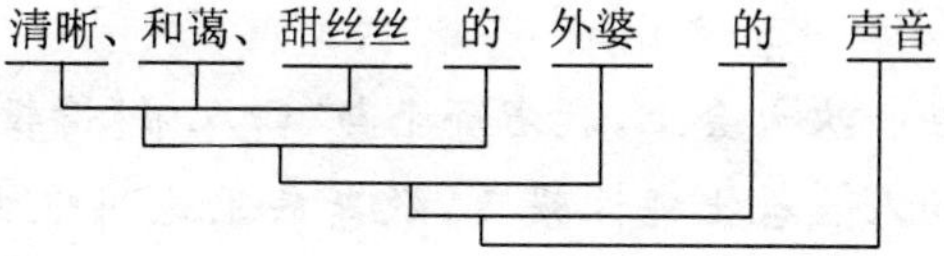

B.

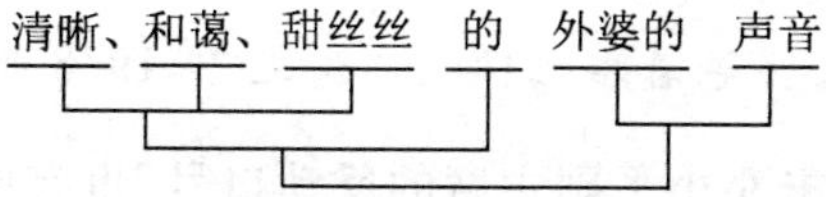

这里是第二种意思，为了避免误解就应当调换一下词序：

我平时听惯了的外婆的那种清晰、和蔼、甜丝丝的声音

再如“伟大的人民的儿子”，也有两种理解：

A.

B.

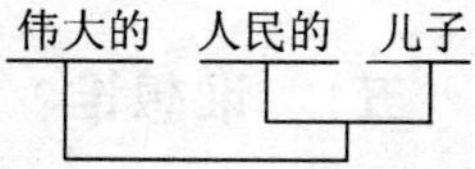

这可以用删除“的”字的办法来消除歧义：

A. 伟大人民的儿子

B. 伟大的人民儿子＝人民的伟大儿子

因为在汉语中，没有“的”字，结构更紧凑一些，像一个整

体。有了“的”字，结构松散一些，更像一个临时结合物。

再如：

在一次大会上，我省那个与“四人帮”情投意合、自愿挂钩的人在台上唾沫横飞，歇斯底里地叫嚷攻击邓小平副主席的反动口号时，坐在听众席上的陈残云按捺不住心头怒火，对邻座的同志愤怒地轻声说：“到底是谁在搞修正主义？等着瞧吧！”(《广州文艺》1978年2期42页)

“叫嚷攻击邓小平副主席的反动口号”也有两种理解：

A.

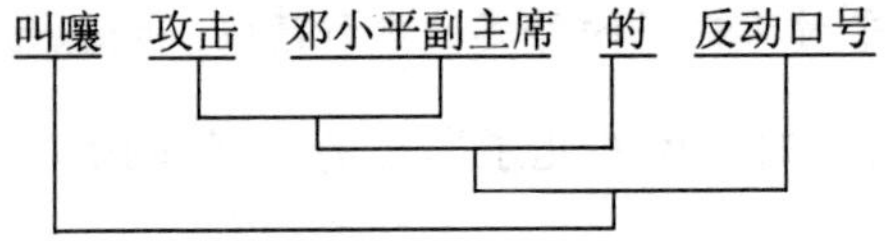

B.

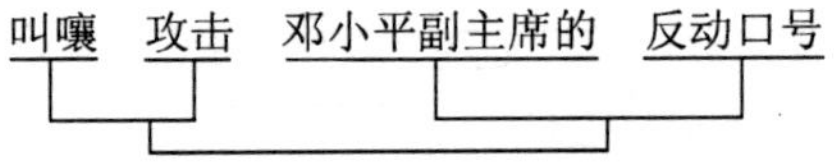

这里是前一种含义，但也可能会被误解成后一种意思的。

（五） 谁想谁？

一个女大学生放假回到家里，一进门，就对她的母亲说：

①“我想死你了！”

她的母亲对女儿说：

②“你想死我了！”

在这种场合下，这两句话的意思是一样的：

我想死你了＝你想死我了

动词“想”的施动者都是“我”，代词“你”都是“想”的对象，想的程度到了要“死”的地步，这都是“我”，而不是“你”！

她们在特定语境中，也可以这样说：

③“我把你想死了！”

④“你把我想死了！”

句③和句④的意思也是相同的：

我把你想死了＝你把我想死了

“想”这个动词的施动者都还是“我”，而不是“你”。“你”还是“想”的受事、对象。句子③和④同句子①和②的意思也还是一样的：

我想死你了＝你想死我了＝我把你想死了＝你把我想死了

其实她们也可能这样说：

⑤“我想得你要死！”

⑥“你想得我要死！”

句子⑤和⑥意思还是一样的：“我”是施动者。“你”是受动者、对象。“要死”的都是“我”，而不是“你”。这两个句子也是同义的：

我想得你要死＝你想得我要死

这一来，这六个句子的意思便是相同的：

你想死我了＝我想死你了＝你把我想死了＝我把你想死了＝ 我想得你要死＝ 你想得我要死

在这六个句子中，有三个句子都是单义的：

我想死你了！

我把你想死了！

我想得你要死！

“我”只能是施动者，不可能是受动者。

但另外三个句子在特定语境中却有可能是多义的：

你想死我了！

你把我想死了！

你想得我要死！

则都是多义的：“你”可能是受事，想念的对象；但也可能是施事，想念的主体。

（六） 主宾换位

汉语中，主语在动词前，宾语在动词后：

主语——动词——宾语

猫　　抓住了　　老鼠

有些句子可以用“被”字把宾语提前到动词前面去，形成被动句：

老鼠　被猫　抓住了

不过汉语中被动句比较少，许多受事主语都不加“被”字。中国人不说：

话被说完了。

巧克力被吃完了。

课被上完了。

而说：话说完了。巧克力吃完了。课上完了。

中国人喜欢变化一下动词，把主宾语换个位置。例如：

① 终于，箱盖启开了，锃光瓦亮的零件映入人们的眼帘。（陈吉蓉《修鞋铺的故事》）

② 这时，车窗外，莲花池的主峰，像记忆里那个文静深情的山村少女，拂去了云翳，投进了眼帘。（李国文《月食》）

③ 打开新送来的画报，一幅女同志的半身彩色照片映入我的眼帘。（母国政《海滩上的石子》）

④ 她竟然闯入他的视线！（叶文玲《屏幕》）

⑤ 一天，他正在看马戏，有个字眼突然一下跳进了他的脑海。（《人才》1982 年 4 期）

这里常规主宾语位置本来是：

人们看见了锃光瓦亮的零件

他看见了莲花池的主峰

我看见了一幅女同志的半身彩色照片

他看见了她

他突然想起了一个字眼

但主宾语换了位次之后，新鲜活泼，能给人深刻的印象。

并列和音节与词序

（一） 并列各项最好音节一致

在同一个结构层次上，并列的各个项目最好音节长度相同。例如：

① 这些站坚持监、帮、促的监督方针，使一些工程隐患及时得以发现和排除，保证了工程质量，避免了重大质量事故的发生。（《光明日报》1985 年 10 月 14 日）

② 当时的县医院病房简陋而不正规，里面囊括内、外、妇、儿各科，兼管急诊。（《共产党员》1986 年 2 期 23 页）

并列各项都是单音节，上口顺耳，易背诵、流传。或如：

③ 枝叶和花苞在春雨里萌发，
希望和理想在风雨中复苏。 （程尊平《古莲子》）

④ 巨大的人口压力，给中华民族带来了沉重的负担：吃饭，穿衣，住房，就业，教育，交通，能源，生态……（《半月谈》1989 年 8 期）

并列的各项都是双音节，同样的和谐流畅。

如果在一连串单音节项目中夹杂一个双音节项目，或在一连串双音节项目中夹杂一个单音节或三音节项目，例如：

……里面囊括内、外、妇女、儿各科……

……吃饭、穿衣服、住、就业、教育、交通、能源、生态……

就显得特别的刺眼。

（二） 音节差异区分了并列的层次

有时候，并列各个项目音节多少反映了并列项目内部的层次。例如：

① 阿旺手脚勤快，王云芳家用水、出粪、加工粮食、买猪饲料、卖大猪买小猪、种自留地，所有的脏活重活，几乎全由他包了下来。（徐朝夫《十二品正官》）

② 现在，蔚兰每天收到的来信，少则200多封，多至1000多封。这些来自工厂、商店、机关、大学、农村和个体户的信件，反映的问题涉及政治、法律、经济、伦理道德、社会生活，衣、食、住、行、吃、喝、拉、撒，几乎无所不有。（《半月谈》1988年23期45页）

显然可以根据项目中音节的多少来分组：

A.（用水＋出粪）＋（加工粮食＋买猪饲料）＋（卖大猪＋买小猪）＋种自留地

B.（工厂＋商店＋机关＋大学＋农村）＋个体户

C.（政治＋法律＋经济）＋（伦理道德＋社会生活）＋（衣＋食＋住＋行＋吃＋喝＋拉＋撒）

当并列项目数目很多的时候，如果把并列项目再分成大块，便于记忆、流传。并列项目分成大块，形式上主要就靠音节的多少。

（三） 以音节的多少来排顺序

当并列项目音节有多有少时，最好按音节多少排序。例如：

① 山东出版总社建立集编、印、发、供、外贸为一身的出版实业集团，使印刷设备和人才的优势在竞争中发挥了整体效益。（《光明日报》1989年9月1日）

② 其实，何止北京如此，随便哪个大城市，小汽车的构成与长安街不会两样。红色、黄色、黑色、白色、蓝色……奔驰、皇冠、尼桑、雪铁龙、伏尔加……无论是柏油大道，还是乡间土路，同样有豪华型和超豪华型的进口汽车在喧嚣。（《半月谈》1989年10期13页）

在前一个例子中：

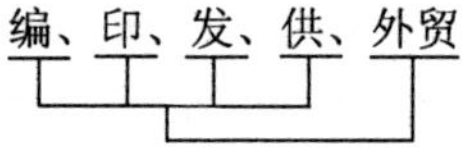

在后一个例子中：

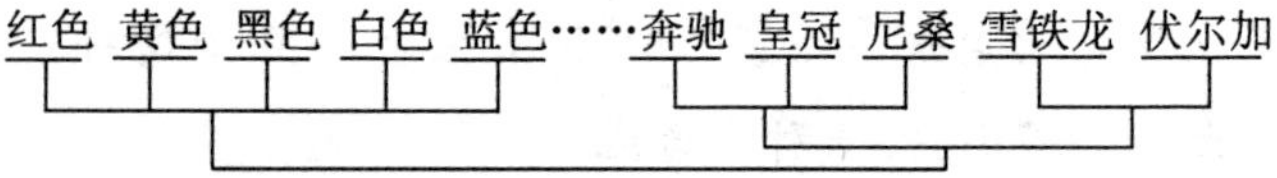

这样读起来就很顺畅。再如：

③ 据地质矿产部调查，我国人均的矿产资源只及世界平均水平的二分之一。经过全国人民的开发利用，中国工农业产品的产量在世界各国中名列前茅的很有一些，其中占第一位的就有煤炭、水泥、布、粮食、棉花、肉

类、鸡蛋、油菜籽，钢、石油、发电量、化肥、硫酸、烧碱、化纤、电视机、纸张、大豆、花生、水产品、蜂蜜、甘蔗、羊毛等也都在前五位之内，可一按人口分摊就少了。

音节从少到多，分块之后便于理解、记忆和流传：

A. （煤炭＋水泥）＋（布＋粮食＋棉花＋肉类＋鸡蛋＋油菜籽）

B. （钢＋石油＋发电量）＋（化肥＋硫酸＋烧碱＋化纤＋电视机）＋（纸张＋大豆＋花生＋水产品）＋（蜂蜜＋甘蔗＋羊毛）

（四） 按照语义内容文化因素排列

并列的各个项目的排列次序往往不只考虑语音形式，还要服从于语义内容、社会文化因素。因此，从并列项目的次序可看出政治、经济、文化特征、民族心理、时代色彩等因素对语言运用的影响。常见的当然是根据地位、作用的大小或时间的先后来排列。例如：

马恩列斯（马克思、恩格斯、列宁、斯大林）

毛刘周朱（毛泽东、刘少奇、周恩来、朱德）

因此，当我们说：爸爸妈妈、叔叔婶婶、哥哥姐姐、爷爷奶奶、弟弟妹妹、男女老少、父母、夫妻、公婆、子女的时候，便反映了传统文化中男尊女卑的色彩，表示男性的词总在表示女性的词的前面。而当我们说：姑姑姑夫、姨妈姨夫、女儿女婿的时候，则显然反映传统文化中高度重视血统的一面：并列成分中，血缘亲近的排在前，而血缘疏远的就排在后面。

颠来倒去的回环美

（一） 正读、反读一个样

汉语没有形态，语法关系又主要靠词序，汉语又几乎每一个音节都有含义，于是乎有的时候，汉语的一个短语或者句子，正过来读、反过来读都是有意义的。例如：

他——爱——她

从左向右读："他爱她"，一个男人爱一个女人。从右向左读："她爱他"，一个女人爱一个男人。"他爱她"和"她爱他"，都是语法上、逻辑上、修辞语用上都合格的句子。

聪明的中国人便利用汉语的这一特点来提高表达效果，增加审美情趣。例如中国的谚语吧：

① 人怕虎，虎怕人。

② 水帮鱼，鱼帮水。

③ 水连天，天连水。

再如一些惯用的现成语：

④ 山连水，水连山。

⑤ 情中景，景中情。

我 1983 年出版的一本书，名字叫：《语言的美和美的言语》(山东教育出版社)。

无论从左向右读,还是从右向左读,这个书的名称都是一样的。

这就是汉语修辞学上说的回环格。

(二) 多种多样的回环

现代汉语不同于古代汉语的重要的一点是:现代汉语是双音节词占优势的。所以现代汉语的回环大都以词语为单位。例如:

① 总理爱人民,人民爱总理。(这里的总理指周恩来总理。)

② 科学需要社会主义,社会主义需要科学。(郭沫若《科学的春天》)

③ 经济效益就是钱,钱就是经济效益。(蒋子龙《燕赵悲歌》)

有时候回环主要指短语或句子中的主要实词,而虚词和次要成分可以放宽要求。例如:

④ 我们两家搞了一辈子戏,戏就是我们的命,命就是我们的戏。(陆文夫《临街的窗》)

⑤ 摔碎了泥人再重和,
再捏一个你来再捏一个我,
哥哥身上有妹妹,
妹妹身上有哥哥。(李季《王贵与李香香》)

⑥“人家说了再做,我是做了再说。”“人家说了也不

一定做，我是做了也不一定说。”（臧克家《闻一多先生的说和做》）

中国人从古到今都喜欢回环。它具有循环往复流动化绵延不尽之美，好记好背。

（三） 回环和游戏

回环的怪圈存在于中国人生活的各个方面。

在有些宾馆里，您会见到茶杯上有四个汉字：

从左向右读，便是：

A. 清香味永

B. 香味永清

C. 味永清香

D. 永清香味

从右向左读，便是：

E. 清永味香

F. 永味香清

G. 味香清永

H. 香清永味

八个短语都是有意思的。

您还可以见到我们中国还有这样的茶盘：

如果从左向右来读：

A. 可以清心也

B. 以清心也可

C. 清心也可以

D. 心也可以清

E. 也可以清心

也都是有意义的。

（四） 回环对

中国人喜欢对联。而用回环构成的对联又尤其耐人寻味。例如：

① 客上天然居，居然天上客
　 人过大佛寺，寺佛大过人

② 上海自来水来自海上
　 前门出租车租出门前

③ 无锡锡山山无锡
　 平湖湖水水平湖

④ 雾锁山头山锁雾
　 天连水尾水连天

这些回文对联，正序和逆序结构层次不一样，语义也不同。例①，正序：上——动词，天然居——专有名词，一家酒家菜馆饭店的名字。逆序：居然——副词，上——方位名词，天上客——名词性偏正词组。大佛寺——专有名词。寺佛——普通名词，佛寺中的菩萨。例②中“上海”和“前门”，例③中的“无锡”、“锡山”、“平湖”，都是专有名词。

（五） 回文诗

中国文人喜欢用回环方式写诗。这种诗叫回文诗。例如刘大白的《山家》：

家山是处断林平，
近舍村桥跨水横。
华吐夜来初月朗，
影留溪上晚霞明。
花开半落飞红雨，
瀑泻长空劈翠晴。
沙印绿痕苔径曲，
斜枝竹碍路人行。

如果我们把这首诗倒过来，从最后一个字向第一个字来读，便是：

行人路碍竹枝斜，
曲径苔痕绿印沙。
晴翠劈空长泻瀑，
雨红飞落半开花。
明霞晚上溪留影，
朗月初来夜吐华。

横水跨桥村舍近，

平林断处是山家。

同样也是有一定意义内容的诗。

（六） 秦少游的回文诗谜

宋代才子秦少游远游在外，大文人苏东坡写信询问近况。秦少游的复信是一个诗谜：

已

时　　　暮

醒　　　赏

微　　　花

力　　　归

酒　　　去

飞　　　马

如

这原来是一首诗，七言绝句：

赏花归去马如飞，

去马如飞酒力微。

酒力微醒时已暮，

醒时已暮赏花归。

这是一首回文诗，同时运用了顶针和反复的修辞方式。

摩梭人说汉语

（一） 奇妙的句子

徐军的小说《迷失在母系王国》中有这样的句子：

① “是罗，人在一个我，嘴动老总管。”

天哪！如此颠颠倒倒竟还能说得通，听得明，若不是亲耳所闻，我真不相信汉语还能这么说。（《西南军事文学增刊》，6 页）

② 巴池池米在门前的柳树下站住，怯怯地说：“先走你们，一下下快快去的我。”

叫我们先走，他再来撵?!（同上，6 页）

③ “赶马大哥，说话唱歌一样了，马你的都高兴听。”（同上，33 页）

④ “嘴不要凸凸，脸不要难看看做，他远远走喽……屋里我的去。”（同上，101 页）

⑤ “……连长那个走不想走，摩梭我们好不有地方找，大官他们不得，派人来六个，个个抢扛着，把连长那个从家阿夏里揪出，两只手一起捆着，放在马背上，驮走喽。他阿夏做过的女人个个他还会想。不信，你问去。”格若使劲剁草。

她讲的是一个国民党的连长，在荣里脱队，后被带走

的令摩梭女人愤愤不平的故事。(同上,96页)

⑥“……汉人你们规矩坏坏罗,牛马不比得!小人错哪里有?他什么还不得知道,你要他怪来,心你成哪种?呜呜呜,牛,牛小人爱会;马,马小人爱会,人你大大一个,小人就爱不会!呜呜呜,你要小人你做他做,问去问来,你做他做小人都女人有,你怪什么?呜呜……你杀要我杀给,小人你害不要,等小人落地你杀又给嘛!!!呜呜,你们规矩哪个定给?牛马不比得!牛马不比得!牛马……”(同上,113页)

这是汉语的句子吗?是,又不是。这是在中国实行阿夏婚的摩梭人所说的汉语,并不地道纯正的汉语,尤其是词序方面大不同于汉语的一种汉语——准汉语,汉语的一种新变体。

(二) 也是有规律的

摩梭人的汉语,同地道的汉语、同普通话的区别首先在词序上。例如:

摩梭人祖祖辈辈都是赤着脚走过来的,不会做鞋,巴朱朱妈妈的妈妈的妈妈长得最标致的那年,从丽江来了几个纳西族的皮匠。(同上,89页)

“妈妈不是随便叫的,只有一个。”

“妈妈一个哪里有?妈妈姐姐妹妹是妈妈,阿夏舅舅他们的也是妈妈,人人叫这样,不叫不欢喜。”沙达着急了,眼睛瞟瞟门口的妈妈们,“叫这样了你……妈妈不多呵,光光四个有。”(同上,74页)

这当然是摩梭人特有的社会制度、生活方式、婚姻关系在他们的语言中的反映。

不过差别最大的教说汉语的人最难以接受的可还是词序。说汉语的人的反应是：

“猜上七七四十九天也不着边，比方咱们说：我有一匹马，人家说我有马一匹。”

“我有马一匹？”

“他们把‘数’都排在‘名’的后边，我有鸡三只，你有猪四头，这有山五座，那有人六个。”

“也还好懂。”

“嘿，我是为了让你能听明白，还没有全照他们的话说。他们说，鸡我三只有，猪你四头有，山这五座有，人那六个有。”

“有这么说的？”（同上，1页）

当然是有这么说的。摩梭人就是这么说的。你熟了，也就并不奇怪了：

“我想，明早到了总管府，那少英会对你这么说：我总管那少英是——我是总管那少英；我欢欢喜喜得见解放大军你们——我很高兴见到你们解放军；解放军的不拥护的不可以——不拥护解放军的不对；我荣里坝子解放拥护的全全——我荣里人全都拥护解放；今天我们脸面见脸面……”

“脸面见脸面？”

“就是见面、认识，那不是脸对着脸吗？”

“噢……”

“这种话多着呐，尤其是老年人爱说，有许多话一百个我也想不出来，他们管铺盖叫作睡窝，睡窝；毛驴叫耳长，可它耳朵也不短啊；跟随叫后跟，后跟；让开叫后做，有的让开就让开并不做什么呀；帽子叫头长，头长；贼叫人偷，倒也是人偷；舂米叫碓敲，碓敲；皮子叫作皮皮，皮皮；枪叫手捏……”（同上，2页）

这是摩梭人讲的汉语，可并不是地道的汉语，更不是普通话。这是带摩梭语味的不地道的汉语。我们不要当作笑话看，而应当去研究它。因为这也是研究汉语的好资料。

这种不纯正的汉语，也是有规律的。寻找其中的规律，对于提高“对外汉语”教学是大有好处的。学习汉语的外族人，总结自己所说的不纯正的汉语，找到规则，就会大大提高自己的汉语水平的。

多义例话

（一） 是女副书记，还是副书记的老婆？

女作家叶文玲的中篇小说《父母官》中有这样一句话：

这不单单是因为当了县委副书记的女人，身份地位都与这位原人武部长的地位旗鼓相当。（57 页）

这里的“当了县委副书记的女人”有两种解释的可能。一是：

（当了县委副书记的）女人

说的是一个妇女当了县委副书记。这时候，这里的“女人”一词，如用“女同志、女干部、女党员、女劳模、女英雄、女才子、女强人、女工人、女农民”等词语来替换，或者用她本人的名字，用人称代词“她”，也都是可以的。如：“（当了县委副书记的）女同志”“（当了县委副书记的）×××”“（当了县委副书记的）她”等等。

另一种解释的可能是：

当了（县委副书记的女人）

说的是一位妇女嫁给了县委副书记。这时候，这里的“女人”一词可以用“老婆、夫人、太太、婆娘、屋里人、内当家”等说法来替换。如：“当了（县委副书记的老婆）”“当了（县委副书记的太太)”。但是不能说:“当了(县委副书记的女党员)”“当了(县委副书记的×××)”。

这种有两种解释的句子,叫多义句。在现代汉语中,多义句还很多。平时在写作和阅读的时候,我们要特别留神多义句。因为弄不好,会把意思搞岔了,弄反了。

与“当了县委副书记的女人”同类的多义句,是很常见的,如:

热爱人民的总理

(1)

(2)

告别山区的青年

(1)

(2)

“形容词+名词+名词”的词组,也可能有两种解释,如:

年老的男人和妇女

(1)

(2)

聪明的张三和李四

(1)

(2)

可见,多义句在语言中是大量存在的,有些多义句还是无法避免、不可改变的,但是由于有上下文的控制,多数不会引起歧义或误解。需要注意的是:应力求使语言表达准确;如没有上下文的控制,应尽可能用另一种说法来替换原来的多义句，消除可能引起的歧义或误解。如前面所引的第一句话按原意就可改为：

> 这不单单是因为当了县委副书记的女干部，身份地位都与这位原人武部长旗鼓相当。

这样就不会使人误解了。

（二） 10个什么？

1990年9月19日的一则消息报道说：

> 据路透社报道，10个阿拉伯国家的亲伊拉克组织在约旦首都安曼结束为期3天的会议时说，如果美军袭击伊拉克，它们就要在全世界向美国出击。

这是一个多义的说法。一种解释是：

（10个阿拉伯国家）的亲伊拉克组织，至于这亲伊拉克组织，是多少个，不知道。也许大大超过了10个，也许不足10个，但也可以正好10个。如果正好是10个，当然也可以说成：（10个阿拉伯国家）的10个亲伊拉克组织。

即使这组织不是10个，也可以把数字说出来的：（10个阿拉伯国家）的7个亲伊拉克组织。

另一种意思是：10个（阿拉伯国家的亲伊拉克组织）讲的是10个组织，而不是10个国家。国家到底有多少？不知道。这时候，如果国家是8个，那是很难说出这个“8”来的。

总之，在汉语中，“数词＋量词＋名词^1＋名词^2”，这是一个多义的格式。如果我们用SL代表汉语中的数量词，那么：

SL　　N^1　　N^2

—　　————　　(1)

～～～～　　～　　(2)

例如：

28岁的李翠翠的女儿婷婷

——　　————————　　(1)

～～～～～～～　　～～～～　　(2)

两个女人的故事

——　　——————　　(1)

～～～～～～　　～～～　　(2)

两个学校的学生

——　　——————　　(1)

～～～～～～　　～～～　　(2)

数量词做两个并列的名词的修饰语，同形容词做两个并列的名词的修饰语一样，都是多义的，但又有一点儿区别。如果我们把汉语的形容词记作 X，那么：

$$X + N^1 + N^2 = XN^1 + XN^2$$

例如：

聪明的大刚和小秀＝聪明的大刚＋聪明的小秀

但是数量词做修饰语时，就没有这一层意思。不能认为：

13个男人和女人＝13个男人＋13个女人＝26个人

因此，$SL + N^1 + N^2 = (SL + N^1) + (SL + N^2)$这一公式是

不成立的。而只能理解为：

A. $SL+N^1+N^2=SL+(N^1+N^2)$

即：$SL=N^1+N^2$

B. $SL+N^1+N^2=(SL+N^1)+N^2$

例如："13个男人和女人"是多义的。

A. 13个＝男人＋女人

至于男人和女人各多少，我们不知道，这是这个短语中所没有传递的信息。

B. 13个＝13个男人＋女人

男人的数量是精确的，而女人的数量是未知的。这B式是很容易引起误解的格式。为了避免误解，最好给N^2也加上数量词修饰语。即：

$$SL+N^1+N^2\rightarrow(SL+N^1)+N^2\rightarrow(SL^1+N^1)+(SL^2+N^2)$$

例如：

13个男人和1个女人

这样也就不会产生歧义和误解了。

（三） 什么书包？

暑期里中国许多城市常搞"大中小学生书包展售"，那么，什么是"大中小学生书包"呢？我想，可能是以下几种玩意儿吧。

首先是"学生书包"，即：

A.

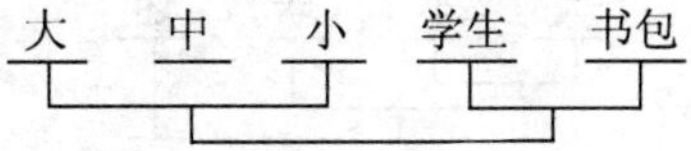

其次可能是"大中小学生",即:

B.

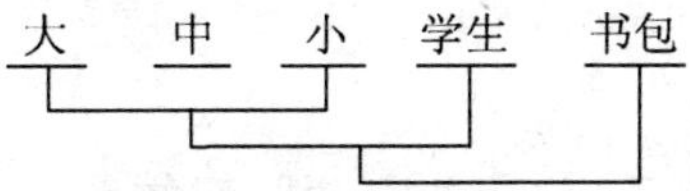

当然也可能是其他情况:

C.

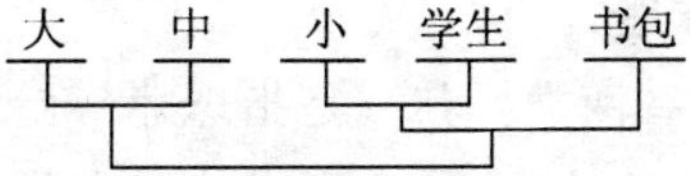

指大型或中型的小学生书包。

D.

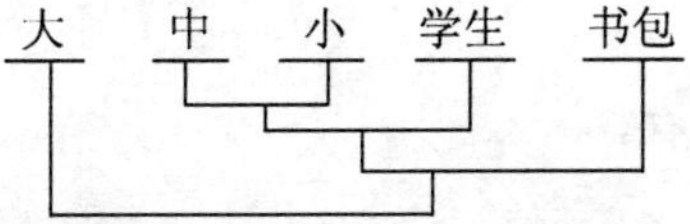

指的是大型的中学生和小学生的书包。

这四种解释都是同样的合理。

(四) 怎样的球迷?

"大小球迷"也是多义的语言形式。

首先可能是:

A.

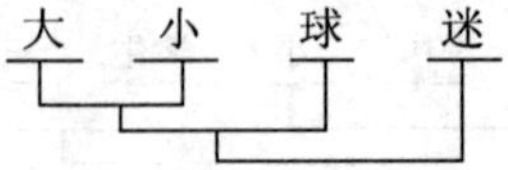

指的是发狂般喜爱大球或小球的人，大球的狂热爱好者或者小球的狂热爱好者。

其次则是指：

B.

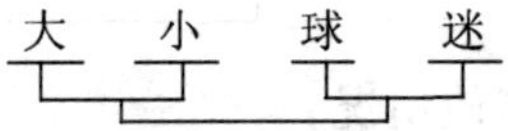

指的是大的或小的球迷，而不是球的大小，无论足球和乒乓球都有“大小球迷”。

再次B式又有两类。其一是指球迷年龄大小，大球迷是大人，小球迷是小娃娃；其二是指对球迷恋的程度的大小，大球迷迷得发疯发狂可以打架、斗殴、杀人、放火，小球迷就是忘了做功课、忘了吃饭、忘了睡觉，只会同别人争个面红耳赤什么的而已。

同样也便会有：

C.

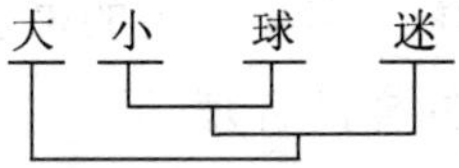

D.

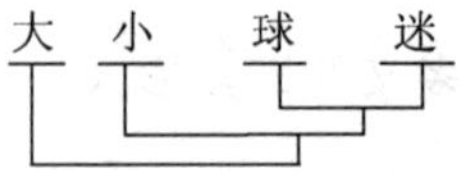

再进一步便会有：

E.

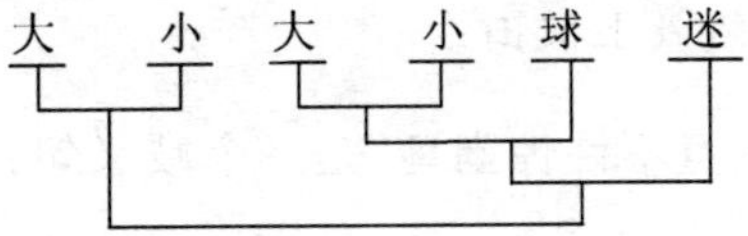

F.

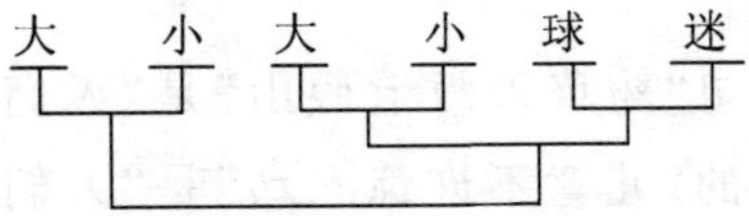

但F式语义是荒谬的。

假如要表示一个球迷，年龄大，对球迷恋的程度达到了疯狂地步，迷恋的对象就是篮足排之类的大球，那该怎么说呢？假如要表示一个年龄虽然小，但迷恋大球，如足球，迷恋到如痴如醉、又疯又狂的程度的这么一个人，该怎么说呢？

对不起，我不知道。

但我不脸红。因为我们许多复杂的想法是我们语言所无法表达的。所以我们才说，"只可意会，不可言传"。所以禅宗大和尚们才不用表情来传情达意，而用大棒子打小徒弟们的脑袋瓜子！用神秘的直觉语言。

研究语言的多义性和意义的语言无法表达性，这可以进一步揭示语言和思维的复杂关系。

（五）"不许"什么？

中国唐代诗人皮日休的《秋晚访李处士所居》一诗中有两

句诗：

儿童不许惊幽鸟，
药草须教上假山。

这里的“儿童不许惊幽鸟”是一个歧义句：

A. 儿童不许人们惊幽鸟。

B. 人们不许儿童惊幽鸟。

因为下一句“药草须教上假山”是“人们须教药草上假山”，所以这里的“儿童不许惊幽鸟”是“人们不许儿童惊幽鸟”，而不是“儿童不许人们惊幽鸟”。

“不许”这一歧义句在现代汉语中也还存在着。

在饭桌上，一家人相互指责：

“小孩不许说话！”

“大人不许说话！”

“哥哥不许说话！”

“妈妈不许说话！”

在学校里，也能听到：

“小学生不许说谎！”

“男学生不许打女学生！”

都是B式，主语都是受事者，施事者省略了。

当小孩们相互说：

“大人不许说谎！”

“老师不许打人！”

"老师不许上课说话！"

主语都是施事者，受事者省略了。

B式运用范围是很广泛的，如：

非本室人员不许入内。

平常作业没交者不许参加考试。

这就是说，"不许"的兼语式，在施事者不出现的时候，兼语可以处在主语的位置上。

"请"字兼语式也有类似用法：

请你坐　你请坐

请你说　你请说

请你吃　你请吃

而且在现代汉语中，特别是在口语中，后一种说法很顺口，十分常见，而前一种说法反而少一些。"你请坐"一般是不会被误解为"你请什么人坐"的。

"不许"句容易造成误解。"大学生不许说谎"，可能是"大学生不许小孩说谎"，"大学生不许大学教授说谎"，也可能是"大学教授不许大学生说谎"，"政治辅导员不许大学生说谎"。

（六）"会照相"是什么意思？

常听有人说："某人会照相。"这"会照相"是什么意思？"会＋动词（照相、游泳、打乒乓、踢足球、唱流行歌曲、跳集体舞……）"，第一个意思是说一个人知晓干某件事情，能够做某件事情。这一层意思如果译成英语，便是 be able to。例如：

会照相＝can photograph，会滑冰＝can skate，会跳舞＝can dance。会照相，便是会摆弄照相机，使用照相机（包括傻瓜照相机），弄出一幅图像来。

“会＋动词”，第二个意思是精通于、擅长于做某件事，做出高水平来，达到了艺术化的地步，是这方面的行家、高手、大师。这一层意思如果译成英语应当是 be good at，be skilful in。例如：会做思想工作＝be good at doing ideolgical work；会修各种钟表＝be skilful in repairing all kinds of clocks and watches。会照相，便是精通照相，在照相方面很有一套。

以上这两种情况，说的某人会照相，这“某人”都是照相这一行为、动作的主体、施动者。“会照相”还有第三个意思，是说某人很“上相”。他或她的相片上的形象总不如实际的人气派、漂亮、好看，这叫“不上相”，便是不会照相；他或她在相片上的形象总是比实际的人还要气派、漂亮、好看、潇洒，这叫“上相”，就是会照相。

不过，并不是“会”同所有的动词组合，都会有这三层意思的。

侃“吃”和动宾关系

（一）“吃食堂”怎么分析？

七年前，有一个中国大学生对我说：

我同屋的那位外国留学生，对汉语中的“吃食堂”很不理解，一再问：“食堂”怎么可以吃呢？

我回答他说：食堂里有很多的东西，桌椅板凳呀，大师傅呀，收饭菜票的小姑娘老太婆呀，饭呀菜呀汤呀水饺面条呀，并不是都可以吃的。“吃食堂”是叫你吃食堂里可以吃的饭呀菜呀汤呀水饺面条呀，而不让你吃桌椅板凳啦，大师傅啦，收饭菜票的小姑娘老太婆啦！

王老师，我的回答对吗？

我说：“你的回答不是对，而是妙妙妙，但是错了，现代汉语语法没有学好……”

（二）讲究“吃”的中国人

据说，中国的吃文化是世界第一的。君不见，全世界到处都有华人饭馆！

像汉语这样重视“吃”的语言，世界上恐怕再也找不到第二种来。汉语中带“吃”的词语特别的丰富。例如：

吃醋　吃教　吃劲　吃水　吃力　吃粮　吃素

吃香　吃苦　吃亏　吃嘴　吃刀　吃喝　小吃

吃老本　吃不开　吃得开　吃得消　吃零嘴

吃独食　吃大户　吃小灶　吃大锅饭　吃现成饭

吃白相饭　吃了老虎胆了　吃花生米儿

靠山吃山靠水吃水　吃一堑，长一智

吃不了兜着走　吃粉笔灰　吃里爬外

寅吃卯粮　坐吃山空　靠天吃饭

在这方面，英语中的 eat 是无法同汉语中的“吃”相比的。用一句中国话来说，便是：小巫见大巫！因此也可以说，汉语中的“吃”也是世界第一呢！

（三）　客套话：“您吃饭了吗？”

中国人重视吃，也表现在客套话上。中国人最普遍最流行的客套话是：“您吃饭了吗？”西方人往往感到很不理解。其实，这很简单。第一，中国人向来认为，“民以食为天”，吃饭是人生最基本要求之一。把吃饭当作人生头等大事来看待，华夏民族是很讲实际的，不空谈、不幻想的。第二，中国是人口众多的大国，温饱问题并没有彻底地解决。在吃了上顿没有下顿的年代里，关心您是否吃饱了尊贵的肚皮，这难道不是对您最大的尊敬、关心和爱护么？

语言总是保守的。当我们明白了地球绕着太阳转之后，我们还是说：“太阳出山了”，“太阳在东方升起”，“太阳落山”，而不必担心别人讽刺挖苦我们没有天文学的常识。当我们知道大脑是思维的器官之后，我们还是说：“我心里喜欢你”，“你永远在我心中”，“那家伙一肚子坏主意”，“心心相印”，“一条心”，“三心二意”，等等，也从不担心有人指责我们是“生物学盲”、“心理学盲”。

有些西方人对此有些反感：“您又不请我吃饭，管我吃过饭没吃过饭干什么？我吃不吃饭关你什么事?!”

有些中国人因此也有点儿惭愧、脸红、不好意思，似乎中国太庸俗，还是英美人见面谈天气高雅、文明、好。

这都是误解。中国人问“吃饭了吗”，同英美人见面谈天气一样，都是一种习俗，一种文化现象。如果中国人说，无聊，我又不出门航海，又不洗被子——即使洗被子，已经有烘干机了，大谈天气，废话，浪费时间，这当然是可笑的。那么英美人反感中国人问“您吃了饭了吗”和“您到哪儿去”一类客套话，同样是可笑的。

作为一种文化现象，“您吃了饭了吗?”“您到哪儿去?”都只是一种礼貌的语言，尊敬、关心和爱护的一种表现形式。

今天，即使是一个百万富翁，不愁吃不愁穿，天天牛奶面包、大鱼大肉、山珍海味早吃腻味的人，他还是用“你吃饭了吗”来表示对他人的客气，而且很乐意地把他人的“您吃饭了吗”当作对他的尊敬、关心和爱护的符号来接受，如果他是一个说汉语的华人或中国人的话。

这里又牵涉到中西文化的一个区别。西方人认为，吃饭，或上哪儿去，是我的私事，你管不着，你管，就是干涉我的自由。而中国人认为，人和人应当相互关心和爱护，吃饭是你的事，到哪儿去，也是你的事，我问，表示我关心、爱护、尊重你，如果我瞧不起你，恨你，那才不问呢！

如果我们学习一种语言时，也尊重这一种文化，而不是用自己的文化来代替或改造这一文化，那么进步就会更大的。当然汉语随着中国社会和社会观念的变更而改变，客套话也会逐步演变的。我绝不主张，一万年后中国还是两句客套话："您吃饭了吗？""您到哪儿去？"而且我也反对今天滥用"您吃饭了吗？"和"您到哪儿去"。说个笑话吧，有人在别人上厕所前或从厕所中出来的时候，也客客气气地问人："您吃饭了吗？"也有这样的男人，女同志上厕所时他也客客气气地问："您到哪儿去？"荒唐，可笑！

（四）"吃食堂"是处所宾语

许多人对汉语"吃食堂"感到困惑不解，这是上了"吃巧克力、吃口香糖、吃热狗、吃虎皮肉、吃松花蛋、吃叫花子鸡、吃鱼子酱、吃布丁、吃冰激凌"的大当了。在这些"吃"字组合中，宾语都是吃的受事，被吃的对象。"大鱼吃小鱼"，于是小鱼便被吞到大鱼的肚子里去了。

虽然受事宾语是很常见的，但并不是唯一的，汉语中还有多种多样的宾语。我们不能以偏概全。汉语中有一种宾语叫作处所宾语，宾语表示的是动作发生时的空间位置。例如：

走林荫道　睡席梦思床

住高级宾馆　上大学

你走你的阳关道，我走我的独木桥

"吃食堂"的"食堂"是吃的动作发生的空间位置，属于处所宾语。如果译成英语：

A. have one's meals in the mess

B. eat the mess

只有 A 式才能为说英语的人所接受，而 B 式是英美人无法理解的，因为英语中没有处所宾语。

（五） 结果宾语和工具宾语及方式宾语

所谓结果宾语，指的是在动作、行为发生之前，这些宾语是不存在的，而作为动作行为的结果出现。例如：

吃了一嘴油　吃成了一个大胖子

在吃这个行为、动作发生之前，这个人嘴上没有油污，干干净净，漂漂亮亮；这个人不胖，是一个瘦子什么的。

结果宾语也是汉语中所常见的。例如：

包饺子　写情书　打毛衣　做鬼脸

吓了一身汗　碰了一鼻子灰

所谓工具宾语，指的是宾语是动作、行为的实现和施行所凭借的工具。例如：

吃大碗　吃小碗

这是用大碗或用小碗来吃。现在有人口头上也说：你吃刀叉，我吃筷子。这也是工具宾语。工具宾语在汉语中也很常见。例如：

抽烟斗　打棍子　捆麻绳　写毛笔　洗冷水　盛大碗

汉语的动词还可以带方式宾语。例如：

吃小灶　吃包伙　吃自助餐

“吃包伙”是按包伙的方式吃。“吃自助餐”是按自助餐的方式吃。宾语表示行为和动作实现的方式。这种宾语也是常见的。例如：

唱A调　存活期　寄快件

（六）条件宾语和施事宾语

“吃”的有些宾语表示动作得以实现的条件。例如：

一顿饭吃了50元

靠山吃山，靠水吃水

吃父母　吃丈夫

50元是一顿饭的物质条件。山、水、父母和丈夫是吃的物质条件、靠山、来源。

现在有一种流行说法：“吃床腿”，指的是把伙食费算到住宿费（床腿）中去，住宿费是公家出的，可以向单位报销的。伙食费要个人掏腰包的。“床腿”——可以向单位报销的住宿费，便是个人吃喝的一种物质条件。

汉语的宾语不但可以是受事的，也可以是施事的，即为发出动作、行为的主体。例如：

一锅饭吃了20个人。

一块大蛋糕吃了5个人。

这种宾语也很常见。例如：

走来两个人　停了三辆车

开了三朵花　搬走三户人家

开始了新的生活

（七）　五花八门的宾语

汉语的宾语是五花八门的。

还有致使宾语。例如：

跑马　闭嘴　热菜　开门　方便群众　扩大战果

“跑马”是使马跑。“闭嘴”是使嘴巴闭拢。

还有对象宾语。例如：

教育孩子　感谢同志们

是对孩子进行教育。是向同志们表示感谢。

有目的宾语。例如：

考研究生　接洽业务　等朋友　谈对象

“考研究生”是为了做研究生去考试。“谈对象”是为了成为对象（爱情关系）而谈。如果已经做了研究生，导师对他进行考核，这时候“考研究生”便是受事宾语了。

还有原因宾语。例如：

缩水　逃债　避雨　逃荒　救火　救灾

动作和行为是因为宾语而发生的。

还有一些宾语一直使语言学家们感到头疼，实在不知道怎么处理好。例如：

打扫卫生　恢复疲劳

闹情绪　出风头

吵架　醒酒　偷嘴　卖呆

闯红灯　（啤酒瓶拿来）卖钱

把卫生打扫掉，岂不是不卫生了吗？把疲劳恢复过来，岂不是又疲劳了吗？把钱拿出去卖，哪有这样的傻瓜！有些语言学家认为“打扫卫生”和“恢复疲劳”不合逻辑，应当规范化。有的认为，语言是千百万人的习惯，我们要尊重这些习惯说法。有的则努力寻找这些特殊的动宾组合的规律性。

这些五花八门的动宾结构告诉我们：句法结构形式同语义关系不是一回事，两者并不是简单的一一对应的。对它们之间五花八门的复杂的交错关系，我们不能简单化。一种语义关系用多种句法形式来表现，一种句法结构形式表示多种语义关系，这在汉语中都是常见的。

（八）　吃和职业及其他

中国人喜欢用吃的方式来表示人们的职业。例如：

吃商品粮的→国家干部、全民职工、城镇户口

吃粉笔灰的→教师

吃瓦片儿→依靠出租房子为生的人

吃白相饭的→靠白相混饭吃的人

吃手术刀的→外科医生

吃方向盘的→驾驶员

各行各业都可用他们典型的吃饭(谋生)方式表示出来。对各种人生遭遇也可以用“吃”来表示。例如:

吃官司　吃花生米(枪毙)

吃醋　吃紧　吃香　吃了欢喜丸

吃了定心丸　吃了生铁了(铁了心了)

这不意味着中国人最好吃、馋嘴,主要是人人都要吃,而且一天三顿,这么说通俗易懂、形象生动。

(九)　吃＝被

《小说月报》1987 年 3 期上有一个例子:

她们吃我一看,羞笑起来,相互推搡。(50 页)

这个“吃”就等于“被”。这是近代汉语,早期白话小说中常见的。现在还有,但少了。

(十)　吃你,吃我

汉语中,不但有“一顿饭吃了 20 元钱”的说法,也常有“这次吃我,下次吃你”或“上次吃过你了,这次该吃我了”的说法,这当然不是“人吃人”的意思,而是由你或我或他出钱,拿钞票出来请客,大家伙儿吃一顿的意思。这同相声中的“吃巴甫洛夫”不同,“吃巴甫洛夫”是打着巴甫洛夫的旗号,借着纪念巴甫洛夫的名义来吃一餐。这是口语中常说的。例如:

我说："到剧团去，吃伙食团长。"四鬼瞪大眼睛看我，说："天底下没有吃你骆三哥的道理。"（廖时香《乐胆》。《小说月报》1987年3期54页）

这可绝不能理解为受事宾语的！

（十一） 吃什么？在哪儿吃？

在中国，请您吃饭，请您喝酒，请您喝茶，请您去坐坐，请您去聊聊，都可以表示请您去吃大菜——美味佳肴，可是从来没有人说请人去吃菜的，虽然请的目的都是吃菜。而且，明明说是请您吃饭，可从头到尾只是喝酒、吃菜、品尝点心，偏偏就是不吃饭。

汉语中的"吃饭"是多义的。狭义的"饭"只指米饭，例如问您："您吃饭还是吃水饺面条？"这时，面条、水饺、面包、馒头、稀饭等都不是饭。再大一些，饭也可包括稀饭。有时候，饭也可包括用其他杂粮做的干饭。广义的"饭"包括面条、馒头、面包等主食。更广义的饭则包括了主食、菜肴、点心、酒类、饮料、水果。当然"你靠什么吃饭？"中的"饭"则指衣食住行玩在内的生活的一切开销，可就更广泛了。

吃饭上饭店、饭馆、饭铺、食堂、餐厅。喝酒上酒楼、酒家、酒馆。吃菜上菜馆。喝饮料上酒吧、冷热饮部。这都是对的。但是，其实饭店都是以供应菜肴为主的，也供应酒类。大型高级饭店则以住宿为主，例如南京的金陵饭店。"酒家"、"酒楼"也是以供应美味佳肴为主的。而叫"菜馆"也当然供应饭和酒的。所以在饭店、酒楼、菜馆中都可以全面美食一场的。

“上馆子”，其实也可以说成“下馆子”，都表示到馆子里去吃喝。表面上看，原本对立的“上”和“下”，此刻语义中和了，实质是一个视点问题，认为馆高于自家的，是“上馆子”，自家伙食高于馆子的，则“下馆子”。

说“严禁夹带危险品上车”

在中国的火车站、汽车站，常常映入眼帘的一个大标语便是：

严禁夹带危险品上车

如何对它进行层次切分呢？在多种多样的切分中，哪一种合理呢？又为什么合理呢？让我们暂且做一次层次切分的游戏吧。

（一）

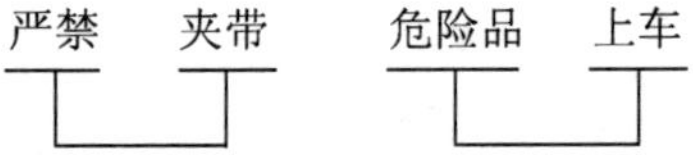

这时候“危险品上车”和“严禁夹带”是并列关系，不能是动宾关系。“严禁夹带”什么？宾语省略了，或承前而省略，或人所皆知，不言而自明，不必说了。“小张生了”，生了什么？当然是一个白胖胖的娃娃，公子或千金！“危险品上车”——合理吗？合理，危险品不上车，那还得了，永远地堆放在生产危险品的工厂里，工厂早该倒闭了！没有爆竹、酒精等，而又非有不可、非用不可的单位和个人又怎么受得了呢？所以“危险品上车”是一万个有道理。不过，在火车站、汽车站张贴这样大标语的人可绝不是这个意义：“welcome——欢迎，你们大家一起动手，把各种各样的危险品弄上我们的火车和汽车，

welcome!"

因此，这一切分不符合火车站、汽车站的本意。

(二)

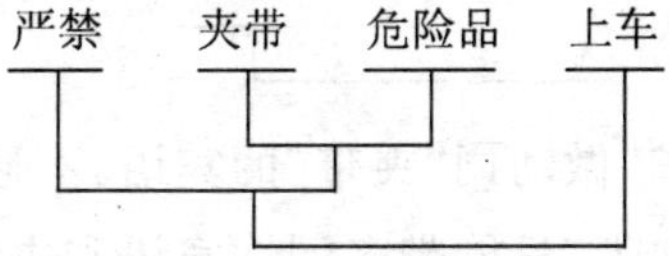

"夹带危险品"这一动宾词组是动词"严禁"的宾语，而同"上车"是并列关系，只要你不夹带危险品上车，欢迎上车，请上车。好像比较接近火车站、汽车站的意图了。然而也不对。

"严禁夹带危险品"，合理么？行得通么？人们买了汽油、酒精、爆竹等，不夹带，就放在商店的柜台上，行吗？不行！非夹带不可，人们在手提包中夹带汽油、酒精、爆竹乘"11路无轨电车"回家，你有什么权力禁止呢？吃饱了撑的怎么的？你我他有权夹带危险品，可以在火车、汽车站门前经过，只要不上他的火车汽车，他们都管不着，严禁不起来。而火车、汽车站的头头自己的事还忙不过来，哪有时间管你这种事儿——事不关己，高高挂起！

因此，这一切分也是不合理行不通的。

（三）

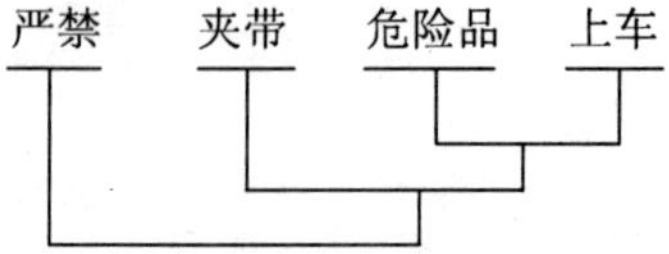

“危险品上车”做动词“夹带”的宾语，不通，不能构成一个结构体。因为“夹带”只能带名词性宾语和主谓短语，“危险品上车”是谓词性短语，短语结构不允许它们结合而成一个结构体。而从语义上看，“夹带”同“危险品上车”不可能构成一个有意义的复合意义单位，也违背语义组合规则。

因此，这一切分违背了短语结构规则和语义组合规则，是荒谬的行不通的。

（四）

当然也可以进行不连续切分。如：

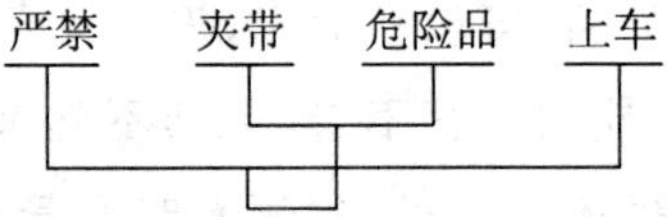

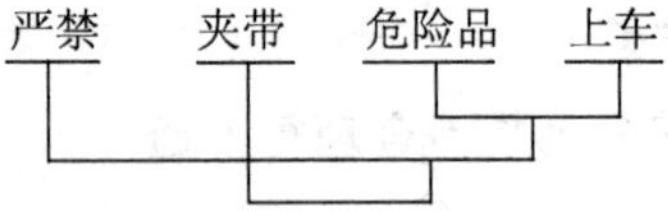

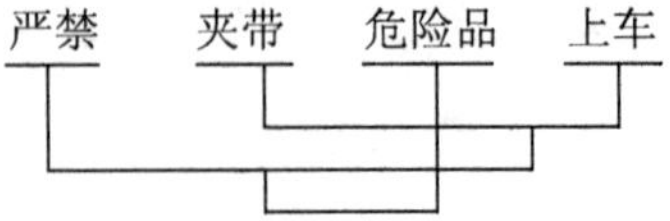

都不是那么令人满意的。

(五)

看来最好的切分是：

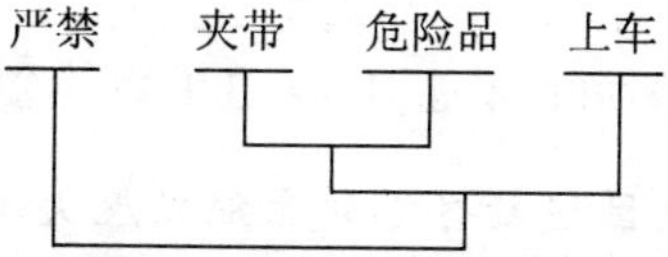

严禁的并不是“危险品”也不是“夹带危险品”，也不是“上车”，而是“夹带危险品上车”！

可见，层次切分不是纯形式的问题，而是形式和意义的统一！也不仅是内容和形式的问题，还是社会语用问题。在多种切分中哪一种更合理，可以行得通，这不仅取决于短语结构规则和语义规则，也同样取决于社会文化背景语用因素。所以层次切分也应当走出语言的微观框架，勇敢地到社会大风大浪中去亮相。这正是层次分析所面临的重要问题之一。

浦东——上海——香港

《参考消息》1996 年 8 月 12 日上有一篇文章，题目叫作：

浦东新区追赶香港的上海发展火车头

第一眼看下来，真的不知道如何断句好了。

这原本是日本《东京新闻》上的一篇报道，原题为：

浦东新区——追赶香港的上海发展的火车头

现在明白了，意思是：浦东新区——火车头！啥火车头？“发展的火车头”！谁发展？“上海发展”！“上海发展的火车头”！

麻烦的是这里的修饰语——“追赶香港”！

是谁在“追赶香港”？是浦东新区——火车头：“追赶香港的浦东”——“追赶香港的火车头”？还是上海：“追赶香港的上海”？只是从结构上来看待问题，当然是两者似乎都可以的。但是，从节拍方面考虑问题，最常见的切分方式是——追赶香港的＋（上海发展的＋火车头）

而不好切分作——〈（追赶香港的＋上海）＋发展的〉＋火车头

这样读起来挺别扭的。

然而，从内容上看，从语义方面来分析，显然就只能是上海在追赶着香港了，而不可以只是其中的浦东新区。单独的浦东新区是不好去追赶那个庞大的香港的。作者的意思也正是指的上海。

如果要区分层次结构,那么应当是——

浦东新区＋追赶香港的上海发展(的)火车头——同位关系

追赶香港的上海发展＋火车头——偏正关系

追赶香港的上海＋发展——偏正关系

追赶香港的＋上海——偏正关系

追赶＋香港——动宾关系

在这里,可以加上“的”字的地方有三处。但是,可以不出现，就是省略用法——

A. 浦东新区——追赶香港的上海的发展的火车头

B1. 浦东新区——追赶香港的上海的发展火车头

B2. 浦东新区——追赶香港的上海发展的火车头

B3. 浦东新区——追赶香港上海的发展的火车头

C1. 浦东新区——追赶香港的上海发展火车头

C2. 浦东新区——追赶香港上海发展的火车头

C3. 浦东新区——追赶香港上海的发展火车头

D. 浦东新区——追赶香港上海发展火车头

A 式是全部都出现。D 式是全部都不出现。B 式和 C 式是各种省略的形式。有这许多种的选择可能性,这就叫汉语语法的丰富性吧。这当然是往好处说的。同样一个现象,往坏处说,就得用另一个不太好的词语了。那么往坏处说,这就是汉语语法的不规范性——如果只有一种说法,那多干净利落，就会少许多麻烦——选择的麻烦！也少许多争论——学者的拿手好戏!

既然有了好多种的说法，就得选择，就必须选择。至于选择哪一种，标准就是“看它是否顺口入耳和会不会产生歧义和误解”了。一般说来，B2 式是比较好的。这种选择好像并不主要是语言的，而是社会文化心理的制约在起作用。也正因为社会文化心理因素有其不确定性的一面，于是这选择也就有了不确定性的一面了。这就是汉语语法的灵活性——这当然又是从好的方面来说的。如果，刻薄一些，从坏的方面来说，那就是汉语语法的混乱性不规范性了。

“的”的有无、多少及前后

（一） “的”的有和无

“的”是现代汉语中使用频率最高的一个语素。

有“的”和没有“的”，有时意思大不相同。请对比：

小孩的脾气——小孩脾气

狐狸的尾巴——狐狸尾巴

老张的师傅——老张师傅

马的尾巴 ——马尾巴

狗的尾巴 ——狗尾巴

女的朋友 ——女朋友

男的朋友 ——男朋友

有“的”的，都是自由短语、临时性组合。没有“的”的，则是固定组合，大都有特定的含义。例如，“小孩脾气”可用于老人，如“这个老头儿又发小孩脾气了”。“狐狸尾巴”则用于人，如“这个小伙子的狐狸尾巴被人们抓住了”。“老张的师傅”是领属关系，指的不是老张本人；而“老张师傅”则是同位关系，老张即师傅，师傅即老张。“马尾巴”是一种女性发式。“狗尾巴”是一种草的名字。“男朋友”和“女朋友”都是指恋爱对象，但“男的朋友”和“女的朋友”都不含爱情因素，只不过是志同道合，有共同语言，玩得来，知心或臭味相投罢了。

（二）“的”的多和少

鲁迅在《当陶元庆君的绘画展览时》一文中写道：

> 我于艺术界的事知道得极少，关于文字的事较为留心些。就如白话，从中，更就世所谓“欧化语体”来说罢。有人斥道：你用这样的语体，可谓皮肤不白，鼻梁不高呀！诚然，这教训是严厉的。但是，皮肤一白，鼻梁一高，他用的大概是欧文，不是欧化语体了。正唯其皮不白，鼻不高而偏要“的呵吗呢”，并且一句里用许多的“的”字，这才是为世诟病的今日的中国的我辈。（第 3 卷 549 页）

的确，在现代汉语中，一句话里连用许多个“的”字，正是受了印欧语的影响，是“五四”以后才出现的新现象。例如：

> 然而他不愿意死。对于生的他的执迷的这分明的盲目，像墓石一样，将大家压着。（鲁迅译法捷耶夫《毁灭》81 页）

在这段译文中，一句话中竟然有了四个“的”！对于说汉语的人来说是很难接受的。

语言学家认为：

> 并列的“的”字短语修饰一个名词很自由。但是两个“的”字短语逐层修饰一个名词——“A 的＋（B 的＋名）”，在语音节律上不够协调，语义层次上也不够明确，最好尽量避免。三个以上的“的”字短语逐层组合——

“A 的＋〔B 的＋(C 的＋名)〕”或(A 的＋名)的 ＋(B 的＋名)几乎决不允许。(吕叔湘主编《现代汉语八百词》135 页)

那么这个“对于生的他的执迷的这分明的盲目”,当然也就是语言学家们所认为的“几乎决不允许的”了!

那么怎么办?语言学家们提出了两个方法:

A. 减少层次:内层结构改为直接组合的名词短语。

高山上的稀薄的空气——→高山上的稀薄空气。

小张的方案的主要内容——→小张方案的主要内容

B. 改变句式。

我的房间的窗户朝南——→我的房间,窗户朝南

新盖的大楼的地下室的空气调节很好——→新盖大楼的地下室,空气调节很好。(同上)

那么上面这个例子就可以这样来改一下了:

他对于生的执迷,这分明的盲目……

的确如语言学家们所坚持的那样,减少过多的“的”,就更富于汉语味儿。反之,增加了太多的“的”字,则欧化味儿、洋味儿十足了,这是目前的翻译文章中比较普遍的问题。

(三) “的”的后移

在汉语中,“的”本是附着在前边的成分上的,例如:

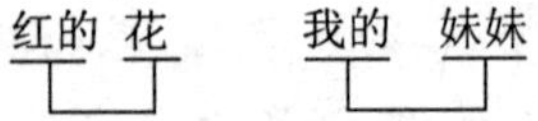

不可以分析成：

在朗读时，“的”总是同前边的成分联系在一起的。但是在书面语中有时候写道：

① 我在这里，自以为总算又勾下了一种新的伟大人物——1935 年度文艺“预言家”——的嘴脸的轮廓了。(鲁迅《题未定草五》)

② 因为我丢了那点“小鸟依人”——他们唯一的诗句——的身段与气味。(老舍《月牙儿》)

③ 这个戏围绕着怎样产生与消灭次布的斗争，以及关系子女婚姻问题的斗争，展示了两种很带普遍性的理想——为谁服务——的斗争。(王朝闻《关外来书》,《光明日报》1979 年 8 月 7 日)

这种用法在 20 世纪 80 年代很流行，简直有点儿时髦。眼睛看起来当然是清楚得很的。不过嘴巴上说起来总是拗口的，而听起来也挺别扭。所以只是书面语上的一种现象，是不可能在口语中流行的。

寻找什么？

（一） 寻找角色，还是寻找演员？

《文摘报》1991 年 3 月 17 日上有一个标题：

寻找“邓颖超”扮演者

从顺口入耳来看，这里最好加上一个“的”字：

寻找“邓颖超”的扮演者

但是不管你加“的”还是不加“的”，这个标题都是多义的。第一种理解是：

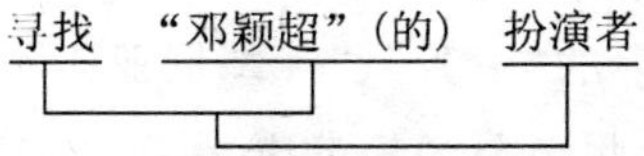

这个“寻找‘邓颖超’”指的是演员要像邓颖超这个角色，惟妙惟肖，即寻找角色感。

第二种理解是：

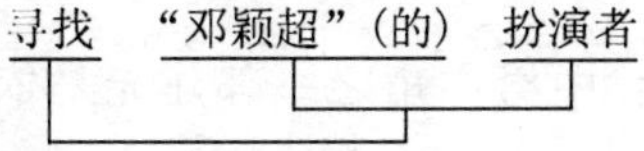

这时候是“寻找……扮演者”，即寻找演员。

报道一开头便说：

电影《周恩来》的女主角自然是邓颖超的扮演者。由谁来担此重任呢？

如此说来，当然是寻找演员了。

（二） 角色、演员和原型

这篇文章接着说：

寻找"邓颖超"的工作从去年七月底开始，影片就要开机了，"邓颖超"还是没有着落。

邓颖超是中国妇女的光荣，老一辈无产阶级革命家，周恩来总理的夫人。加了引号的"邓颖超"就不再是邓颖超了，而是扮演邓颖超的演员。这一用法目前很流行。例如：

"王芳"走上导演之路（《南京广播电视报》400 期）

在"叶塞尼亚"家中做客。（报纸标题）

加了引号之后的"王芳"、"叶塞尼亚"，不再指戏剧电影中的角色，而是指这些角色的扮演者。

但也有的时候，加上引号之后，指的是这一角色在生活中的原型，即模特儿。例如：

"郭建光"忆当年"沙家浜"（《文摘报》1990 年10 月7 日）

戏剧《沙家浜》中男主角之一郭建光是依据生活中的夏光来塑造的。因而夏光和郭建光之间具有"原型——角色"的关系，这里便在角色上加引号来表示原型了。即：

"郭建光"＝夏光

加上引号的“王芳”却表示扮演王芳的女演员刘尚娴，即：

“王芳”＝刘尚娴

因此，加引号的专有名词是多义的。

（三） “邓颖超”不是邓颖超！

用加引号来表示角色原型的时候，好像只限于艺术虚构的角色，而根据真人真事改编的戏剧电影原型，则不需要也不可以加上引号。例如，你不能因为周恩来成为许多戏剧电影中的角色，就在文章中用加引号的方式来指称。不可以这样写：

我们热爱“周恩来”总理

“周恩来”永远活在人民心中

这会使人误解为扮演周恩来的演员。因此在“邓颖超（的）扮演者”中，“邓颖超”这一实有名词是不能打上引号的。应当说：

寻找邓颖超的扮演者

或者说：

寻找“邓颖超”

因为：

“邓颖超”＝邓颖超的扮演者

“邓颖超”≠邓颖超

（四） 角色不应加引号！

戏剧电影中的角色同生活中的原型，具有同一性，又具有差别性。电影戏剧中的周恩来同生活中的周恩来，是同一个人，又不是同一个人。但是我们都叫作“周恩来”，并不加以区分，都不加引号。我们不应当写作：

这部电影中的“周恩来”形象塑造得是很成功的。话剧舞台上的“周恩来”讲话稍带方音，这是可以允许的。

而应当写作：

这部电影中的周恩来形象塑造得是很成功的。话剧舞台上的周恩来讲话稍带方音，这是可以允许的。

因此，有些报刊标题就有毛病了。例如：

“秦始皇”演“楚霸王”（《生活周刊》1990年2月2日）

李宁演“李宁”（《报刊文摘》1989年1月6日）

这便成了：

扮演秦始皇的演员刘宁演扮演楚霸王的演员（?!）

李宁演扮演李宁的演员（?!）

前一种说法，只有在扮演楚霸王的演员又成了某一部戏剧电视中的角色的时候，才可以成立。不过，“李宁演扮演李宁的演员”，这在逻辑上倒是通的，因为在这个特殊事例中：李宁＝“李宁”。但理解起来太费神儿了。

这两例都应当写作：

“秦始皇”演楚霸王

李宁演李宁

与此同类而又鲜明对比的是,《寻找“邓颖超”扮演者》这个标题最好是写作:

寻找“邓颖超”

(五) 千万别绕糊涂了

1991 年 3 月 15 日的《南京广播电视报》上有一个报道:

“杨子荣”当上了“公安局长”

被观众誉为“战士明星”的王润身,60 年代成功地在电影《智取威虎山》一片中饰演“杨子荣”这一英雄角色,如今他已 67 岁了。三年前,王润身从长春电影制片厂演员剧团离休后,一直是离而不休。最近,他应广西电影制片厂之邀,又在新片《大围捕》中饰演公安局长冷崇武。

标题中,在“杨子荣”三个字上打上引号,这是对的,因为指的不是杨子荣,而是扮演杨子荣这一角色的演员王润身;在“公安局长”上打上引号也是妥当的,因为王润身并没有当公安局长,只是扮演公安局长这一角色。但在正文当中,在“杨子荣”三个字上打上引号,这就大大不妥当了。“王润身……饰演‘杨子荣’……”,这就把人搞糊涂了。应该像正文中的“公安局长”一样,不打引号才是。

2010 年 7 月 10 日《现代快报》A12 版标题:

唐伯虎“撞上”唐伯虎

新“唐伯虎”黄晓明拍老“唐伯虎”周星驰马屁，周星驰却不领情，笑说《唐伯虎2》是动画片

标题中出现五次“唐伯虎”，谁是谁呀？加不加引号，有没有书名号，区别何在？有点绕人。

“们”的妙用

（一） 超常的“们”

在现代汉语普通话中，“们”是黏附在人称代词或者表示人的名词后表示复数的。但是，在某些方言中却不用“们”，如陕西商县话就采用声调变化来表示单数和复数的对立：

〔ηγ^{53}〕我——〔ηγ^{21}〕我们

〔t-a^{53}〕他——〔t-a^{21}〕他们

值得注意的是，也并不是所有表示人的名词都可以加“们”，如“人才”就不能加“们”。而且不表示人的名词也常常可以加“们”表示复数，而又并不是拟人化用法，特别是在许多方言之中。如：

王太太，不忍见鸡子们淋雨。（《台港文学》1986 年 3 期 82 页）

萤火虫们沾满了露水，飞不动了，伏在草棵下，发出暗绿色的微光。（张一弓《火神》）

当他找到骆驼们的时候，他的心似乎全放在它们身上了。（老舍《骆驼祥子》）

骨肉被野鹰们啄尽。（老舍《骆驼祥子》）

然后，又逐一的转开，把另一面面的鱼们摆齐。（老

舍《黑白李》)

这是羊们倒霉的最直接的原因。(莫言《你的行为使我们恐惧》)

那些猪们却在月光下撒起欢儿来了。(莫言《你的行为使我们恐惧》)

看桔皮上有多么厚的黑泥,柴胡们带着多少沙土与鸟粪。(老舍《药集》)

星星们——在他眼中——好似比他还着急(老舍《骆驼祥子》)

当然,如果我们把非人的一切都当作人来看待,而拟人化了,那么便可以加上一个“们”字儿了,如:

把定律们都跳出去,或是跳个乱七八糟,爱国是爱国了,而定律一乱则没有人替你整理,怎办?(老舍《考而不死是为神》)

看到盛大勇和喜子进来,狗们都张开鼻孔,按主子要求,嗅嗅味道,但当他们看到那一派天下生人的气势,凌人的目光,叭儿狗们又夹着尾巴坐下了。(梁信《龙虎风云记》)

这里把“定律”当作人,用狗、叭儿狗指代坏人,所以都可以加上“们”表示复数。

对于“们”字,用得最妙的是:

她们(阮玲玉等女明星)的死,不过像在天边的人海里添了几粒盐,虽然使扯淡的嘴巴们觉得很有些味道,但不久还是淡,淡,淡。(鲁迅《论“人言可畏”》)

可是永远记得那狼眼睛，又凶又怯，闪闪的像两颗鬼火，似乎远远的来穿透了他的皮肉。而这回他又看见从来没有见过的更可怕的眼睛了，又钝又锋利，不但已经咀嚼了他的话，并且还要咀嚼他皮肉以外的东西，永是不远不近的跟他走。

这些眼睛们似乎连成一气，已经在那里咬他的灵魂。（鲁迅《阿Q正传》）

算是拟人化？把嘴巴、眼睛当作人，那么长着这些嘴巴和眼睛的人算什么呢？用的是借代手法，用嘴巴指代人，用眼睛指代人，也不大妥当。但人们挺喜欢，这两年里，“嘴巴们”的说法一再被年轻大学生们重复。不管算什么，或者什么都不算，反正挺有味儿。但把鲁迅这一用法活学活用得出神入化的是下面的例子：

就说那些粉红的、浅黄的、奶白的“蜜”们、“霜”们、“露”们，看一眼，好像也和见了妇女用品商店橱窗里那些越做越招人胡思乱想的乳罩们、连裤袜们一样，心里有难以形容的感觉。（陈建功《鬈毛》）

这一帮“鱼儿”们，加上花花草草们，为数相当可观，完全形成了一股足以与“××子”们相伯仲的力量。（公刘《白花花》）

堂堂的歌唱家尚且要几年轮一角色，何论“小荷尖尖角”们了。（《生活周报》1990年7月22日）

“鱼儿”、“花花草草”本非指人名词，但这里有用鱼儿、花花草草为女子命名的习俗，这时“鱼儿”、“花花草草”指的是女人的名字，当然也可以加上“们”。在一个 20 岁的男青年的眼中、意识中，非指人名词“蜜、霜、露、乳罩、连裤袜”同人——妇女——密不可分地联系着，几乎是人的化身，于是乎加上了“们”，便是惟妙惟肖地描画出了主人公——一个男青年的心理。

在这些例子中，平平常常的“们”都升华了，艺术化了，不仅仅是信息的载体，也是审美的对象、美的言语了。

顺便指出，“们”字通常不同单音节名词搭配，除了“人们”。但是在老舍的《骆驼祥子》中：

> 他越想过去便越恨那些兵们。
>
> 他似乎记得兵们是往妙峰山一带退却的。
>
> 这是什么战略——假使这群只会跑路与抢劫的兵们也会有战略——他不晓得。

“兵们”，这种非同一般的用法，是很能显示一个作家的言语风格的。

（二） 多此一举的“们”

《现代快报》2009 年 5 月 25 日，有大标题：

> 动物们也有“道德感”

在《南京天牛的秘密生活》一文中，有两个小标题：

> 南京天牛们的食谱
>
> 天牛们的公寓都建在哪里

干嘛加上个“们”字儿？多此一举！

汉语，表人名词，加“们”表示复数。但是，绝不等于，不加“们”，就是单数。非人，通常不用“们”字。

“动物也有道德感”，绝不会被人误解为一种动物、一个动物（？别扭？）具有道德感的。标题惜墨如金，犯不着多加这个“们”字。

（三）“臀”也“们”了！

新时期的文学作品中，多了起来的是：

眼睛们、嘴巴们

这是鲁迅开的头。鲁迅曾从牙齿说到屁股，这“们”也从眼睛、嘴巴们到了屁股上来了：

女娃们的心差不多跟对江岸的臀们一样高傲。（《青春》1989年5期28页）

他的划时代的伟大计划在四邻八乡引起强烈反响，每天参观的人络绎不绝，甚至连江对岸的臀们也吸引来不少。（《青春》1989年5期29页）

妙不可言，连臀也“们”起来了！

"二八佳人"和"三五之夜"

(一)　二八佳人有多大?

对于美女,中国人爱说"二八佳人"。那么,"二八佳人"年几何呢?

"二八佳人"指两岁的小女孩儿,或者八岁的小女孩儿?但即使是女孩子特别早熟、早婚的印度,也不大会说两岁美人、八岁美人的。

数词连用可表示连续关系,即在两个数目之间。如"三五天就好了",指的是从三天到五天,最少三天,最多五天。那么"二八佳人"便是指从两岁到八岁的女孩儿家了?中国人认为女性美的最佳年龄是在两岁到八岁之间么?也显然不是这么一回事儿。

其实,"二八佳人"指的是:

$$2\times8=16$$

16岁的小姑娘,豆蔻年华,这才是中国古代诗人所要赞美的呢。您听:

正见当垆女,红妆二八年。(李白《江夏行》)

二八人如花,三五月如镜。(王僧孺《月夜咏陈南康新有所纳诗》)

（二） 三五之夜月最明

中国人喜欢月亮，尤其喜欢三五之夜的月亮。不知为此写了多少诗。例如：

三五二八时，千里与君同。（鲍照《玩月城西门廨中诗》）

天涯娟娟姮娥月，三五二八盈又缺。（卢仝《有所思》）

诚知远近皆三五，但恐阴晴有异同。（元稹《江楼月》）

这里都是乘法：

3×5＝15

2×8＝16

指的是每个月十五、十六那两天。

数字相连而相乘，当然不限于“二八佳人”和“三五之夜”。再如：

三六前年暮，四五今年期。（萧子显《日出东南隅行》）

结发念善事，黾勉六九年。（陶渊明《怨诗楚调示庞主簿邓治中》）

龙刚冷笑一声：“哼，商量是五八，不商量是四十。”（辛显令《喜盈门》）

因为5×8＝40，所以商量是40，不商量也是40，商量不商量是一回事儿，即没有什么商量的余地了。

（三） 141岁寿星对联

据说，清朝乾隆年间，在皇宫中举行“千叟宴”，“叟”者，年纪大的老头子也，共有390人。其中有一老人年纪最大，皇帝出了一个上联：

花甲重逢，还长三七岁月。

聪明的文人纪晓岚对了一个下联：

古稀双庆，更多一度春秋。

中国人以60年为一个甲子。“花甲重逢”便是两个60岁。上联指的便是：

$$60\times2+3\times7=120+21=141$$

中国人有一句话叫作“人生七十古来稀”，因此“古稀之年”就是70岁。“古稀双庆”便指两个70岁。因此下联便是：

$$70\times2+1=141$$

原来这个寿星是141岁。

（四） 买鞋的笑话

从前有个中国人问另一个中国人那双新鞋子买了多少钱。那人把右脚一抬，答道：“9块钱。”这人大叫：“只花9块！怎么我买时18块？”那人又抬起了左脚，说：“这只鞋也花了9块。9块加9块，不是18块么？我的这双鞋也花了18块！”

中国人是喜欢搞数字加和减的游戏的。谚语“三分像人，七分像鬼”，是把一个人的相貌当作10分看的，分解为3＋7。

有两句诗：

暗问夫婿年几何？

五十年前二十三！

那么50＋23＝73，这新郎真太老了。不得已才说个“二十三”的，不过是“五十年前二十三”！

安徽凤阳民歌唱道：

说凤阳，道凤阳，凤阳本是好地方。

自从出了朱皇帝，十年倒有九年荒。

三年水淹三年旱，三年蝗虫闹灾荒。

这也是在搞加法运算：

9＝3＋3＋3

（五） 谐音和数字游戏

中国有这样一些歇后语：

一二三五六——没四（事）

一丈二加八尺——两丈（仰仗）

一二三四五六七九十——忘八

如果把“一二三五六——没四”译成英语：

One, two, three, five, six——There isn't "four"

那么英国人是没法联想到：

It doesn't matter.

It's nothing.

因为在英语中，four 同 matter、affair、thing、business 不同音，无法进行联想。

同样英美人对于忘记了“八”这个数也并不以为有什么了不得。而在中国这“忘八”可是一个大大的骂人话。这“忘八”又有两层含义。一是忘记了“礼、义、廉、耻、孝、悌、忠、信”，这八种中国人做人的最基本的准则，因此便不齿于人。另一种意义是乌龟或鳖鱼(甲鱼)，指妻子有了外遇同别的男人胡搞的男人，这可是很重很重的骂人话。

“七嘴八舌”和“半斤八两”

（一）七嘴八舌妙

成语有“画蛇添足”，可现在我们知道，世界上的确有有足的蛇。谚语有“天下乌鸦一般黑”，可现在我们知道，天下的确也有白乌鸦。

我曾在一些地方说过，汉语很奇怪，例子之一便是：

> 七嘴八舌——七个人七张嘴巴可却有八条舌头！有一个人一张嘴巴里长了两条舌头。怪！天底下有这样的人么？

大千世界，无奇不有。

《扬子晚报》曾登有一条新闻，全文如下：

> 巴黎有一个奇人，天生双舌，同时能讲英、法两种语言，这种天赋成了他的谋生绝技：他经常在商场或电视台表演，甚受欢迎，收入颇丰。此人叫菲利浦·迪安尼，今年34岁，父为法国人，母是英国人。他从小锻炼用一舌说英语，用另一舌讲法语；利用这种双语同说的方法与父母交谈。
>
> 哈哈哈！

不过，我们的古人可不是这个意思。君不见：

七手八脚　七上八下　七拼八凑　七颠八倒

七零八落　七扭八歪　七折八扣

这是一种固定格式。在“七……八……”之间嵌进动词或名词或动词性词素、名词性词素，表示繁多而杂乱无章。

（二）　十五个吊桶打水

有一本书上写道：

“刨床这玩艺儿，古今中外一向只能跑直线，油槽是N形的，怎么办呢？”他的心像吊着十五个吊桶，拿不定主意。

所谓吊桶，是桶梁上拴着绳子的桶，用来从水井里打水的桶。为什么心里要悬着吊桶呢？又为什么偏偏是十五个吊桶呢？原来中国有一句谚语叫：十五只吊桶打水——七上八下。

因为15＝8＋7，而“七……八……”格式表示繁复而又杂乱，所以“七上八下”便表示心情因紧张等原因而慌乱不安。这个谚语是早就有了。例如：

那胡正卿心头十五个吊桶打水，七上八下，暗暗寻思道：“既是好意请我们吃酒，如何这般相待，不许人动身？”（施耐庵《水浒传》二十六回）

灿若听了“紧急家信”四字，一个冲心，忽思量着梦中言语，却似十五个吊桶打水，七上八落。（凌濛初《初刻拍案惊奇》十六卷）

洪太尉倒在树根底下，唬的三十六个牙齿捉对儿厮打，那心头一似十五个吊桶，七上八落的响，浑身却如重风麻木，两腿一似斗败公鸡，口里连声叫苦。（施耐庵《水

浒传》一回）

“七上八下”也可以写作“七上八落”。

（三） 歇后语

“十五只吊桶打水——七上八下”，是歇后语。所谓歇后语，相当于一个谜语，前面一部分是谜面，后面一部分是谜底。例如：

小葱拌豆腐——一清二白

泥菩萨过河——自身难保

外甥打灯笼——照舅（旧）

豆腐是中国人最常吃也最喜欢的食品。瞿秋白在《多余的话》中说中国的豆腐是世界第一的。豆腐是白的，葱是碧绿——汉语的“青”可表示绿色，青草、青春——，当然清清楚楚了。中国人对泥菩萨是既相信又不相信的。过河的泥菩萨，当然就更不可信了。夜间走路，外甥子打灯笼（那时代没有手电筒）照路，可见在中国舅舅的地位是很高贵的。

不但“十五只吊桶打水——七上八下”是歇后语，而且“七上八下”本是一个歇后语。例如：

（刘）晔又尝与筠连骑趋朝，筠马病足行迟。晔谓曰：“马何故迟？”筠曰：“只为五更三。”言点蹄也。晔应声曰：“何不与他七上八。”意欲下马徒行也。（吴处厚《青箱杂记》，《四库全书》1036 册）

这里有两个歇后语：

五更三——点

七上八——下

一个问：你的马为何走得这么慢？

一个答：因为我的马五更三——点！

点蹄，点马蹄铁，就是打马掌。

一个又说："那么你干嘛不七上八——下？"

既然马走不快，干脆下马步行得啦。

"七上八"一类歇后语，过去叫"歇脚语"。

（四） 半斤八两＝半斤五两

李国文小说《生活》写到夫妻之间的一场小小的争论：

我不得不申辩："关于对孩子的教育，你无权单方面责备我。做父母的，承担的责任对等，一个半斤，一个八两。"

她马上更正："一个半斤，一个五两！"

"我这是民间谚语沿袭下来这么说的。"

"可如今半斤就是五两，这充分说明，你和小群一样，完全不会做家务事，把你们惯坏了，连斤两都分不清。"（《小说月报》1987年5期45页）

在从前，中国秤是一斤为十六两，十六两为一斤，半斤是八两，八两是半斤。于是"半斤八两"，表示两者是同等的。后来改一斤为十两，于是有些跟上形势的便改口说"半斤五两"。但大多数人习惯上却还是说"半斤八两"。于是也便产生了一个奇怪的公式：

半斤五两＝半斤八两

（五） 不可望文生义

“海关”中有一个“海”字，似乎应该只设置在沿海地区的港口上。其实，没有海的内地各省市也都有“海关”！因为“海关”中的“海”已不指什么海了。“海关”是对出人国境的一切商品和物品进行监督、检查并照章征收关税的国家机关。

汉语中有一个成语叫“虎视眈眈”，它偏偏不用于虎，而却用于人、用于狼。因为“虎视眈眈”的意思是恶狠狠地盯着，准备去攫取什么。例如：

> 陈茂林慢慢地走到第一排，果然看见丁健他们坐在那里，不和他招呼，虎视眈眈地。陈茂林放心了。在一旁坐了下来。（陆文夫《崔大成小记》）
>
> 一只狼站在两石之间，虎视眈眈地望着峡谷的深处。（菡子《江南一叶》）

再如“斤斤计较”，如果理解为只计较误差为一斤的，那便大错特错了。在菜市场，不仅是每两都要计较，而且每分钱都要计较的。虽说人们是毫厘必争，但汉语却还只是说他们“斤斤计较”，这时候的“斤”，其实是两，是钱，是厘。“斤斤计较”其实是一丝一毫也要计较。

因此，我们读写听说的时候就不可以望文生义。

“南来北往”之谜

（一） 莫名其妙的中国人

有一个成语叫作“南来北往”。那么平常，天天讲，但是仔细一想就不对头了。您看：

南来——从南方来。从南向北走。

北往——到北方去。从南向北走。

于是乎：

南来北往＝从南方来＋到北方去＝从南方向北方走！

怪呀！四面八方，可中国人既不到东方去——那里有仙山，神仙福地，长生不老之药；也不到西方去——那里可是佛教徒的极乐世界的所在呀；也不到南方去——南方开放，是经济特区所在，那里的钞票最好赚呀！偏偏一味地从南方到北方去，发什么神经呀?!

而且，如此这般地南来北往呀南来北往地南来北往下去，总有那么一天，南、东、西空无一人，而北方人满为患的，这还了得！

于是中国的某些编词典的人也觉得这可不是一个事儿，他们便解释说：

南来北往——有的人从南往北，有的人从北往南。（《成语词典》511页，江苏人民出版社1981年）

这可是杜撰了。您比较一下看：

紫气东来 —— 紫气从东方来

佛祖西来 —— 佛祖从西方来

大江东去 —— 大江流到东边去

北上抗日 —— 到北边去抗击日本侵略者

渡江南下 —— 渡过长江打到南方去

那么为什么要说"南来北往"呢？

（二） 这叫"互文见义"

汉代有一首民歌，是这样开头的：

战城南，死郭北。

野死不葬乌可食。

（战士们在城市的南郊战斗，

战士们一个个死在城市的北郊。

野外战斗死亡者无人埋葬只好给乌儿啄食。）

这当然是很奇怪的。既然城市的北郊并未发生战斗，哪里来的死人呢？城市的南郊既然发生了这样一场残酷的战斗，为什么没有死人呢？那些在城市的南郊进行殊死格斗的战士身受重伤为何要走或爬到城市的北郊去死呢？不可理解。

其实，诗人的意思是：

战城南，死城南。

战郭北，死郭北。

他觉得这样说太啰唆了。于是第一句话只取上半段，第二句话只取下半段。要您把第一句话的下半段，第二话的上半段，补出来。因此，学者们对这两句诗解释说："这两句中的城南、城北为互文见义，是说城南、城北都有战争，也都有战死的人。"（《汉魏南北朝诗选注》27 页，北京出版社 1982 年）

这当然是对的。但仅仅这样来理解还是不够的。

诗人还要您进一步发挥您的想象力：

战城南，死城南。

战城北，死城北。

战城东，死城东。

战城西，死城西。

他的意思其实是：在城市的四面八方都在进行战斗。在城市的四面八方都堆积着战士的尸体。中国的修辞学家把这叫作"互文"，或"互文见义"。这是一种很好的修辞手法。因此"南来北往"的真正含义便是：南来南往＋北来北往＋东来东往＋西来西往＝从四面八方来，到四面八方去，泛指来来往往！

（三） 互文见义用处广

汉语中有许多成语都是互文见义式的。例如：

声东击西　东奔西跑　走南闯北

大惊小怪　欢天喜地　甜言蜜语

千奇百怪　千家万户　千呼万唤

在讲话和文章中也常用这互文见义手法。例如：

① 睡在旷野，吃在山巅，过河，是端着枪冲过去的；受了伤，睡在月夜的营地里；谁想到去领略大自然的风光啊。（姜滇《巧克力豆》）

② 车上——躺着一个
人民骄傲的儿子。
——一个为八亿人
耗尽了最后一丝精力的
伟大英雄。
——一个为三十亿人
倾尽了最后一滴心血的
伟大的战士。　（李瑛《一月的哀思》）

如果理解为在旷野睡觉，爬到山顶上去吃饭，那就错了。其实是，睡在旷野吃在旷野，睡在山巅吃在山巅。

同样，李瑛这诗的意思是：一个为八亿人、三十亿人耗尽了最后一丝精力、倾尽了最后一滴心血的伟大的英雄、伟大的战士。

这不仅不荒唐，而且内涵丰富、意味无穷。

互文见义能够在有限的语言形式中表现出较丰富复杂的语义内容，是一种很受欢迎的格式，用得很广。但有时候，有点儿容易产生误解，所以写作和阅读的时候又应注意一些。

灵武农民自养鲜猪肉

银川市街头，有这样的一则广告：

灵武农民自养鲜猪肉

分析起来，就是——

[（灵武＋农民）＋自养]＋（鲜＋猪肉）

偏正结构

这话很是荒谬：鲜猪肉可不是养出来的！灵武农民自养的是猪，不是猪肉——鲜猪肉。

其意义结构应当是——

鲜＋[（灵武农民自养＋猪）＋肉]

这话的意思是：灵武农民自养的猪。这猪的肉是鲜猪肉。

这是词和词素的区别之所在：词可以接受修饰语；词内部的词素不能接受修饰语。例如“布鞋、皮鞋”：

新布鞋、旧布鞋、破布鞋、黑布鞋

新皮鞋、旧皮鞋、破皮鞋、黑皮鞋

修饰的分别是布鞋或者皮鞋，不是其中的词素“布”或“皮”。如果想修饰其中的语素“布”或“皮”，就得说：

土布布鞋、老土布布鞋、洋布布鞋、卡其布布鞋

牛皮皮鞋、猪皮皮鞋、黄牛皮皮鞋、水牛皮皮鞋、乌克兰大白猪皮皮鞋

至于我们常常说的“牛皮鞋”和“猪皮鞋”，可以看作是“牛皮皮鞋”和“猪皮皮鞋”的同音连续的省略形式。

如果讲究语义和句法结构一致，可以说成——

(1) 灵武农民自养猪的鲜猪肉

(2) 灵武农民自养猪鲜猪肉

(1)颇有些拗口。(2)比(1)更顺口些。

事实是，除了我吹毛求疵之外，来来往往的人们全都接受了这个广告，都不认为有什么不妥当的。这证明，说汉语的人的确是把语义内容放置在句法结构之上的。

这样的广告是不应当提倡的，但是似乎也不需要咬牙切齿严厉打击坚决取缔。

这种广告的出现，第一是经济节约原则的产物；第二，是焦点原则的应用，吸引购买者的眼球的是：

A 鲜(猪肉)

B 灵武农民自养(猪)

广告制作者和广告发布者共同遵守这两个基本点原则，所以就都不觉得有什么不妥的。

(2006 年 5 月 5 日)

附：

香港汪惠迪先生读后来信说：“您的随笔有个特点，就是

与时代同步。新加坡有鲜猪肉、冰猪肉，还有温猪肉呢。最妙的是温猪肉。”我请教汪先生何谓温猪肉，他回答说：

新加坡早在1999年年初就禁止将屠宰后的生猪直接送给肉贩，上案分割出售，因为这样不卫生——的确很不卫生。

在新加坡，所有猪肉都必须放在透明的罩内供顾客选购，不可放在案板上让顾客选购。

新加坡原产局将猪肉分为：

1. 温体猪肉（温猪肉，warm pork），即屠宰后去毛去内脏的猪肉，国内叫鲜猪肉。温猪肉不可上市。

2. 冷却猪肉（chilled pork），即将屠宰后去毛去内脏的猪肉放在摄氏零至零下四度的环境下冷却，然后上市。所以现在新加坡所卖的都是冷却猪肉。据说，经此处理，比温猪肉（鲜猪肉）还新鲜。

3. 冰冻猪肉（frozen pork），在摄氏零下18度或23度的环境下冷藏的猪肉。国内也叫冰冻猪肉或简称冻肉或冰肉。

我认为新加坡的上述三种猪肉可分别叫作鲜猪肉、冻猪肉和冰猪肉。不过，冻猪肉之说容易产生歧义，容易与冰猪肉相混。那么，chilled pork 怎样命名呢？如果称之为鲜猪肉，那么 warm pork 就只能叫温猪肉了，因为摸上去的确还是温的。

我不觉得温猪肉可笑，因为它是跟冷却猪肉相对而言的，而且其时胴体的确是温的。

从名实不符谈名、名组合的语义关系

（一） 生物谜语

在中国有这样一些生物谜语：

① 叫虫不是虫，是虫不叫虫。

② 叫鱼不是鱼，是鱼不叫鱼。

③ 叫马不是马，是马不叫马。

④ 叫鼠不是鼠，是鼠不叫鼠。

⑤ 叫狗不是狗，是狗不叫狗。

谜底是：

叫虫不是虫——鼻涕虫

是虫不叫虫——蚕

叫鱼不是鱼——鱿鱼

是鱼不叫鱼——泥鳅

叫马不是马——海马

是马不叫马——骕骦

叫鼠不是鼠——海老鼠

是鼠不叫鼠——耗子

叫狗不是狗——鱼狗

是狗不叫狗——犬

这里讲的便是名和实的矛盾。

（二） 什么球不能踢？

中国少年儿童，喜欢彼此逗趣，如此一问一答地闹着玩：

什么球不能踢？	地球！
什么马不能骑？	木马！
什么饼不能吃？	铁饼！
什么斗不量米？	熨斗！
什么耳朵听不见？	木耳！
什么米不是米？	虾米！
什么山不是山？	人山！
什么海里没有水？	火海！
什么花不结果？	灯花！
什么腿不走路？	床腿！

看来，“地球、木马、铁饼、熨斗、木耳、虾米、人山、火海、灯花、床腿”，都是一种名和实不相一致的词语了。

（三） “人山”是像山一样多的人

汉语中有许多非常形象的词语。例如：

云海　烟海　苦海　血海　心潮　心扉　眼波　麦浪　瀑布　月牙　辞海　语林　言语链　方言岛　信息波　意识流　情天恨海　文山会海　人山人海　心猿意马　唇枪舌剑

这些词都是由比喻构词法构成的。第一个名词是这个比喻的本体，第二个名词是这个比喻的喻体，它的语义是：

像 N^2 一样（相似点）的 N^1

因此，“人山”就是：像山一样多的人。说英语的人不大说：a mountain of people，而 a mountain of a man 像山一样的人，表示巨人。汉语的“人海”，英语说“a sea of people”。汉语的“人山人海”，英语还是说“a sea of people”。因为汉语“人山人海”这一类成语中，前后两个部分语义是相等的、同义的、重复的。

如此说来，汉语中的“情天恨海”直译成英语大概便是“a sea of the love and hate”了吧？

（四）“爱情的火焰”就是“情火”（？）

复合词“人海”，如果扩展成短语，那便是“人的海洋”、“人的大海”。例如：

为什么
　　我的语言
　　这样拙笨？
给我呵——
语言的
　　大海！
声音的
　　风云！　　　　（贺敬之《十年颂歌》）

“语言的大海”、“声音的风云”这类比喻的格式是：本体＋的＋喻体。如果删去“的”字，再把本体和喻体都压缩成单音节，就是一个比喻式复合词了。“语言的大海→语海”！

中国人很喜欢这种比喻格式。例如：

爱情的火焰　记忆的沙滩　历史的潮水
感情的债主　思想的刀锋　时代的列车
人生的年轮　人生的风风雨雨

这种格式用久了，很容易紧缩为复合词。例如：爱情的火焰→情火(?)，性欲的火焰→欲火。“欲火”早就是一个流行的词了，但“情火”似乎还不那么通行。

(五)　“狼心”是像狼心一样的心

与“人山”不是山相对应的是，“狼心”并不是狼的心，而是人的心，不过是像狼心一样的人心罢了。汉语的“狼心狗肺”，译成英语便是：

rapacious as a wolf and savage as a cur

而不是：

heart of a wolf and lungs of a dog

汉语中这一类词语也是一个比喻。第一个名词是这个比喻的喻体，第二个名词是这个比喻的本体。它的意思是：像 N^1 一样(相似点)的 N^2。

“狼心”的意思是说：像狼一样坏、狠毒的(某人的)心。因此“人面兽心”的意思便是：

have a human face but a wolfish heart

这一类比喻式复合词也是很常见的。例如：

蝴蝶结　鸡心领　羊肠道　象鼻山　牛头山　月牙湖　杨柳腰　樱桃口　虎背熊腰　虎头蛇尾

这一类复合词，如果要扩展短语，就要说成：像 N^1 一样的 N^2。例如：

蝴蝶结——像花蝴蝶一样的结

鸡心领——像鸡心一样的领子

（六）鸟岛和猴山

在浙江的千岛湖中，有猴岛、鹿岛、蛇岛等，因为这些岛上分别放养着猴子、鹿、蛇等。动物园里的猴山是猴子生活在那里的山。广州又叫“羊城”、“穗城”，因为传说中，有五个仙人，乘着五色羊，手执六穗到了这里。在我国的大海和湖泊中，也有不少“鸟岛”和“蛇岛”，是因为那里的鸟和蛇特别多而得名的。

在这些地名中，两个名词之间具有相关关系，因此可以叫作“借代式名名结构”。

老舍小说《骆驼祥子》的主人公叫“骆驼祥子”，是因那个洋车夫祥子的命运同骆驼有关，他丢了（被大兵抢走了）自己的命根子洋车，却意外地得到了骆驼。鲁迅小说《明天》中有一个人叫“红鼻子老拱”，红鼻子和老拱有相关关系，是他的特征。鲁迅小说《药》中有个人叫“红眼睛阿义”，这“红眼睛”便是阿义的特征，同阿义有相关关系，都是借代式的名名结构。

（七） 施事呢，还是受事？

在中国城市里，常有“三八理发店”。“三八”本是三八国际妇女节，指代妇女、小姐或女士。这里的“三八”是施事，是妇女们办的理发店，可服务对象并不全是女同胞，也为男宾们理发整容。前一个名词是施事的名名结构，在汉语中是很常见的。例如：

猫食　狗食　猫鱼　鱼虫　鱼饵

前一个名词都是施事者。有一个电影叫《女子相思客店》，这“女子”也是施事。

但是在“兽医”中，这“兽”可不是施事，而是受事，是接受治疗的对象。前一个名词是受事的在汉语也很常见。例如：

牙医　儿童医院　汽车修配厂

女子美发厅　妇女商店　百货批发站

前边一个名词都是受事。

汉语中除了“儒医”和“军医”这些词外，还有一个“蛇医”，这“蛇”既不是施事，可也并不是受事，施事是医——医生，受事是病人——被毒蛇咬伤的病人，这蛇是受事中的信息的焦点，构词时只保留了受事中的信息焦点，其余一概省去了，所以只从表面上来推断两个名词之间的语义关系就很困难了。

（八） 丰富而复杂的语义关系

由于汉语没有形态变化，由于汉语的名词可以直接修饰名词，所以汉语中两个名词组合起来，便可以形成多种多样的异常丰富而复杂的语义关系。

有的是联合关系。例如：

工农　城乡　男女　夫妻　师生

有的是领属关系。例如：

虎肉　兔毛　唐诗　宋词　元曲

有的前一个名词表示后一个名词的质料。例如：

皮鞋　棉衣　玻璃杯　尼龙伞

有的前一个名词是工具。例如：

大碗茶　瓶酒　钢笔画　小笼包

有的前一个名词表示后一个名词所表示的事物的产地。例如：

茅台酒　龙井茶　藏红花　川贝

有的前一个名词表示后一个名词的伴随物品。例如：

葱油饼　米粉肉

有的前一个名词表示后一个名词所指称的事物的来源。例如：

波斯猫　波斯菊　矿泉水

有的前一个名词表示后一个名词的用途。例如：

奶牛　蛋鸡　瘦肉猪　菜牛

这多种多样的语义关系，很难一一列举，也不好类推，是需要特别留神的。

（九） 若干个名词的连用

汉语中有时可以有若干个名词连续使用的现象。例如，现在开后门拉关系，去找“张三或李四的爸爸的老同学的儿子的外公的学生的女朋友的邻居”！80年代文学作品中这种用法很多，举两个例子来看吧：

① 我富打老道喜相逢喝过老板的小姨子的姑妈的媳妇的表妹的小弟弟的喜酒，就安步当车，大概三分钟的时间，进入了那间中上规模的保龄球场。（唐人《赎身记》）

② 后来又托了他儿子的女朋友的一位同学的姨父，只等了一星期就把煤气罐弄回。（王蒙《高原的风》）

这里的两个由若干个名词所组成的名词性短语，内部的结构层次是这样的：

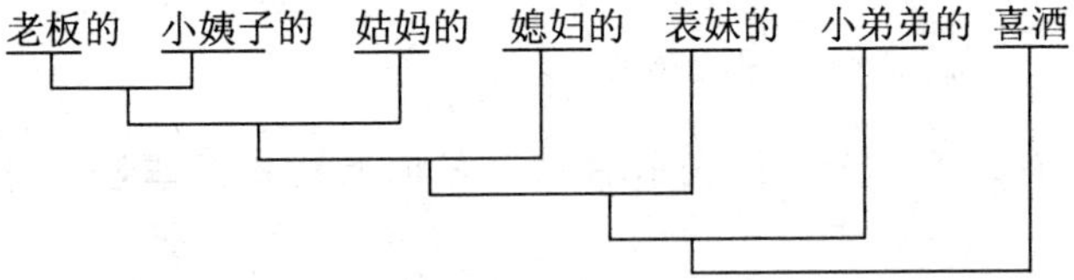

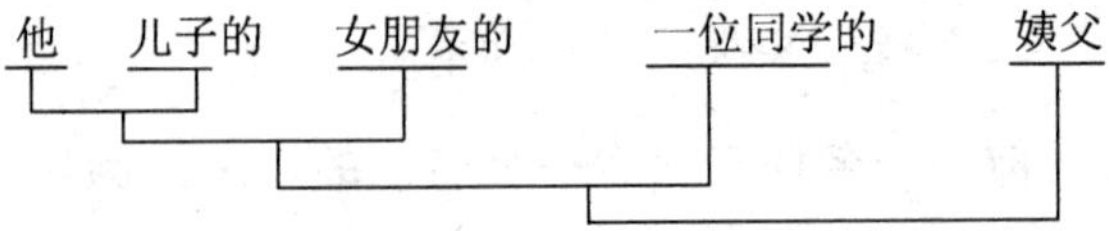

而不是反过来的：

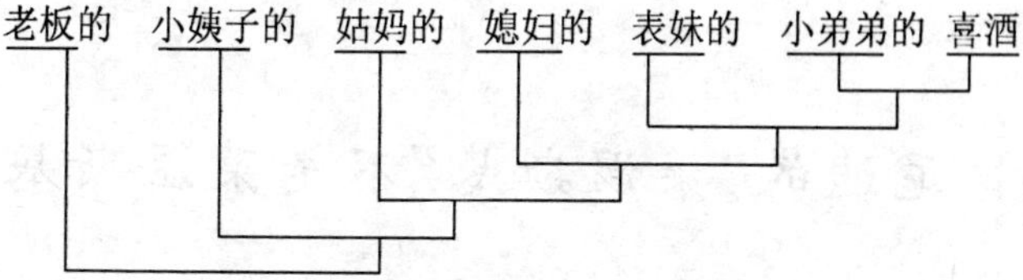

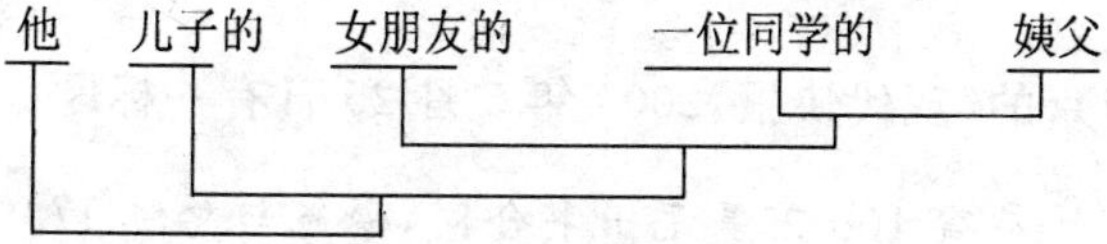

在中国若干个地名连用时总是从大到小：

中国江苏南京鼓楼渊声巷 50 号 3 幢 303 室

而不可以从小到大：

303 室 3 幢 50 号渊声巷鼓楼南京江苏中国

结构层次是这样的：

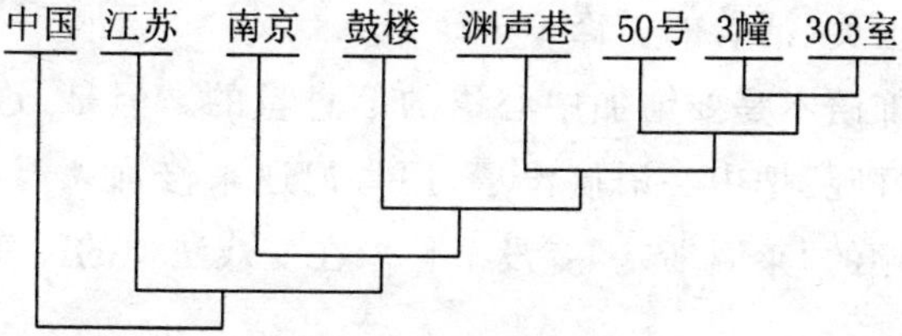

肯尼迪的“莱温斯基”不是莱温斯基

南京的《现代快报》2009 年 5 月 25 日有一标题：

获得 100 万美元出书合同，曝光与总统 17 个月情史
肯尼迪的“莱温斯基”浮出水面

肯尼迪的“莱温斯基”，不是莱温斯基。她的名字是：米米·波德斯利·艾尔温德。之所以叫她为莱温斯基，是因为她跟莱温斯基一样，是美国总统的情妇。这是一个比喻，暗喻。类似的如：中国的高尔基、东方的巴黎、中国的拿破仑、现代的陈世美、活着的雷锋……

修饰语本是要增加中心语的信息量的。但是，这类修饰语倒是好呢：把中心语搞没了，用肯尼迪来修饰莱温斯基，就把克林顿的“莱温斯基”变没了！像在变戏法似的。变为：

米米·波德斯利·艾尔温德

对米米·波德斯利·艾尔温德来说，胡搅蛮缠什么呀，把米米·波德斯利·艾尔温德搞没了。这，这——

克林顿——莱温斯基
肯尼迪——米米·波德斯利·艾尔温德

克林顿和肯尼迪是类聚关系：总统。莱温斯基和米米·波德斯利·艾尔温德是类聚关系：总统的情妇。克林顿和莱

温斯基，组合关系。肯尼迪和米米·波德斯利·艾尔温德，是组合关系。写作者利用在类聚系统的相同的地位，临时变换了他们的组合关系，或者说是组合中的类聚换位。按照这个规则，我们也可以说：

米米·波德斯利·艾尔温德的"克林顿"

甚至说：

克林顿的米米·波德斯利·艾尔温德

我把这种修饰语，叫作"负修饰语"，就如同"增长、零增长、负增长"。这种修饰语把中心语修饰没了，所以是"负"。但是负修饰语也是修饰。说它是负，是对表层中心语说的，对莱温斯基是负。但是，其实，莱温斯基只是一个傀儡中心语，骨子里的真正的中心语乃是"米米·波德斯利·艾尔温德"。老老实实地说，应当是：

"就像是克林顿的莱温斯基一样的肯尼迪的米米·波德斯利·艾尔温德"

但是，啰唆呀！不能吸引人们的眼球！

“新闻 30 分”和“健美 5 分钟”

有一个电视节目，叫作：

A. 新闻 30 分

按理说，本应当叫作：

B. 新闻 30 分钟

另一个节目叫作：

C. 健美 5 分钟

如果按 A 格式，就可以叫作：

D. 健美 5 分

B 式是常规，A 式是对常规的偏离。凡是偏离，其实都是有原因的，这里的原因就是汉语的节奏规则。六个汉字（音节）成 2—2—2 节拍，远不如五个汉字的 2—2—1 节拍上口入耳。这就是电视节目不采取 B 式样，而采用偏离的 A 式的原因，因为 C 式样已经满足了 2—2—1 的节拍，所以就不需要采用偏离的格式 D。

A 式对常规的偏离是很明显的，人们口头上几乎是从不用“分”来代替“分钟”的。听众容忍了，默许了电视台的这一偏离，天天听，却不跳出来——“目标中央电视台，开炮！”究其原因就在于说汉语的人，对 2—2—1 节拍有一种不自觉的心理需求，所以大量的流行用语都采用了这一节拍模式，例如：

青菜豆腐汤　桂圆莲子汤　肉丝鸡蛋羹

油爆鱿鱼卷　荷叶米粉鸡　社会语言学

历史地理学　鸳鸯蝴蝶派　国际博览会

三八妇女节　法国电影周

如果是五个单音节词的并列，朗读时也切分为 2—2—1 节拍，例如：

天地君亲师　梁唐晋汉周　柴米油盐酱

工农商学兵　东南西北中　前后左右中

剪刀锤子布　老虎神仙狗　生旦净末丑

酸甜苦辣麻　眼耳鼻舌身　亚非拉美欧

这时候朗读起来才朗朗上口，和谐入耳，满足了听众对节奏的心理需求。

甚至只要能够满足这一需求，即使是无意义的排列，例如：

木马海狗糖，铁饼铅球汤。

苹果红豆袜，电脑书橱床。

西瓜地球娘，板凳桌椅霜。

宝塔卡列架，兰花汽油黄。

朗读起来也是上口的，听起来也很好听的。

《“老外”不外》析

在医院里，一个外国留学生来看我的时候，带来一张报纸。我一打开，发现了一个标题：《“老外”不外》。我很是喜欢。他就问我这个标题好在哪里。我说：

“‘老外’一词有两个意思，一个是指的‘外行’，对某一件事情一窍不通的人；另一个意思是指的‘外国人’，像您就是一个老外，在我们中国人看来。同样的‘不外’也有两个意思，一个是不是外行，而是行家里手；另一个意思却是不是外国人，而是中国人。”中国人在“老外”出现之后，则是“老中”。《小说月报》1988年12期：“有一次，我听到她报菜单，几个老中当时对她竖起大拇指。”(23页)《当代》1990年6期228页也有“老中”。

那么这个《“老外”不外》是什么意思呢？他说：“说的是某个外国人在某件事情方面并不外行。”这当然是对的。但它本来是可以有这样几种意思的：

1. 某老外行并不外行。
2. 某外国人并不外行。
3. 某老外行并不像一个外国人。
4. 某外国人并不像个外国人。

他说：1和2与4，都是有意义的、听者能够接受的句子。

"'老外'不外",这是多义的句子。他问我如何区别。

我说,至于到底是1还是2或4时,这取决于具体的交际环境。

"老中"对"老中"说,或者谈论的对象是"老中"中的外行的话,当然就是1;假如是"老中"对"老外"说,或者谈论的对象是某"老外",就一定是2和4了。如果这个老外是个里手行家,那么就是2;如果这个老外长相或者行为方式都很像一个中国人,那么就4!

而3,从理论说当然是可以的,但是在事实上却是很少出现的。这大概是因为弯子转得太大了,理解起来太费劲了。

在现代汉语中,以"外"开头的词语是很多的,例如:

1. 外行
2. 外国人
3. 外人(陌生的人,交情不深的人)
4. 外地人,外乡人
5. 外子(丈夫、老公)

……

现在的"老外"只是指外行与外国人,会不会也指其他几种意义的呢?不知道。

2001年1月17日(新年试笔)

说名道姓

（一） 名字很重要

作家海笑在小说《盼望》中写道：

> 爸爸嘴角边也挂着微笑，劝慰我道："一个人的名字有什么要紧的，随便叫什么都可以，无非是一个符号、标记，重要的是要这里面干干净净，不要装一肚子坏水！"爸爸用手指了指自己的脑子和肚子。

语言学家们喜欢强调，词语不过是一个符号而已，同客观事物之间的关系是任意的，没有什么本质的必然的联系。

然而社会学家们民俗学家们都是不会完全同意的。海笑接着写道：

> 这次我没听爸爸和妈妈的，硬吵着把名字从"袁小狗"改成了"袁小果"。

这孩子是对的。否则，为什么没有人叫"大粪"、叫"鼻涕"、叫"癞疮"呢？

姓名，对于一个人来说，绝不仅仅是一个符号、标记，也是他的人格的标志，是他的人格的一个部分，不仅从精神上感情上来说是如此，从某种意义上，也是他的躯体的一部分了，他的躯体仍是他的精神和感情所控制下的躯体。正因为如此，古今中外，为了捍卫自己的尊姓大名而同他人决一死战的大有人在，也有不少人为了扬名姓于当世，或扬名姓于后世，不管是流芳百世，还是遗臭万年，而千方百计，而挖空心思。对于有多个姓名的人来说，每一个姓名就意味着一段特殊的感情。而我们的亲爱者和憎恨者的名和姓在我们的情感的海洋中所激起的波涛又是多么的不同呀！

（二） 中国人喜欢拿姓名开玩笑

名和姓从古到今都为人们所重视。

《陈书·虞荔传》中记载：

> （虞）寄字次安，少聪敏。年数岁，客有造其父者，遇寄于门，因嘲之曰："郎君姓虞，必当无智。"寄应声答曰："文字不辨，岂得非愚？"客大惭。入谓其父曰："此子非常人，文举之对不是过也。"

这客人开玩笑说："你这小家伙姓虞，一定很愚蠢，大概很不聪明吧？"这小小少年虞寄回答说："连汉字'虞'和'愚'也辨别不清、混为一谈的人，怎么不叫作愚笨呢！"这客人便对虞寄的父亲说："你这个儿子了不起，不是一般的人，大名人孔融小时候的言语才华也不过这个样子嘛！"这个客人之所以拿孔融（字文举）来相比，因为孔融小时候就很了不得：

> 孔文举年十岁，随父到洛。时李元礼有盛名，为司隶校尉。诣门者，皆俊才清称及中表亲戚乃通。文举至，谓吏曰："我李府君亲。"既通，前坐。元礼问曰："君与仆何亲？"对曰："昔先君仲尼与君先人伯阳，有师资之尊，是仆

与君奕世为通好也。”元礼及宾客莫不奇之。太中大夫陈韪后至，人以其语语之。韪曰：“小时了了，大未必佳。”文举曰：“想君小时，必当了得。”韪大踧踖。（《世说新语·言语》）

类似这样的客人现在也还常见，姓马、牛、王、朱、杨、刁、熊、史、斯、施等的人，常常成为他人开玩笑的对象。像姓“朱”常被人们用猪来取笑，姓“孙”的常被称为孙猴子。

（三） 未生孩子先想名字

有一位从未见过面的书信朋友来信说：

在熊家有一个传统，女孩子一般都跟妈妈姓，可能姓熊太难听了吧？最近我在想，如果我有一个女儿，就给她取名“凌子”，如果是个小子，就叫他“熊一能”。这名字你看怎么样？想想挺有意思，别人家生了孩子一、二岁还未取好一个名字，我们呢？还没有打算要他们，名字却已喊了好久了。也许是受了您《姓名的趣味和学问》的影响，经常爱琢磨名字。“凌小兵”，这辈子已如此，没戏了。不过我还挺喜欢的，喊起来上口，也不易写错。跟您讲，我最喜欢自己的姓了，多响亮的“凌”，凌云之志的“凌”。比起“熊”姓，不知好到什么地步了。就因为他这个“熊”姓，我差一点没同他结为一家人。后来瞧瞧他这个人的确不错，也就喜结“秦晋”了。

好险呀，这位姓熊的青年差一点为了这个“熊”，而失去了一个最佳的终身伴侣，真叫人为他捏一把汗呢！

（四） 苦心经营的名字

那位精心为自己的未来的子女设计好名字的朋友使我想到，从古到今，人们对取名字也是慎重得很呢！您瞧：

> 后魏高祖儿子曰恂、愉、悦、怿，崔光名子励、勖、勉。高祖谓光曰："我儿名傍皆有心，卿儿名傍皆有力。"答曰："所谓君子劳心，小人劳力。"上大嗟悦。（明曹臣《舌华录·谐语第七》）

皇帝的儿子名字用字"恂、愉、怿"中都有个竖心的偏旁，忄＝心。大臣崔光的儿子名字用字"励、勖、勉"都有个"力"字偏旁。因此崔光说："您的儿子是君子，君子劳心，动脑子。我的儿子是小人，小人劳动，出力气。"这个回答真让皇上龙心大悦呀。

还有的把兄弟若干人的名构成一个语义系统，其中蕴藏着深层的含义。《晋书·桓彝传》说：

> 初，(桓)豁闻苻坚国中有谣云："谁谓尔坚石打碎。"有子二十人，皆以"石"为名以应之。唯石虔、石秀、石民、石生、石绥、石康知名。

桓豁有20个儿子，名字的模式都是"桓石×"，从而构成了一个小系统。他意在以儿子名字中的"石"去打击敌国的苻坚，因为民谣中说"谁说你苻坚很坚牢，石头就可以打碎你！"这一番苦心，真叫人惊叹！

（五） 名字是社会问题

读了这位朋友的来信后，我突然想到一个好主意：

社会语言学家们大谈语言感情，那么人们最敏感的名姓就集中了人们的语言态度、语言感情。可是想取一个好名字也真难呀，翻破了《康熙字典》也未必如意的，并不是所有的人都想得出“熊一能”和“凌子”这样的佳名来的，那么我们的修辞学教授们为什么不办一个姓名公司呢？专门给人家取名字，而且用电脑，这不是比电脑算命要高尚实用得多么？

只要用户报出父母的姓名、籍贯、职业、对子女的期望、孩子的出生地、出生年月、性别等等，电脑立刻便可提供你许多可供选择的名字，当然又是按最优化程度排列先后的。

我的这位书信朋友出生于“文革”时期，正如当时中国人服装、言语千篇一律、万个一腔一样，那时的人名也万人一色了，全都是军呀、兵呀、红呀、卫东、爱武、文革之类的。今天，中国人的名字也应当像他们的服装、言谈、个性一样丰富多彩，切忌雷同。让这第四代人独特的个性以他们独一无二的姓名来体现。

（六） 取个好名字很不容易

老朋友伍铁平写过一篇大论文《语言学是一门领先的科学》，大长了语言工作者的志气。那位从未见过面的读者朋友的信，更使我对语言学增加了感情。它同千百万人的生活有密切关系，搞千百万人都需要的学问，这当然是有趣的。中国语言学家也应该而且能够在中国人名的现代化、多姿多彩化方面做千百万老百姓的良师益友。

于是我给那位朋友回信说：

“熊一能”、“凌子”的名字从语言角度说是美的。但从语用角度来看，是好是坏，就是另外一个问题了。正如用词造句要同语言环境相协，要研究得体美一样。你的女儿或儿子的名字，还必须考虑到他们的出生年月（属相）、出生地、长相、血型、性格等多种因素。如果你希望你的儿子是达·芬奇式的全才，而未来社会又要求通才，你为什么死守住一个“能”字，只准他“一”能呢？这太不公平了吧？未来的公民可是会造父母的反的呢！因此，“熊一能”、“凌子”对于未来的那个生命比对于你们来说更重要，所以命名中心应转移到他们身上去。

当然，这又是矛盾的，当一个人刚降生需要一个名字报户口的时候，偏偏并没有选择名字的能力，当他到了十五六岁的时候，发觉父母包办的名字不对头的时候，可又习惯了这个不对头的名字，而改名字又颇麻烦，于是大多数人凑合凑合，这也迫使做父母的为子女命名时，要着眼于子女！

（七） 重要的是名实相符

一年后的夏天，那位我从未见过面的朋友又来信说：

我说过八月给你写信的。当时说这话时，心里也没有底，我是否还会看到阳光明媚的八月。今天拿起笔，终于可以大胆地说我正生活在八月的阳光下。7 月 12 日下午生下了我的小凌子，男女也不需我讲了。我给我女儿取的学名叫海韵，自然跟妈妈姓了，小名叫凌子。我希望女儿有大海一样的韵味，生活得勇敢、顽强，同时也寄托了我们对海洋的向往。

我想，现在都是独生子女了，父母们对子女的期望值越来越高了，全力以赴、不遗余力地教育、培育自己的小太阳或小月亮，小皇帝或小公主，按照父母自己的人生模式，按照父母对子女的期望模式。而父母给子女所起的名字，就集中了父母对子女的期望。这位未来的凌海韵小姐将在父母的热切期望中，将在父母的定向培养中，一天天成长成熟，形影不离的“海韵”芳名将暗示她、鼓励她“有大海一样的韵味，生活得勇敢、顽强”，于是便出现了：

“人如其名”现象。

这就是说与文如其人、字如其人、画如其人一样，也有名如其人现象、人如其名现象。

是呀，叫“大强、大刚、铁柱”的男人，大都粗犷而豪爽，而叫什么“小柔、文静、恬、怡”的女人大都文雅、恬静，甚至于比较娇弱、瘦小。

反过来说，如果人的名字同他的为人、气质不一致、不相符合，往往特别容易引起别人的反感。这一点又是古今中外所一致的。其中最突出的是元人刘时中，他在《上高监司·端正好》中嘲笑道：

[倘秀才]堪笑这没见识街市匹夫，好打那好顽劣江湖伴侣，旋将表德官名相体呼，声音多厮称，字样不寻俗。听我一个个细数。

[滚绣球]粜米的唤子良，卖肉的呼仲甫，做皮的是仲才邦辅，唤清之必定开沽，卖油的唤仲明，卖盐的称士鲁，号从简是采帛行铺，字敬先是鱼鲊之徒，开张卖饭的呼君宝，磨面登罗的叫德夫，何足云乎。(《乐府新编阳春白雪》卷三。《全元散曲》上册672页，中华书局1964年)

这一连串的名字大都是谐音构成的。例如：

粜(tiào卖)米的——子良——粮食

卖肉的——仲甫——脯(肉)

卖酒的——清之——酒很清，没掺水

卖油的——仲明——油灯光明

卖盐的——士鲁——盐卤

卖鱼的——敬先——鱼鲜

卖饭的——君宝——均饱——大家都吃饱了！

磨面的——德夫——用罗筛取出面粉来，剩的便是麸子！

刘时中对元代社会中名不副实的现象、庸人附弄风雅的习气的挖苦、抨击真是入木三分。不过这种现象今天也并未绝迹。连英文字母也不认识的人，有的却给子女命名为约翰或珍妮什么的。一些不懂外语的个体户，却请人书写了洋味十足的招牌。这同样是十分可笑的。

改名风的盛行也正证明：名字和人之间似乎有那么一点儿联系在。人和名字是两种不同的存在，名字不过是符号而已，这只是问题的一个方面。另一方面是：人如其名也是一种客观存在。

可是有人认为:“看来呀,名字对孩子的成长和制约并无多大关系,重要的是孩子先天的素质及后天环境的影响和培养。至于取个什么名,叫阿猫阿狗也无妨,只要不重名,还是信手拈来的好。”(南京《莫愁》1991 年 2 期 30 页)

这显然是片面的。不信,你给一个女孩子取名叫鼻涕,她会乐意吗?

(八) 全社会都要重视名字问题

中国目前的姓氏用字,大约有 3050 个。但是 11 亿人中有 9.5 亿人只用其中的 100 个姓氏用字。这 100 个中,使用得最多的又是其中的这 19 个:

李 王 张 刘 陈 杨 赵 黄 周 吴
徐 孙 胡 朱 高 林 何 郭 马

使用这 19 个姓的人占汉族人口的 55.6%,而李、王、张三个姓所使用的人占汉族人口的 22.4%。其中姓李的约占 7.9%。

中国人(其实应当说主要是汉族人!)的姓大都是一个音节,但也有一小部分是两个音节的。如:

诸葛 欧阳 西门 南郭

中国人的名字,大都是两个音节的。传统的模式是,其中有一个音节是这个家族中这一个辈分的人的共有的标志。如我叫“王希杰”,王是我的姓,“希”是我这一辈分的人的共同标志,而真正属于我个人所特有的区别性特征,就只有一个“杰”字了。我的父亲一辈的辈分用字是“香”,祖父一辈的辈分用字是“云”。我的儿子们的辈分用字是“乃”。随着家族观念的淡化，这一模式逐渐消失，只在农村中还一定程度地保留着。

在今天的中国，单名热还在升温。早在1983年，单名在总人口中的比重已经从20世纪50年代的1/4上升到1/3了！单名风愈刮愈烈，使本就难以避免的同名同姓现象越来越严重了。拿广州城来说，叫“陈妹、梁妹”的女性就各有2400多个。在武汉城区16岁以上的常住人口中，叫“王红、李英”的都超过了1000多人。在天津，叫“张力、张英”的各有2000多个；叫“陈强”的有1500多个；叫“张颖”的，1955年只有54个，到1972年增加到197个，1989年便突破了2000个。在沈阳，叫“王伟、张杰”的更多，各有3000多个。

当然双名也有同名同姓现象。在沈阳叫“王玉兰、刘淑珍”的多到4000多个！

所以重名已成了中国社会的一个不大不小的社会问题，已经引起社会各界的广泛注意了。

说肥道瘦

（一） 古代汉语的“肥”＝现代英语的 fat

人和动物体内脂肪多，古代汉语都叫作“肥”，现代英语都叫作 fat。《礼记》上说：“肤革充盈，人之肥也。”这话绝不是骂人话。在现代英语中：

He's getting fat.

He's putting on weight.

She's a fat girl.

也都绝不是骂人的话儿。

但是，在现代汉语中，如果您对一位小姐说：“您这位肥姑娘！”那么，她会勃然大怒的，“我什么地方得罪你了？！你凭什么要骂人？我又不是猪，你为什么说我肥！你才是肥猪呢！”

道理的确在这个姑娘那边，是你错了。因为从古代汉语到现代汉语，“肥”的词义缩小了，只能用于指称动物体内脂肪多，已经不能再用于指称人了，说到人体内脂肪多，那就必须用后产生的一个词“胖”。这就是说：

	人	动物
现代汉语	胖	肥

古代汉语	肥	肥
现代英语	fat	fat

古代中国，人们对人体美的审美意识，曾经是以肥胖为美，就像现代非洲有些民族，对于女性的人体美的评价依然是以肥胖为标准的。您看魏晋南北朝隋唐的美女画像，可都是胖乎乎的呀！大概是宋以后，人们对女性人体美便开始从崇尚肥胖而转向瘦削，崇尚杨柳腰了。以肥胖为美，大概同财富、地位大有关系，有权有势有钱的人营养好才能肥胖。转入崇尚瘦削大概也包括了对以财富、地位鉴赏人体美的一种否定吧？

（二） 近现代汉语中“肥、胖”分家

明代人的小说《金瓶梅》二十五回中，来旺儿从外地回来，女主人孙雪娥说他胖了：

> 那雪娥满面微笑，说道：“好呀，你来家了。路上风霜，多有辛苦！几时没见，吃得黑胖了。”（《金瓶梅》上册378页）

他的老婆宋惠莲却说他肥了：

> 蕙莲说道：“贼黑囚，几时没有见，便吃得这等肥肥的。”（《金瓶梅》二十五回379页）

在那时候的汉语中，“肥”已经只用于动物，不再用于人了，只有“胖”才用于人。作为女主人的孙雪娥她正常地同来旺儿交谈，得用“胖”。宋蕙莲是妻子，所以她“骂”他“这等肥

肥”的，这“肥”用于人本是骂人话，不友好的，但夫妻间这么说，便是亲昵语了。

（三） 现代汉语中“胖”的委婉语

在小说《红楼梦》中，大美人林黛玉便是一个小瘦子，“瘦星”（寿星）一个，而肥胖的薛宝钗则是不喜欢别人说她肥胖的。到了 20 世纪 80 年代、90 年代，中国的女孩子同全世界的女同胞一样，以瘦为美，以肥胖为丑，尤其是城市里的女性，农村里似乎还好一些。因此今天在中国的大城市里，如果您对一位时髦女郎说：“您真胖。您这位胖小姐又胖了！”她会气得发昏的，比您骂了她的爹妈还要生气。中国人是讲究委婉的，对于肥胖的男人或女人，尤其是少女，您只能用一个委婉词：“富态”，又叫“福态”。那么发胖了，便叫发福了。秦基春在小说《殉节者》中写道：

> 后来乡长出来了，像是自言自语，又像是对没进去的乡头们说：“太可惜了，他妈的，还挺肥的呢。”
>
> 只听村上人讲，刘会计三十多岁就发胖了，早“发福”的人会有灾祸的。

这乡长对一个被迫害而自杀了的农村姑娘，用了“肥”字，是他对这纯真少女的侮辱，也是他卑鄙灵魂的一次暴露。作者对迫害这位少女自杀的凶手用了委婉语“发福”，这是一种反讽的手法，正好同“肥”做了一个鲜明强烈的对照。

“富态”、“福态”，在台湾的书面语中，也常被写作“福泰”。例如：

虽然谭教授不算怎么胖，总也是六十来岁了，也有个福泰的肚子。(李黎《谭教授的一天》)

在台湾还有“福福泰泰”的说法。例如：

陈启后抬抬眼。月是福福泰泰的圆，昏黄的。(林怀民《辞乡》)

“态”，意思是形状，状态。“福态”，幸福的样子，胖乎乎的便是福。“富态”，富裕的样子，胖乎乎的便是富裕的标志。

“泰”，意思是平安、安宁。“福泰”，幸福而又平安，这当然是一件大好事了。

“胖乎乎”常用来形容小孩子的胖。“胖墩墩”，则用来形容身材矮小肥胖可又很结实的人。更形象一点的叫“胖嘟嘟”，例如：

她穿了一身白色绒睡袍，头上扎了一个天蓝的冲天结，一张胖嘟嘟的圆脸，又红又白，看着着实叫人疼怜。(白先勇《谪仙记》)

如果说“胖嘟嘟”有一种叫人喜爱的感情色彩。可是“胖不隆咚”可就不那么可爱了呀：

循声望去，那边座位上添了个胖不隆咚的太太。(荻宜《米粉嫂》)

“胖不隆咚”给人的感情总是讨厌的。

(四)　谁做减肥操？人，还是动物？

80 年代开始，在中国大地上也开始了健美运动，减肥操、减肥茶、减肥药、减肥膏成了一股风一阵热，遍及全国。哇，麻烦了！做减肥操、饮减肥茶、吃减肥药、抹减肥膏的可大都是妇女，而且大部是妙龄女郎们，反正绝没有马牛羊、鸡犬豕们！可并没有一个少女出来叫屈喊冤："我又不是猪，做什么减肥操，饮什么减肥茶，吃什么减肥药，抹什么减肥膏！"

真怪呀，明明是为要美要漂亮的文明的人们所服务的，可偏偏都要用上一个本来只能用于动物的"肥"字，却偏偏不用适合于人的"胖"字或"富态"、"福态"。按理说，是应叫作：

减胖操　减胖茶　减胖药

减胖膏　减富态操　减福态茶

现代人真是聪明，不久前有一家公司一反常规，打破惯例，推出了一种新产品，叫作：减胖灵。好！佩服。但是并不很受欢迎。

（五）　肥猪，瘦猴

人们讨论一切问题都得有一个参照点。中国人一说到大，便是：天那么大。说到高，便是：山那么高。谈到小，便是：芝麻绿豆那么小。说聪明，便是：像诸葛亮那么聪明。谈蠢笨，便是：刘阿斗一样，愚笨，无能，无用。那么对于人体的肥胖呢？中国人的参照点便是：猪，肥胖得像一口猪！在中国"肥猪"便是对胖子们（fat person；fatty）的最常用的骂人话。

中国人关于瘦的参照点有两个，一个是猴子，瘦得像个猴子似的，"瘦猴"便是中国瘦子的通称；另一个便是电线杆，瘦得像一根电线杆，比电线杆子还要瘦，"电线杆子"便成了中国瘦子最常见的外号。

有时候中国的瘦子也被比喻成芦柴棒、火柴杆。夏衍在《包身工》中，称 30 年代上海童工为“芦柴棒”。

肥猪、瘦猴、电线杆、芦柴棒、火柴杆，当然都并不美。美似乎在不胖不瘦之间，所以一位著名的女作家写道：

她身材纤长苗条，却丰满匀称，既不像一般中年妇人那样发胖，也没有像她妈那样枯瘦干瘪。（琼瑶《烟雨濛濛》）

作为一个崇尚中庸的民族，中国人的人体美的标准是在不胖不瘦之间。对于一个具体的人，也只有当他或她忘记了自己的胖和瘦时才是最快活的。

（六） “肥(肉)”的价值

中国人的审美观念改变了，以肥胖为丑了。中国人的口味、饮食习惯改变了，在市场上，肥肉卖不出去了，精瘦肉吃香走红抢手热门了，人们大力发展瘦肉型猪了。作为一种物质的肥肉，它贬值了。

但是，在现代汉语中，“肥”和“肥肉”都没有贬值。您瞧：

值得注意的是，我国煤炭市场这种苦了两头、肥了中间的现状还在畸形发展。（《半月谈》1988 年 23 期 11 页）

你个憨包！到口的大肥肉你喂了别人，我出两千，快给我追回来。（张长《求签》）

为什么这家企业的厂长被不断更换？城关乡政府几位不愿透露姓名的干部说，目前白厂丝行情看涨，丝厂是块肥肉。（《半月谈》1988 年 24 期 25 页）

口语中，“肥差、肥缺”，都是好事儿。“肥了你”，就是便宜了你，让你得到了好处、外快。“这是一块大肥肉”，“肥肉”是比喻大有油水非常实惠的好东西。可见尽管在饭桌上，中国人讨厌大肥肉，如果您选了一块大肥肉敬给女士小姐太太先生们，要招人骂招人恨的，但被比喻为大肥肉的东西却是要你争我抢他夺的，因为这块大肥肉可能是超额奖金（5000元?!），教授的头衔，厂长、书记的职务什么的，好得很呢！

敬语的迷茫

(一)

美籍华人学者徐铭谦，有一篇短文，题目叫《敬语的死亡》，收在《旧金山杂碎》(三联书店香港分店，1987年)中。我曾经多次向人推荐，认为现代汉语中敬语的缺乏是一个很值得我们重视的问题。

徐先生在美国同几位“亚裔美人”聊天，非华裔忽然问道：“中文里头，有没有‘敬语’？”

徐先生是：“我心中一寒，情知此招直指要害大穴，来势甚是恶毒。”

而日本、韩国人就很神气了：

> 于是，日本人大谈“敬语”在日本之受重视，不只是正确使用日语文的问题，而且可以表示个人的教养、修养，是风仪、礼节上头的大讲究。用错了，可以是一件笑话。韩国人照例不能输给日本人的，马上说：在韩国的情形，就更认真啦！如果年轻小伙子在街头问路，向一位长者用错了“敬语”，旁边的人都会上来刮他大耳光哪！

徐先生接着举了一些旧金山华人——受过高等教育的华人的言谈，然后十分感慨地说道：“附骥于这一群受过高等教育、成功的在美华人之间，怎么会有如入野人之国的恐怖呵！”

其实，徐先生所举的例子，在今天我们许多人看来，并不粗野，是很正常的呢。例如：

> “钱老板：那就约定明天中午，我在中华饭店‘等你来’。”
>
> “哦，李博士是‘我们学校’毕业的。是，他还是我的‘学弟’呢。”
>
> “好极了，原来吴先生的‘太太孩子’都在旧金山。”

我们都听惯了，“恐怖”之感从何而来呢？

因此，我认为，这个问题，中国大陆似乎更值得重视。因为在我看来，在全世界华人中间，海外华人比大陆同胞更讲究礼貌和敬语。如台湾学者提到自己的老师，总是“A师BC”或者“ABC师”，而大陆学者对自己老师直呼其名的，在文章和著作中，是很常见的事情。

我在《语言的美和美的言语》(山东教育出版社，1983年)中，已经注意到这个问题了。

对这一现象，徐先生的分析是：

> 大约总是共和制开始，白话文学革命以后；教育的普及实施，民众的知识提高，但不知怎地，语文的程度普遍低落，应当的仪注，竟致于渐趋粗鄙。矧至长幼无序，亲疏不分起来。一律平等，世界大同的理想，想不到竟然在这上头实了现。那么区区的“敬语”的使用，又算得了什么大事儿呢？革掉它的小命儿算了！

他说得不错：敬语的死亡，的确同共和与革命大有关系。

通常的看法是敬语同旧社会的严格的等级制度相关。为了消灭等级制度，就应当消灭敬语。所以说敬语随着共和与革命而消失，似乎是符合事实的。

现在的问题是：

共和与革命，民主同平等，就一定要消灭敬语吗？共和同敬语、革命同敬语、民主同敬语、平等同敬语真的只是对立的，你死我活的关系吗？

（二）

不久前，在南下的火车上，同一个韩国研究生聊天儿。我表示对韩语敬语的赞美之情。然而，他却大不以为然。

他对我说，韩国师生关系隔阂比较大，远远不如中国师生之间那样的融洽。他到中国后，有些羡慕中国的师生关系。他认为，这是因为韩国师生之间必须使用敬语，这拉开了、拉大了师生之间的距离。他说："你不能想象，嘴巴上说着敬语，而表情、行为上却是亲热、亲切、亲昵的。"我说："这话大有道理。可见，语言并不是嘴巴上说的单纯的符号，而是同思想、感情、行为相一致的，同时发生的，互为表里的。甚至可以说：语言就是思想，语言就是感情，语言就是行动。"

他向我揭示了他的感情世界："我有两个哥哥，一个姐姐。我同我的二哥特好，特有感情。到二哥大了，父亲对我说：你二哥大了，你得对他使用敬语了。当我对二哥使用敬语之后，我们之间就再没有过去那种亲切亲昵的感情交流了。我从此失去了二哥。我因此常常感到很是痛苦。我想回到从前那种兄弟关系中去。然而，是再也不可能了。等到姐姐大了，父亲一再要我对姐姐使用敬语。我是坚决不答应。我怕对姐姐使用敬语，我们之间就会疏远了。”他说的时候，是那样的诚恳、沉痛。

我认为，这是社会语言中一个很重要的问题，希望他研究研究韩语敬语对韩国人的行为和社会关系的影响。而且也有理论价值：语言同行为的关系，是语言学中的一大问题。

然而，这使我迷茫起来：敬语是社会文明的产物，它有维护社会文明的作用。文明却是同等级相联系的。敬语也是等级制度的产物，有巩固等级制度的作用。敬语有维护社会文明的作用，然而却又要付出拉大人与人之间的距离的代价。其实，这人与人之间的距离，就是社会的秩序，就是所谓文明。比较日本人、韩国人与美国人，前者敬语丰富而严格，后者似乎没有敬语，于是，就可以看出敬语对社会人格和社会风气的影响。单就中国大陆而言吧，礼貌语言多，人与人之间总有些距离，“敬而远之”。在真正亲近的人之间，是不会有很多的礼貌语言的。

所以对敬语、对礼貌语言，也不可以简单化地肯定和赞美。要有个度，要具体分析。现代汉语需要敬语，但是还是不要像韩语、日本语那样严格的好。

我当初，也同徐先生一样在敬语问题上，在韩国人和日本人面前，总有点硬不起来，现在，我很坦然了。

然而现代汉语到底如何处理敬语，我真的还是很迷茫。

这是值得社会各界人士共同研究的。

（2000 年 8 月 8 日）

汉语中的动物世界

（一） 神秘的中国龙

外国人把中国称之为“东方巨龙”。中国人自称为“龙的传人”——龙的后代。龙，本是中国古代人所虚构、所想象出来的一种在地球本不存在的动物。在中国文化中，龙的地位崇高无比，神圣而又神秘。

因此在汉语中，关于龙的成语就特别多。例如：

龙飞凤舞	龙蟠凤逸	龙凤呈祥	龙驹凤雏
龙章凤姿	龙腾凤鸣	麟凤龟龙	攀龙附凤
龙肝凤髓	龙蟠虎踞	龙马精神	龙腾虎跃
生龙活虎	龙吟虎啸	龙争虎斗	龙行虎步
龙骧虎步	龙骧虎视	降龙伏虎	龙肝豹胆
藏龙卧虎	画龙点睛	望子成龙	龙潭虎穴
鱼龙混杂	龙蛇混杂	叶公好龙	

同龙相提并论的通常是：凤和虎。而同龙构成对照的是：鱼和蛇，作为高贵和低贱的两极，以形成强烈的反差。

在长期的封建社会中，龙是皇帝和皇族的象征。“龙颜、龙眷、龙种、龙子龙孙”，这些龙都指皇帝。

龙，是阳刚之美的象征，是男性的象征。所以从古到今，中国男子名字中有“龙”字的特别多。三国时的大政治家诸葛亮，是中国人心目中最聪明的人，“三个臭皮匠，抵上一个诸葛亮”。“诸葛亮”在中国是聪明人的代名词。这诸葛亮便是“卧龙先生”。

民间节日里，舞龙、闹龙船、放龙灯，都是必不可少的。在京剧舞台上，有跑龙套的。在业余时间，工作八小时之外，中国人喜欢“摆龙门阵”——聊大天，侃大山，说山海经。这“山海经”，本是一本古书，因为记载了许多古神话，在后代人看来荒诞不经，才成了没有什么多大根据真真假假的话语的意思。当然在今天的中国，也有一些人在工作八小时内大摆龙门阵的。

在中国，几乎人人“望子成龙”，希望子女有出息，成为一个强人、成功者。父母们为此不惜付出一切代价。中国人都希望有朝一日——“鲤鱼跳龙门”，中国传说中的鲤鱼，一旦跳过龙门——在黄河上，便成为一条真正的龙了。

中国的企事业单位，强调协作，叫“一条龙”。而把各个部分组合成一个整体，就叫“配套成龙”。而缺乏统一有力的领导，就叫作“群龙无首”，无政府主义。

中国人嘲笑假好龙的叶公。对于善于投机和伪装的人，中国人称为“变色龙”。

中国传说中还有龙王，住在大海中的水晶宫里，专门负责行云下雨的大事情。

（二） 高贵而吉祥的凤凰

凤凰，在中国文化中的地位也是很重要的。它也是古代人所虚构所想象出来的而地球上似乎并不存在的一种动物。

在中国人的心目中,凤是高贵而吉祥的象征。中国人向往的是“龙凤呈祥”;形容珍贵而稀少的东西叫“凤毛麟角”;“攀龙附凤”批评的是巴结权贵,向高地位高阶层去挤。

中国有一句俗语叫“鸡窝里飞出了金凤凰”,也便是鲤鱼跳过龙门的意思。在中国,天鹅也是高贵的,所以“癞蛤蟆想吃天鹅肉”便是对条件差的男性单相思于高贵的小姐们的一种嘲笑。

如果说,龙在中国是皇帝的象征和代称,那么,凤便是皇后娘娘的象征和代称了。“凤冠”便是只有皇后娘娘才佩戴的帽子。

如果说,在中国,龙是男士的象征和代称,是男士名字的常用字,那么,凤便是女士的象征和代称,是女同胞名字最常用的字,如王熙凤(《红楼梦》)、四凤(《雷雨》)、张翔凤、李金凤,等等。而叫“金凤”的又特别多。

“凤”,也专指夫妻中的妻子。例如:

鸾凤和鸣——比喻夫妻和美

粤菜名菜有“龙凤汤”,龙是指蛇,这凤指的是鸡,即蛇肉和鸡肉一同烹饪制作的汤。而另一道名菜“龙虎斗”,龙是蛇,虎是猫,即由蛇肉和猫肉精心加工而成的一道美味佳肴。

(三) 吉祥而可怜的羊

人类古代曾经有过一个畜牧时代,那时候在中国人的社会生活中,羊的地位很高,作用很大。这从汉字上就可以看出来，古代的中国人对羊是区分得很细的。例如：

羔——小羊

羜(zhù)——刚出生不到五个月的小羊

羝(zhào)——不满一岁的小羊

羦(huán)——细角的山羊

羱(yuán)——北山羊

羝(dī)——公羊

羖(gǔ)——黑色公羊

羭(yú)——黑色母羊

羠(yí)——去势(阉割)的公羊

羯(jié)——去势的公羊

不少现代最常用的汉字都是羊字部的。例如：

美　善　群　羞　祥　差　義(义)

翔　恙　养　着　盖　姜　羹

可见羊同中国人的物质文明、精神文明的关系是十分密切的。

羊，是吉祥、善良、美好的，所以汉字"美"、"祥"和"善"中都有一只羊。可见羊是中国古人心目中吉祥、美好、善良的象征。"義"(义)中也有一只羊，可见羊也是正义的象征。"羭"(yú)，是母羊，也有美好的意思。

羊肉，也是最美好的上等食品。因此：

鲜——羊肉最鲜美。

羞——本义是进献美味食品。也指美味的食品。

羓(bā)——干羊肉。

羹——本指用羊做成的糊状食品。

羡——羡慕,见到别人的羊或羊肉就要眼红!

《水浒传》第三十七回,李逵陪宋江、戴宗在酒楼吃喝:宋江见李逵把三碗鱼汤和骨头都嚼吃了,便叫酒保来,分付道:“我这大哥想是肚饥。你可去大块肉切二斤来,与他吃,少刻一发算钱还你。”酒保道:“小人这里,只卖羊肉,却没牛肉。要肥羊尽有。”李逵听了,便将鱼汁劈脸泼将去,淋那酒保一身。戴宗喝道:“你又做甚?”李逵应道:“叵耐这厮无礼,欺负我只吃肉,不卖羊肉与我吃!”可见那时候羊肉比牛肉地位高、价钱贵。因此才有了一个俗语叫“挂羊头卖狗肉!”如果说,“癞蛤蟆想吃天鹅肉”,是比喻一个条件差的男士对条件极高、极好的小姐的单相思,那么“好一块羊肉掉在狗嘴里”,便是对不般配的婚姻,一位条件极好的小姐成了一个条件极差的男子的妻子这一现象的嘲讽。

不过中国的羊似乎逐渐退化了。现代汉语中羊的形象都很可怜。例如:

替罪羊　无罪的羔羊　迷路的羔羊　5分加绵羊

成了温顺、听话、无能、受欺受骗受苦遭强人摆布的可怜虫了!

(四)　长寿而无耻的龟

在中国的小巷子里,常会有这样的标语:

随地大小便，是！

乱倒垃圾，是！

有时候，在一些墙壁上还会有孩子们的“创作”：

小三子是！

这个“”，就是“龟”！

龟，在现代中国，是最可怕的骂人话，大概是从明清以来就如此了。龟，乌龟，指称的是一个老婆同别人“睡觉”的男人，这个男人又叫“戴绿帽子的”。进一步，“龟孙子”、“龟儿子”，都是很厉害的骂人话。

奇怪的是在中国，古代陵墓前又大都有一个巨大的石头乌龟，尤其是在帝王和文官武将的墓前。大乌龟有时还背负一块巨大的石碑。难道皇帝和贵人们愿意戴绿帽子么？当然不是。原来在中国古代龟是十分吉祥的神灵的动物。

有一个成语叫“麟凤龟龙”，它是指中国古人公认的并列的四种最吉祥的动物：麒麟、凤凰、乌龟和龙。可见龟在中国古代文化中的地位是很重要的。古代人用龟板占卜。中国最古老的文字刻在龟板上的，叫“甲骨文”。在古代，龟是长寿的象征，许多人名和地名中都有“龟”字。龟和鹤及松柏，都是中国文化中长寿的符号。晋代葛洪在《抱朴子·对俗》中说：

知龟鹤之遐寿，故效其道引以增年。

意思是说，我们知道龟和鹤长寿的奥妙，所以就学习龟鹤的运动来锻炼自己的身体，来达到长寿的目的。唐代大诗人白居易在《效陶潜体》一诗中说：

松柏与龟鹤，其寿皆千年。

因此中国有一个成语叫“龟鹤遐寿”，专门用来给人家祝寿的，是颂辞，是好话，绝没有骂人的色彩。李商隐《寄令狐郎中》：“无端嫁得金龟婿，辜负香衾事早朝。”“金龟婿”，指嫁给大官僚，武则天时代三品以上的官才能佩金色的龟袋。

中国还有一个成语叫“龟毛兔角”。龟是不会长毛的，兔子是不会长角的。因此“龟毛兔角”便是不可能存在的或者有名无实的东西的比喻说法。

曾有一位日本留学生，因为日本至今还认为龟是长寿的吉祥的象征，“龟”还是人名用字，便在告别中国之时给他的中国老师、一位教授一件礼物：小乌龟！他是一片好意，但在中国却是对人的最大的侮辱。

（五） 鸳鸯和蝴蝶

在中国现代文学史上，有一批小说家，被称作“鸳鸯蝴蝶派”，是因为他们专门创作才子佳人、哥哥妹妹的言情、恋爱小说。为什么专门写言情、恋爱小说的人就叫“鸳鸯蝴蝶派”小说家呢？这是因为，在中国，鸳鸯和蝴蝶都是爱情的象征、爱情的符号。

北宋有一位大文人欧阳修，写了一首诗——这种诗传统上叫作“词”，是可以歌唱的，词牌是《南歌子》，全文如下：

凤髻金泥带，龙纹玉掌梳。走来窗下笑相扶，爱道：

"画眉深浅入时无?"

弄笔偎人久,描花试初手。等闲妨了绣工夫,笑问:"'鸳鸯'两字怎生书?"

一对夫妻,或者一对情人,手拉手走到窗下,女的问:"我的眉毛描画的可够得上时髦吧?"两人相偎相抱,女的问:"'鸳鸯'两个字怎么写呀?"这其实是在宣称"我俩是一对鸳鸯!"

小说家汪曾祺在《大淖记事》中写道:

> 好心的大人路过时会想:这倒真是两只鸳鸯,可是配不成对。一家要招一个养老女婿,一家要接一个当家媳妇,弄不到一起。他们俩呢,只是很愿意在一处谈谈坐坐。都到岁数了,心里不是没有,只是像一片薄薄的云,飘过来,飘过去,下不成雨。(《1981 年短篇小说选》222页)

一对鸳鸯便是一对好情侣、好夫妻的象征。

蝴蝶之所以成了爱情的象征,是因为有一个民间故事:梁山伯和祝英台为爱情而死,但并不像罗密欧和朱丽叶那样,死了便是死了,不,他们死后,双双化为蝴蝶,自由地飞呀飞,继续相亲相爱。

在中国,比喻爱情的还有:比翼鸟、比目鱼,还有连理枝,而红豆也是中国人的爱情符号!

(六) 蝙蝠和鹿

蝙蝠本来就长得很丑,加上在伊索寓言中,当鸟类和兽类大战的时候,它又大搞投机活动,时而投向鸟类,时而投向兽类，因此西方人很讨厌蝙蝠这家伙。

但是，在中国蝙蝠很走运，身价很高。在民间的各种装饰物上，大都可以找到这家伙。中国老百姓普遍地喜欢蝙蝠，这要归功于汉语，因为蝙蝠的“蝠”与幸福的“福”同音，于是丑八怪蝙蝠在中国便成了幸福之神了，成了在中国最讨人喜欢的福禄寿三星中的福星的变形了。

中国人过年时喜欢贴一个大大的汉字“福”字，而且是倒着贴。主人期待着人们说：“‘福’倒了！”“倒”和“到”同音，“‘福’倒了”便是“福到了！”他便讨了个吉利——口彩。这“福”字也隐含着蝙蝠的形象。所以中国人感觉不到蝙蝠的丑。

中国的福禄寿三星（有个成语叫“三星高照”！）中有一位禄星老头儿。禄，是官员们的俸禄、薪水、工资。这禄星是与人们升官、提职、涨工资联系在一起的，当然是很受欢迎的了。由于“鹿”字和“禄”同音，于是，“鹿”便是“禄”，成了官位、权力的象征。所以，在“逐鹿、逐鹿中原、鹿死谁手”中，“鹿”其实便是“禄”。在中国的许多装饰物中，都有鹿的形象，这鹿也可以看作为禄星的变形。

（七） 喜鹊和乌鸦

喜鹊，在中国也是吉祥的，是专门给人们报告好消息的。唐代敦煌曲子词中有一首《鹊踏枝》：

巨耐灵雀多漫语，送喜何曾有凭据？几度飞来活捉取，锁上金笼休共语。

比拟好心来送喜，谁知锁我在金笼里。欲他征夫早归来，腾身却放我向青天里。

丈夫上战场了。妻子盼他归来。喜鹊一再报喜，但丈夫并未归来。少妇大怒，怪喜鹊骗了她，便把喜鹊关在笼子里。一片好心的喜鹊希望战士早日归来，这样少妇才会把它从笼子中放出来，它才能在蓝天中自由飞翔。时至今日，中国人还是把好消息同喜鹊联系在一起的。

同喜鹊的形象相对立的是乌鸦，它是不吉利的，是坏事儿的符号。遇上了乌鸦，你就要倒霉。现代许多中国人也还相信这一点。不过也有对付的办法，如果你对着它吐一口唾液，据说便可以克服、消解这一坏运气。因此在中国的小说、电影电视上，一旦出现了乌鸦，下边准有不那么好的事儿。中国人讨厌乌鸦，所以才说："天下乌鸦一般黑！"意思是说普天下的乌鸦没有一只是好的。不过我们今天知道，这世界也还有白色的乌鸦呢，但这改变不了"天下乌鸦一般黑"的社会含义。

（八） 马和牛

马和牛在中国社会中地位很重要。汉字中有许多表示各种各样的马和牛的汉字，许多有马字或牛字的成语，意思都是非常好的。"千里马"比喻杰出的人才。"老黄牛"比喻默默奉献的实干家。"识途老马"指经验丰富的老资格。

但是，牛有时又比喻固执和骄傲。例如：

牛气　牛脾气　牛性子

他一当了官，就牛起来了。

牛，到"老牛破车"的地步，也就不好了。

马有时候也有不好的意思。例如：

声色犬马　心猿意马　盲人瞎马

东风吹马耳　害群之马

马和牛形象大不妙的是：

牛头马面　牛鬼蛇神　马牛襟裾

牛骥同皂　牛骥同牢

“马牛襟裾”就是“衣冠禽兽”的意思。“牛鬼蛇神”是作为一切坏人妖魔鬼怪的代称，在“文革”期间它风行一时。“牛骥共皂、牛骥同牢”是抬高马而贬低了牛。

同马和牛相联系的坏事儿是：

拍马屁　溜须拍马

吹牛　吹牛皮　吹牛拍马

但这本是人类的一些毛病，同马和牛本不相干的。似乎说英语的人就不把我们人类的这两种恶习同马和牛相联系起来。因此，在英语中：

拍马屁：lick sb.'s boots; flatter; soft-soap; fawn on

吹牛：boast; brag; talk big

吹牛拍马：boast and flatter

在不同的语言中具有不同的“动物世界”。不仅动物词语的名称不一样，而且社会形象、文化价值、感情色彩，都是各不相同的。

(九) 老鼠和狐狸

在欧美，老鼠和狐狸的身价都还可以。母亲可以把自己的宝贝女儿叫作小老鼠，男士也可以称他心爱的姑娘为小老鼠。在中国，这是不可想象的事儿。如果一位男士称他的姑娘为小老鼠，那么她很可能就不跟他“好”了。因为在中国，老鼠是很坏的东西，所以俗话说：“过街老鼠人人喊打。”中国人用鼠来形容坏人坏事，如：

老鼠眼　鼠目寸光　鼠肚鸡肠

抱头鼠窜　鼠腹蜗肠　鼠窃狗盗

鼠牙雀角　一粒老鼠屎坏了一锅汤

中国的商人尤其忌讳、讨厌老鼠，因为老鼠又叫“耗子”，与“损耗”同音，这是商人们所最害怕的。

在西方世界中，狐狸(fox)有时也可以用来比喻漂亮的女性。例如：

A. Your wife is a fox.

B. Thank you. She is very beautiful.

这样的对话真是中国人所难以想象的。因为，在中国，狐狸的第一个特征是狡猾：

狡猾的老狐狸　抓住了狐狸尾巴

狐狸再狡猾也斗不过好猎手

第二个特征是风骚。在民间故事中，在蒲松龄的短篇小说集《聊斋志异》中，狐狸往往变幻成美丽的少女来勾引男青年，所以在中国，“狐狸精”便成了侮辱不正经的、风骚的坏女人的最流行的一句骂人话。中国男人，谁也不乐意自己的妻子是一个狐狸精，而中国妇女最忌讳别人骂他“狐狸精”，尤其是年轻的女人。但年轻而漂亮又最容易被别人骂为“狐狸精”，假如她生性活泼又不太注意细节的话。

吹牛拍马:吹牛皮和拍马屁

(一) 吹牛、拍马、吹吹拍拍

“吹拍”中的“吹”,是吹牛的吹,需要运用口;“拍”指的是“拍马屁”的“拍”,其工具是手。“吹拍”、“吹吹拍拍”说的其实是两件事情:吹牛皮＋拍马屁。这两件事情经常相提并论,“吹牛皮、拍马屁、吹牛 B”,“吹牛拍马、吹吹拍拍、溜须拍马、逢迎拍马”……都是汉语中的常用词语,都是贬义词,骂人话。

其实,这两件事情是有区别的,不能够混为一谈的。吹牛皮是说大话,言过其实;拍马屁是逢迎他人,谄媚取宠。吹牛皮,吹的是说话人自己。说大话,言过其实,固然不好,但是也还没有什么大不了的,还是可以原谅的。吹牛皮是吹牛皮者自己的事情,信不信在你!是人总会吹吹牛的吧?多多少少,大大小小。

顽强的自我表现欲,绝不如毛泽东所说,只是小资产阶级知识分子的特性,任何人都有自我炫耀的本能的,都潜藏着吹吹牛的欲望,常常会不自觉地那么吹,不过有大小之别、多少之分罢了。这个世界上谁人敢说:“我从没有吹过一次牛!”

拍马屁是拍他人的马屁,是有目的的,想得到一点儿什么东西。这是两个人之间的事情,一个拍,一个被拍。没有自己拍自己的马屁的事情!拍马屁是一个道德品质问题,一向是被否定的。因此，即使他真的是一个地道的货真价实的拍马之徒，也绝不愿承认自己是拍马屁之徒的。凡是拍马之人总是不承认自己在吹牛拍马。我听过一个大学教师对系主任说："主任，我可不是拍马的人呀！我是真心实意佩服你……"

中国民间故事笑话中，讽刺挖苦吹牛皮拍马屁的特别多。但是细细品味，对吹牛皮的多的是嘲讽，对拍马屁的则是憎恶和抨击。

人人都说拍马屁不好。但是恐怕我们自己多少都有那么一点儿是喜欢他人对我们来拍一下马屁的，有时候也会对他人拍那么一下马屁的。其实，是人都多少有那么一点儿喜欢拍马屁和喜欢被人拍马屁的。这里有一个质和量和度的问题，小吹吹，小拍拍，也没什么大不了的；超出了底线，就是无耻小人了。

（二）"吹牛"、"吹牛皮"、"吹牛B"

"吹牛"就是"吹牛皮"。词典上说：吹牛，就是说大话，夸口。俗话说，"牛皮不是吹的，泰山不是堆的，火车不是推的"。吹牛真的是世界上最容易的事情，而且不犯法。再者——"吹牛不上税！""吹牛"就是英语中的：

talk big　　brag

我想，应当是先有"吹牛皮"，后有"吹牛"。"吹牛"不是很合理的，因为吹的事实上是牛皮。从"吹牛皮"到"吹牛"，这是汉语的双音节化大趋势的产物。例如：

反腐败——反腐　　反恐怖——反恐

大幅度——大幅　　核武器——核武

照相机——相机　　核战争——核战

落花生——花生　　大嘴巴——大嘴

厚脸皮——厚脸　　丢脸面——丢脸

小资产——小资　　高价格——高价

无利息——无息　　高利息——高息

低利息——低息

“吹牛皮”,有时会被说成“吹牛 B”！于是“牛皮”也就是成了“牛 B”！“牛 B 不是吹的,泰山不是堆的,火车不是推的”。很是荒唐的！毫无道理。这种丰富的联想真是匪夷所思。其实与“皮”同音的字多着呢——

匹　屁　脾　痞　丕　坯　披　霹　啤　鼙　纰
罴　裨　鸣　甓　蜱　貔　畀　豼　嚭　阰

读 bi 的汉字也多着呢——

碧　鼻　璧　婢　泌　陛　弼　贲　币　必　鼊
狴　笔　秘　俾　毖　嬖　庇　避　鹏　鰏　臂
壁　比　闭　逼　匕　痹　愎

但是,却偏偏要选择这个 B！当然凡事都有个道理。就语言来说,“皮”和“B”音相近;在文化心理上,是因为“食色人生之大欲也”,B 是厕所文学和课桌文学的,甚至是新潮诗歌中的最重要的主题,或者常用符号,也可以证明这一点了。

许多人都这么说,似乎这种说法就是很正确的,你也没有办法,这就是所谓“积非成是”吧？甚至你能够听到年轻女性的口中大声叫喊："你吹牛B，牛B被你吹破了，我会相信你的牛B？牛B谁不会吹？我可是从不吹牛B的！"

（三）羊皮筏子是吹出来的

朋友您到过黄河吗？您看过黄河上的羊皮筏子吗？你乘坐过黄河上的羊皮筏子吗？

我很得意地对您说，我到过兰州，我看到过羊皮筏子！我还乘坐过羊皮筏啦，在宁夏的沙坡头的黄河上。

我小时候，生活在苏北乡下，不止一次地看过杀猪。杀猪大师傅在猪脚上划个小小的口子，把自己的嘴巴凑上去，吹，吹，吹，吹……那猪变得很是庞大。

羊比猪小，说的是体积。既然羊小于猪，猪都可以吹，那么吹羊皮就更容易更简单了。事实是，一个人就可以把若干只羊皮吹成功，连接起来，就是羊皮筏子了，一个人就能够扛起来的，抛到黄河里去。

羊皮筏子是人的嘴巴吹出来的，当然也不是人人都能够吹的，这同样需要本事，需要技术。不相信，你来试试看！

猪大过羊，牛大过猪。羊皮能够吹，牛皮呢？困难了。恐怕只是依靠嘴巴是很难吹起来的！不相信，您来试试看！吹不起来了吧？因此"吹牛皮"就是夸口、说大话，言过其实，做不到的。按理说，"吹羊皮"就是实话实说的意思，但是事实上却没有这种说法。语言的世界里，是不能够类推的。可能的东西要想实现，就必须具有必要和充分的条件。

（四） 牛皮筏子

铁索桥和牛皮筏子，是西藏的一道风景。这是古已有之的。《隋书》第八十三卷中说："嘉良有水阔六七十丈，附国有水阔余丈，并南流。用皮为舟而济。"《旧唐书》一百九十七卷中说："（东女国）其王所居名康延川，中有弱水南流。用皮为船以渡。"就是牛皮筏子。

牛皮筏子有方形的，有半圆形的。小的可坐两三人，大的容六七人。一个人就可以扛着下水，也能扛上岸，很方便。是雅鲁藏布江、金沙江、拉萨河上的重要交通工具。清姚莹两次奉命去西藏（1844—1846 年）时，就曾写下《皮船行》诗：

皮船形制如方鞋，木口藤腹五尺裁。
受人三四一短楫，并舟绳贯行能偕。
山高夹水湍流疾，顷刻已过峰千回。
嵚岈大石偶击撞，回旋轻软无惊猜。
溜筒虽奇尚险绝，此物稳迅谁所开？
读书早年想奇制，天使遣谪殊方来，
殊情诡物饱经见，赋诗老矣惭非才。

这种牛皮船显然不是人的嘴巴吹出来的。（参看张云《青藏文化》第十四章第五节第三小节"牛皮船"。）

（五） 吹牛不上税

"吹牛不上税"，所以吹牛特繁荣发达。吹牛也就多种多样了。有的一心一意千方百计要对方相信；有的告诉你是在吹牛,闹着玩儿的;有的为了炫耀自己;有的是为了吓唬对方。

吹牛的不一定都是坏人。你看——

> 她(刘英)告诉我:“长征刚刚开始时,我和你爸爸他们常常在一起,只要有半天休息,我们大家就常常凑在一起,没事干,就吹牛,大家开玩笑,成立一个牛皮公司,陈云是总经理,你爸爸(邓小平)是副总经理,没吃的,精神会餐。你爸爸老讲四川菜好吃。”(毛毛《我父亲邓小平》上卷360—361页,中国文献出版社1993年)

这样的吹牛,是不应当反对,不应当禁止的。不过,“文革”前夕,一个年轻的大学教师自封为牛皮公司经理,后来受到了大字报大批判,罪名是攻击马克思主义,因为他是马克思主义课程的教师,这就等于是攻击马克思主义是牛皮。

吹牛需要资本吗?有人说不需要。有人说吹牛也要资本,不是人人都可以吹牛的。

吹牛和非吹牛之间的界线,往往很难区分。对于胜过我们的人,最好的办法就是指责他吹牛——成绩和名声都是吹出来的。某张三指责某李四会吹,好吹,成绩都是吹出来的。李四回答说:咱中文系,人人能说会道,哪个不会吹?你们说我的成绩是吹出来的,那么你们也来吹吹呀!

(六) “混沌”=羊皮筏子!

我真傻,我单知道,羊皮筏子就是羊皮筏子!

现在我才知道,不那么简单的!

“混沌”一词是现在很吃香。“混沌论”很是时髦。

中国古代神话和思维中的“混沌”，其实就是羊皮筏子，你相信么？这可不是我的标新立异，是一位学者的新观点。我同乡庞朴在《黄帝与混沌——中华文明的起点》中说：

> 可否大胆再问一句：混沌又是什么呢？
>
> 答案曰：混沌就是陕甘间人渡黄河时常用的牛皮筏子，它的雅名叫鸱夷，混沌是它的俗名。（庞朴《当代学者自选集·庞朴卷》98页，安徽教育出版社1999年）

他说的其实也包括羊皮筏子在内的。他举出的文献说：

> 甘肃临近黄河之西宁夷带，多浑脱。盖取羊皮去骨肉制出，轻浮水面，骑渡乱流。（李心衡《金川琐记》）
>
> 秦巩间人，割牛羊去其首，剜肉空中为皮筏，大者受一石，小者受二三斗，俗曰混沌，即古之鸱夷。（黎士宏《仁恕堂笔记》）（庞朴《当代学者自选集·庞朴卷》98页，安徽教育出版社1999年）

庞朴说：

> 按浑沌又写作混沌、浑敦、倱伅、浑屯、浑沦、浑潡、浑暾、浑伅、浑伦等等，有圆浑、质朴、敦厚、醇粹、温纯、昏懵、混浊、无分、原始等等含义。（庞朴《当代学者自选集·庞朴卷》98页，安徽教育出版社1999年）
>
> 浑脱是方言土音，唐代有浑脱帽、浑脱舞，都取义于混沌。方以智《通雅》谓：“鞑鞑以杀小牛羊为浑脱。曰浑脱舞者，亦蕃语也。中国浑脱盖活脱之转。草名活克，音活脱，即通脱木（按：即通草），言其灵活通脱也。”方氏把

浑脱指为蕃语，解为活脱和通草，都错了。浑脱、混沌，本是汉语，是牛皮筏子，由来已久，有书为证。我们不必怀疑这种交通工具的名字是后取的，像胎儿衣胞取雅号曰“混沌衣”、雏鸡壳皮曰“混沌池”那样（《本草》）；对照一下前引的《山海经》的天山之神。一切都释然了。（庞朴《当代学者自选集·庞朴卷》94 页，安徽教育出版社 1999 年）

原来我们的口头语的“牛皮”，居然就是中国古代文化中那么神奇的“混沌”，也就是那么时髦的“混沌论”的“混沌”！我并不完全相信，但希望它是对的，是真的。如果这是对的真的，那么，吹牛皮也就是吹混沌了！不过混沌有两种，羊皮混沌是可以吹的，吹羊皮混沌是可以相信的。牛皮浑沌不能够吹，才是不可以相信的。

（七） 牛皮筏子＝混沌＝黄帝

庞朴的结论是：

从怪兽的住址和黄帝的住址，似乎可以推定怪兽浑沌的尊号，也正是黄帝！

因此，可以相信，庄子说中央之帝为浑沌；这一说法，不纯粹是哲理，也不简单是寓言，它还是一则古老的神话。（庞朴《当代学者自选集·庞朴卷》96 页，安徽教育出版社 1999 年）

在后人听起来，说黄帝是混沌，当然是大不敬。但在神话时代，这并无猥渎之意。（庞朴《当代学者自选集·

庞朴卷》96 页，安徽教育出版社 1999 年）

这一结论，尽管庞朴提出了许多证据，但是在我还是很难接受的。我怎么也不能够把我心目中的黄帝同黄河上的羊皮筏子联系起来，请原谅我。

（八） 拍马屁

在西北，马牛羊是牧民财富的象征。主人要向客人夸耀、显示自己的马养得好；客人要赞美主人的马养得好，而马养得好，主要标志在马屁股上。拍拍马的屁股，夸赞主人的马养得好，这是社交客套话。这正如我们到朋友家去做客，需要夸奖主人的儿子非常聪明、女儿非常漂亮一样。不过，这个分寸是很难把握的，故意过了头，别有用心，于是，“拍马屁”就成了贬义词语——fawn; lick sb.'s boots。

人人讨厌拍马屁，但都喜欢被他人拍马屁。在中国，甚至还有拍马屁的文学呢，鲁迅早就说过，《诗经》中的“颂”其实就是马屁文学。唐代的拍马者，一个说：六郎面似桃花；另一个说：不，桃花似六郎面。六郎是武则天的宠人。安禄山就是拍马高手，拍马坛的成功者。

细想来，拍马、拍马屁，也有三种。一种是零度的，小小不言，几乎感觉不到是在拍马屁，不能够算是拍马屁的拍马屁。第二种，负的拍马屁。人人讨厌憎恨的！第三种，正的拍马屁……！

（九） 吹牛拍马一例

西周生的《醒世姻缘传》有一段写道：

晁思才说:“嫂子可是大喜!我那日听见说了声添了侄儿,把俺两口子喜的就像疯了的一般,只是跳,足足的跳有八尺高!俺住的那屋是也叫矮些,我跳一跳触着屋子顶,跳一跳触着屋子顶,后来只觉的头顶生疼,忘了那屋子顶碰的。亏俺那老婆倒还想着,说:‘你忘了么?你夜里来喜的往上跳,是屋子顶碰的!’罢!罢!老天爷够了咱的!只有这个侄儿,咱就有几千几万两物业,人只好使眼瞟咱两眼罢了,正眼也不敢看咱!”(上册 277 页,齐鲁书社 1980 年)

这个马屁精运用的手段是吹牛皮。

(十) 拍马和非拍马的区别

区别拍马屁和非拍马屁,是一个很重要的问题。

司马光的《资治通鉴》上记载:

(魏)文侯问曰:“我何如主?”(《周纪一》)

中国历史上的君主都喜欢问大臣这个问题。这可是一个难以回答的问题,许多人就因此掉了脑袋。实话实说,是绝对不行的,吹牛拍马也还需要艺术技巧。

皆曰:“仁君。”

这是常规的答案。

任座曰:“君得中山,不以封君之弟,而封君之子,何谓仁君?”

这样回答是要大勇气的。

文侯怒，任座趋出。

还算好，没有杀了他。

次问翟璜，对曰："仁君也。"文侯曰："何以知之？"对曰："臣闻之，君仁则臣直，向者任座之言直，臣是以知之。"文侯悦，使翟璜召任座而反之，亲下堂迎之，以为上客。

前面各位大臣的"仁君"是拍马屁，翟璜的"仁君"则不是拍马屁。翟璜的"仁君"和前面各位大臣的"仁君"的含义是不相同的。翟璜是赞同任座的，魏文侯反感任座，翟璜的话语却很爱听，这是个修辞技巧问题。魏文侯身边有如此多的敢于说真话大臣，这是他成功的保证。

（2002 年 2 月 14 日）

恶狗、懒猪、蠢驴

（一） 赵家的狗又叫了

鲁迅在小说《狂人日记》中一开始便提到狗：

> 今天晚上，很好的月光。
>
> 我不见他，已是三十多年；今天见了，精神分外爽快。才知道以前的三十多年，全是发昏；然而须十分小心。不然，那赵家的狗，何以看我两眼呢？（《鲁迅全集》第1卷422页）

小说中又写道：

> 黑漆漆的，不知是日是夜。赵家的狗又叫起来了。
>
> 狮子似的凶心，兔子的怯弱，狐狸的狡猾……（《鲁迅全集》第1卷427页）

被赵家的狗看了两眼，这狂人便感到紧张和不安。听到赵家的狗又叫起来了，这狂人便产生了一种恐怖感。欧美人能体会到这狂人，也是我们中国人的这一感受吗？难呀！

因为在欧美人的心目中，狗挺可爱的。因此英语中：

a lucky dog——幸运儿

love me，love my dog——爱屋及乌

Every dog has his day——凡人皆有得意之日

如果直译成汉语,都是中国人目瞪口呆而难以接受的。

(二) “狗”是骂人话

在中国,狗不是好东西,而是下贱的东西。所以如果把人当作狗,那可就坏了。例如:

菊香,这被人像狗一样使唤来使唤去的女人,在她想要光明正大做人的时候,却又被人像狗一样地踢开了。(映泉《桃花湾的娘儿们》)

在现代汉语中,“狗”可是一个最常用的骂人的话。在京剧《红灯记》中革命者李玉和对他的母亲和女儿说:

门外有狗!

这“狗”可并不是dog,一种哺乳动物,四条腿,一条尾巴;而是一个人,特务,坏人,坏蛋。在现代汉语中,“狗”指坏人,用来骂人。对老的叫“老狗”,对女的,叫“母狗”。

用“狗”骂人在中国是由来已久的。话本《快嘴李翠莲记》中就这么描写过:

“老泼狗,老泼狗,交我闭口又开口!……莫怪我今骂得丑,真是白面老母狗!”

中国的骂人话大都同性有关。这“狗”若再加上性再用于骂人,那就更难听了。例如:

“狗日的” “狗娘养的”

都是最厉害的骂人话！

（三） 带“狗”字儿的没好话

现代汉语中，带“狗”字的几乎都不是什么好话。例如：

狗屁　放狗屁　狗屎堆　狗腿子

走狗　看家狗　丧家狗　癞皮狗

落水狗　狗咬狗　耍死狗

狗苟蝇营　狗急跳墙　狗拿耗子

狗皮膏药　狗头军师　狗仗人势

狐朋狗党　鸡鸣狗盗　狼心狗肺

偷鸡摸狗　挂羊头卖狗肉　羊肉掉在狗嘴里

狗嘴里吐不出象牙来

在中国，羊肉和狗肉是对立的。羊和羊肉是好东西，狗和狗肉是见不得人的下贱货，因此，“羊肉掉在狗嘴里”才是很坏的事儿，卖狗肉时才需要挂个羊头做招牌。这“挂羊头卖狗肉”是不宜于直接对译成英语，否则说英语的人是很难接受的。似乎可以这样翻译：

to sell horse-meat as beefsteak

to cry up wine and sell vinegar

to pass off fish eyes as pearls

to sell a pig in a poke

“狗肉”常被用作骂人话。例如：

我刚走到花园前，只见玉箫那狗肉在角门首站立，原

来替他观风。(《金瓶梅》25 回 384 页)

金莲骂道:“怪狗肉!我又怕你爹了!”(《金瓶梅》22 回 342 页)

而“狗肉账”指糊涂账,或见不得人的账。

(四) “小狗说谎”

中国的青少年,男孩和女孩,经常用“小狗”来赌咒发誓开玩笑。他们之间的谈话中是离不开“小狗”二字的。在这类话中,“狗”的坏的含义好像已经大大淡化了一些。例如说:

我要再跟你玩, 那就是小狗!

小狗说谎。 说谎是小狗。

小狗骗人。 骗人是小狗。

这意思是说,他或她是大好人,忠诚老实的人,绝不说谎,绝不骗人,如果他或她说谎、骗人,那么他和她情愿做小狗。当然,小狗可并不是什么好东西。他和她可绝不愿意当什么小狗的。

(五) 中国的猪好睡觉

中国人喜欢把好睡懒觉的人,或者睡得很死很沉的人,比喻为猪。这当然是贬义的骂人的。所以有一篇小说中的女主人把自己比成为猪时,才很不好意思:

老婆不好意思地解释:“累了一天,跟猪似的,哪有不躺倒就着的道理!”(刘震云《一地鸡毛》)

这夫妻间的对话，没有外人在。在一般情况下，任何一个中国人都不愿意自己同猪联系在一起。你看：

鲍小姐走来了，招呼他们俩说："你们起得真早呀，我大热天还喜欢赖在床上。今天苏小姐起身我都不知道，睡得像木头。"鲍小姐本想说"睡得像猪"，一转念想说"像死人"，终觉得死人比猪好不了多少，所以向英文借了那个比喻。她忙解释一句道："这船走着真像个摇篮，人给它摇得迷迷糊糊只想睡。"（钱锺书《围城》5 页）

"睡得像死人"，这恐怕是中国人和英国人所共有的比喻。但"睡得像木头"却是英国人的比喻，中国人难以理解。而"睡得像猪"，这是中国人的比喻，英美人不会像中国人这么用的。

鲍小姐认为，死人比猪好不了多少，那么在鲍小姐也就是中国人看来，这猪比死人还不好，是贬义的、骂人的。

（六） 猪的文化色彩

中国猪的形象多是：肥头大耳、好吃懒做、贪睡、脏。

这同吴承恩的小说《西游记》有关系。在这部小说中，猪八戒肥头大耳，好吃懒做，贪睡，而且脏。这便强化了中国老百姓大脑中的猪的文化形象，产生了"懒猪"、"肥猪"、"脏猪"之类的骂人话。

在中国的姓氏中，"朱"和"猪"同音。因此在中国姓朱的人，常被人们拿"猪"来开玩笑。

猪，在中国的文化形象，从古到今都是不好的。三国时魏武帝曹操很欣赏当时东吴的首领孙权，感叹说："生儿子就要生孙权这样的儿子，而像荆州刺史刘表那些儿子，只不过猪狗一类货色罢了！”

在汉语中同狗相联的，除了狼（狼心狗肺）和鸡（偷鸡摸狗、鸡鸣狗盗）外，就算上猪了：

（来旺）说：“贼淫，还说嘴哩！有人亲看见，你和那没人伦的猪狗有首尾！”（《金瓶梅》第二十五回380页）

惜惜道：“若他再把此身伴别人，犬豕不如矣。”（《拍案惊奇》第二十九卷）

她迅疾地扭转身，啪，啪，啪，将耳光扇在那一张毛孔里盖着油汗的丑脸上，骂：“你是什么猪狗，你能娶我吗？你这洗不白的黑炭！你尿尿都是黑水！”（贾平凹《美穴地》）

犬就是狗。豕就是猪。

在中国，骂坏人是“猪狗不如”，可见千百年来猪狗已经成了中国人坏人恶棍的一个参照物了，是最坏一级大坏人的标志。在英语中的口语里，“pig”也用来指肮脏、贪吃的人，这同中国人一样。但“pig it” 指“过困苦的日子”，把pig同困苦联系起来，这可是中国人无法接受的。

（七） 中国的驴子是愚蠢的

在中国，驴子的形象是很差劲的。它的文化特征是：愚蠢、笨拙。因此，“蠢驴”、“笨驴”、“老驴”、“驴脸”等都是骂人的话。如明代小说家凌濛初的《初刻拍案惊奇》第十卷：

那二人听得，便怒从心上起，恶向胆边生。骂道：“不知生死的老贼驴！你前日议亲的时节，誓也不知发了许多！只看婚约是何人写的，如今却放出这个屁来！我晓得你嫌韩生贫穷，生此奸计。那韩生是才子，须不是穷到底的。我们动了三学朋友去见上司，怕不打断你这老驴的腿！管叫你女儿一世不得嫁人！”(8页)(秦旭卿标点，岳麓书社1988年)

程朝奉做事不成，羞惭满面，被韩子文一路千老驴万老驴的骂。(100页)

因为被骂的对象是老人，所以才说“老驴”、“老贼驴”。不过，不知为什么，并没有骂“小驴”的。

在一篇中国当代小说中，作者写道：

你给你老婆说了，你老婆给邻家秉春他妈夸马书记他妈多好多好，叫队上干部听到了，马上就给我报告了，要不然我大清早把你请来，是想看你的驴脸吗？(邹志安《粮食问题》)

“驴脸”便是丑陋的面孔的意思。

在汉语中，驴也是同性挂上钩的骂人话，例如：

那女人……对着眼前的碎娃扇了一巴掌：“驴日下的还不快刨！热闹能把肚子看饱！”(杜光军《浪滩上的女人》)

进一步说，连驴肝肺也是很坏的东西。例如：

第一次是在一个全国性作家大会的小组会发言上，叔叔以他自己的经验来批判极“左”路线是多么有害，他说他其实是热心地真诚地赞颂合作化运动，好心却变成驴肝肺。（王安忆《叔叔的故事》，《小说月报》1991 年 2 期 43 页）

“好心却变成了驴肝肺”，“把好心当成了驴肝肺”，这是中国人爱说的口头语。既然“驴肝肺”同“好心”相对立，当然便是坏心肠的代称了。

中国的月亮

（一） 中国的月亮名称多

中国人挖苦崇洋的人说，他们认为“外国的月亮也比中国圆”。因为一说到月亮我们中国人可以很自豪地说：中国月亮的名称比外国月亮的名称多。

歌德在《浮士德》中写道：

我迄今只能把下界事物赞扬，
在当前情形下我转向上方——
你这位长春不老的女神，
一身而具三名，一体而赋三形，
我为了人民的痛苦向你祈请，
迪雅娜，卢娜，赫嘉德！
（461 页，董向樵译，复旦大学出版社，1983 年）

这西方的月神迪雅娜（Diana）、卢娜（Luna）、赫嘉德（Hekate）三个名字，便成了月亮的代称。中国月亮的代称，可远远不止这么三个：

素娥　嫦娥　玉兔　金兔　白兔　顾兔　蟾蜍(chú)
玉蟾　蟾兔　玉桂　寒玉　玉羊　桂魄　婵娟
水精　水镜　阴宗　夜光　素壁　银兔　银钩

玉盘　桂宫

这一切全都是月亮的代称。

（二）　中国"月亮"同嫦娥、桂树相联

鲁迅在小说《阿 Q 正传》中写道：

> 我又不知道阿 Q 的名字是怎么写的。……我曾经仔细想：阿 Quei，阿桂还是阿贵呢？倘若他号叫月亭，或者八月间做过生日，那一定是阿桂了；而他既没有号——也许有号，只是没人知道他，——又未尝散过生日征文的帖子，写作阿桂，是武断的。又倘若他有一位老兄或令弟叫阿富，那一定叫阿贵了；而他又只是一个人，写作阿贵，也没有佐证的。其余音 Quei 的偏僻字样，更加凑不上了。(《鲁迅全集》)第 1 卷，489 页）

中国人给子女取名字，兄弟姐妹的名字往往有一些语义联系。所以哥哥叫作"富"，弟弟就叫作"贵"。《水浒传》上一百○八条好汉中有朱富、朱贵，便是兄弟俩。

中国的"月亮"同西方的"月亮"大不相同。中国的月亮女神叫嫦娥，月宫前有桂树，有白兔，有蟾蜍，有犯了错误被罚在那里砍树的吴刚。而中国桂花是在阴历的八月里开的。因此，如果阿 Q 号叫月亭，那么他的名字就叫作桂。因为中国人的名和号都应当有语义联系，月亮中的亭子当然在桂树旁边了。如果阿 Q 是八月里生的，那正是桂花放香的时候，所以应当叫作阿桂。中国月亮的代称常用"兔、蟾、桂"等字眼，就因为中国人心目中的月亮同西方是不一样的。

（三） 汉语中的“月”同妇女有关

中国讲究阴阳八卦，把乾坤阴阳同万事万物联系了起来：

阳——乾——男——天——太阳

阴——坤——女——地——月亮

因此在汉语，“月”构成了一些词，例如：

月经　月事　月信　月子　月窟　月水

这在道教文献中是尤其常见。例如：

真人潜深渊，剑飞月窟。（《悟道真机》101页）

则月水不潮，而乳头自平矣。（《悟道真机》227页）

潭底珠含景，山头月吐辉。（《金丹集成》212页）

这些“月”都只同妇女有关系。

神秘莫测的汉字

（一） 一场姓氏舌战

唐代女皇帝武则天时期有一个宰相叫狄仁杰，这是一个很有本事的人。有一次，他与同事卢献开玩笑，说："您阁下如果再配上马，可便是一头驴子了。"

现在的简化字的"卢"，本来繁体应写作"盧"：

盧＋马──→驢

这"驢"字现在可简化为"驴"了。

狄仁杰这话可是一句很厉害的双关语。表面上是：卢字加上马字便构成了一个汉字"驴"字。骨子里的意思却是：卢(?)同马交配便生出了杂种的驴，这卢便是马、驴、骡子一类的动物，畜生了。虽然这个世界上本没有叫"卢"的动物。

卢献不呆不痴，不是白吃大米饭的，他立刻回敬说："把您阁下从中间一劈两半，那便是两条狗了。"其实：

狄──→犭＋火

但卢献故意曲解为：

狄──→狄──→犭＋犬──→两条狗

狄仁杰立刻反驳说："这'狄'字可是'犬'旁加上'火'呀，

并不是'犬'旁加上'犬'!"

卢献便说:"是呀,不是'犬'旁加'犬',而是'犬'旁加'火',那更好。这便是在火上烤犬,是在烤狗肉吃呢!"

(二) 巧解梦中言

明代凌濛初的《初刻拍案惊奇》第十九卷叫"李公佐巧解梦中言,谢小娥智擒船上盗"。谢小娥的父亲和丈夫都被强盗杀死了。小说写道:

> 只见一个夜间,梦见父亲谢翁对他道:"你要晓得杀我的人姓名,有两句谜语,你牢牢记着:'车中猴,门东草。'"说罢,正要再问,父亲撒手而去。大哭一声,飒然惊觉。梦中之语,明明记得,只是不解。

后来这谢小娥遇到了一位官员李公佐。她说:

> "以后,梦见父亲来说道:'杀我者,车中猴,门东草。'又梦见丈夫来说道:'杀我者,禾中走,一日夫。'自家愚昧,解说不出,遍问旁人,再无人省悟。历年已久,不识姓名,报冤无路,衔恨无穷!"

这李公佐真是聪明人,他立刻解开了梦中之言:

> "车中猴,""车"中去上下各一画,是"申"字。申属猴,故曰"车中猴"。"草"下有"门"、"门"中有"东",乃"兰"字也。又"禾中走",是穿田过,"田"出两头,亦是"申"字。"一日夫"者,"夫"上更一画,下一"日",是"春"字也。杀汝父,是申兰;杀汝夫,是申春。足可明矣,何必

更疑。

这便是中国人最喜欢的拆字组字的游戏。

車减两横⟶申

田拉长中间一竖⟶申

草(艹)＋门＋东⟶蘭⟶兰

其实,“兰”字“门”内的本是“柬”,并不是“东”,不过是与“东”形似罢了。

什么叫“申属猴”?中国人用“子、丑、寅、卯、辰、巳、午、未、申、酉、戌、亥”来纪年时,又用十二种动物来同它们配对。这十二种动物便是:鼠、牛、虎、兔、龙、蛇、马、羊、猴、鸡、狗、猪。两者的对应关系是:

子	丑	寅	卯	辰	巳	午	未	申	酉	戌	亥
鼠	牛	虎	兔	龙	蛇	马	羊	猴	鸡	狗	猪

因此,申年生的便是属猴的。所以李公佐才说“申属猴”。谢小娥的父亲怕人不能从“车”拆装为“申”,又重复了一个“猴”,指示你把“车”转化为“申”。

(三) 拆字构词法

汉语中有一种特殊的构词法,叫拆字构词法。例如:

胡——古 月

唐代诗人李白有句诗叫:“西风吹古月。”这“古月”可并不是古代月亮,而是“胡”,是胡人的委婉语,大概指将叛乱的安禄山他们吧。

有些拆字词语在小说中、在口语中是很普及了。例如：

兵车煞是有趣味的，拥塞着一些丘八我觉得怎么好像些猪。（茅盾《故乡杂记》）

张俊民道："胡子老倌，这事在你作法便了。做成了，少不得言身寸。"（吴敬梓《儒林外史》）

这里的"丘八"和"言身寸"都是拆字词：

兵＝丘 ＋ 八

谢＝言＋身＋寸

明清小说中，常说"做一个'吕'字儿"。这是把"吕"字拆作两个"口"，两个相连的"口"，便是亲嘴、接吻的意思。唐诗宋词中常用"田下心"表示相思的"思"，"心上秋"表示"愁"。

（四） 拆字的修辞意义

拆字也是中国文人最喜欢的修辞手法之一。例如：

第一我得发个声明，我叫熊丙岚，不是兰花的兰，是山上吹下来的风，上边一个"山"字，底下一个"风"字。（蒋子龙《燕赵悲歌》）

飙是三条狗的风，在秋高草枯的旷野上，天上是一片青，地上是一片赭；中疾的猎犬风一般快的过，嗅着受伤之兽在草中滴下的血腥，顺了方向追去，听到枯草飒索的响：有如秋风卷过去一般。（朱湘《书》）

旧军队中的士兵不满他们的军官吃空额和说空话，

这样发泄他们的愤慨道："你'官'字两个'口'，吃空额，我们'兵'字两只脚，开小差。"（秦牧《语林采英》）

"岚"是"山"下边加上一个"风"，便说是"山上吹下来的风"。"飙"，分解为三个"犬"字加上一个"风"字，说三条狗的风。把"官"中的"目"说成两个"口"，只会说空话、吃空额。把"兵"字下边的"八"说是两条腿，可以跑，开小差。都是触景生情，借题发挥，别有韵味。

运用拆字的修辞手法大都为了委婉含蓄。例如：

"这两年赚得不少了吧。"

"不多，几个草字头。"（陆文夫的《清高》）

你道韩师愈的名字却在哪里？正似："似'王'无一竖，如'川'却又眠。"（凌濛初《初刻拍案惊奇》卷十）

"草字头"，指繁体字的"万"字："萬"，即赚了几万。因为赚钱多少不便明说。"似'王'无一竖"，是"三"字。"如'川'却又眠"，也是"三"字。这韩师愈只考了个第三等，而只有一、二等才能做官，他考场失败了，明说有刺激性，才用拆字法的。

（五） 拆字对联

中国人爱好对偶。中国到处都是对联。对联中的拆字对联又尤其吸引人。例如：

品泉茶三口白水

竺仙庵二个山人 （杭州西湖竺仙庵对联）

三个"口"字就是"品"字：口＋口＋口＝品。"白水"就是

“泉”字:白+水=泉。“两个”就是“竹”字:个=亇,“竺”上边是两个“亇”,下边又是“二”。“山人”便是“仙”字:山+人=仙(人=亻)。上下两联就是解析“品泉竺仙”四个汉字。再如:

一明分日月

五岳各山丘

一个“明”字可以分为“日”“月”两个字。“岳”字可以分为“山”和“丘”两个字。

閒看门中月

思耕心上田

门+月=閒(闲)。田+心=思。

鸿是江边鸟

蚕是天下虫

鸿=江+鸟。蚕=天+虫

二人土上坐

一月日边明

人+人+土=坐。日+月=明。

十口为古,白水为泉,进古泉连饮十口白水

千里成重,丘山成岳,登重岳一览千里丘山

十+口=古。白+水=泉。千+里=重。丘+山=岳。

唱本两个曰曰今曰古借口为唱表今古

戲乃半边虚虚事虚战持戈作戏演战争 (戏剧舞台

对联）

唱＝曰＋曰＋口。戲（戏）＝虚＋戈。

因火生烟，若不撇出终是苦

水酉为酒，入能回头便成人　（清纪晓岚对联）

因＋火＝烟。“若”的一撇如果不偏到外边去，便是“苦”字。水＋酉＝酒。“入”字如果回转一下便是“人”字。

（六）　拆字黑话

民间流传的黑话中，拆字也是最常用的手法。例如：

坦底 —— 一（“坦”字下边是“一”）

抽工 —— 二（“工”字抽去“|”便是“二”）

眠川 —— 三（“川”字睡倒来便是“三”）

杀西 —— 四（“西”字杀去头上的便是“四”）

缺丑 —— 五（“丑”字挖去一些便是“五”）

劈大 —— 六（“大”字劈开来便是“六”）

毛根 —— 七（“毛”字的基架正是“七”）

入开 —— 八（“入”字分开来就是“八”）

未丸 —— 九（“丸”字去掉一点便是“九”）

约花 —— 十（“花”上的“艹”除以“二”使得到“十”）

再如在金融业中：

十具——真

西贝——贾（假）

“十”加上“具”，便是“真”。“西”加上“贝”，便是“贾”，

"贾"与"假"同音，于是"西贝"便是假。这是拆字和谐音的结合、联姻！

（七） 汉字诗

诸位，请看：

这是什么？

这是一首诗！

是这样的一首诗：

圆日高山路口长，
横云细雨度斜阳。
扁舟横渡无人过，
风卷残花半日香。

怎么一回事儿？

原来是这么一回事儿：

⊙——"日"字是圆的。

——"山"是高的。

——“路”字中的“口”字这一构件特别的长。

——“云”是横过来写的。

——“雨”字儿特别的细而长。

——“阳”字儿是斜着写的。

——“舟”字是扁而平的。

——“渡”字是横着写的。

——繁体字“過”中少了一个构件“人”字。

——“风”字儿两边是卷起来的。

——“花”字儿少了一个构件“十”，所以是残花。

——“香”字下边的“日”字只写了一半，所以是“半日”。

这位诗人巧妙地利用了汉字的形体，写了这么一首魔幻式的怪诗。

美国诗人C. C. 甘明斯说：“中国诗人就是画家。”庞德说：“世界上最容易做诗的文字是中文。”读了上面的这首诗，对于两位美国诗人的话，便有了更深入的体会了。

咬文嚼字

（一） 马肉不是肉

在权延赤的《走下神坛的毛泽东》中有这样的对话：

毛泽东："有点馋了……打胜仗了，我的要求不过分吧？"

卫士长李银桥："不高，主席的要求太小了，太低了。"

毛泽东："不低了。战士们冲锋陷阵也没吃上红烧肉，只能杀马吃马肉。"

在毛泽东的心目中：

红烧肉＝肉＝猪肉

马肉≠肉≠红烧肉

在这点上，毛泽东代表了说汉语的人的语感的。汉语中马肉不是"肉"，是"马肉"。

（二） 大块肉不等于大肉块

记得"文革"期间，我们南京大学师生在溧阳农场劳动，有一天，食堂的黑板上写道：

大块肉　0.15 元

正在那儿排大队的响当当的南戏大专家钱南扬教授，那时只能叫老头子或老家伙的，大发宏论："大块肉不等于大肉块。大块肉是猪肉，不能是羊肉、牛肉、狗肉、马肉。大肉块随便什么动物的肉都可以。"

有人佩服，有人嗤之以鼻，这在那个年月里可谓是开了一个独特的语义学演讲会。

（三） 肉就是猪肉

毛泽东是对的，钱南扬是对的，因为在汉语中：

肉＝猪肉

马肉（牛肉/羊肉/鸡肉/鱼肉）≠肉

在我们的口语中，大大小小的饭馆的菜单上，什么回锅肉、木樨肉、酱爆肉、糖醋肉、扣肉、白切肉、统统是猪肉，绝不可能是羊肉、狗肉、鸡肉、鱼肉什么的，湘南腊肉也绝不可能是田鸡肉、螺蛳肉、鸭子肉、兔子肉什么的。

至于猪以外的动物，必须把这些动物的名字带出来，说"N肉"。如："广东人爱吃蛇肉，我没吃过。我吃过马肉，你没吃过。三年困难时期，我看见过农民吃老鼠肉。狗肉、驴肉都很香。"既不能用一个"肉"字来替代，也不可单说动物的名字。

但是对于飞禽、水产则不用加上"肉"字儿，而直呼这些动物的名字，说"吃鸡，吃鸭子，吃鱼，吃虾，吃螃蟹，吃青蛙（不该吃，吃了犯法），吃河豚（危险呀）……"

可见在我们的文化中，作为食品，动物被分割为三种价值：

N肉—肉—N

（四）白马非马

中国古代哲学家公孙龙（前 325—前 250 年，赵国人）主张“白马非马”。

现代台湾地区女杂文家台应龙则感叹说：“女作家不是作家，女教授不是教授，女人不是人。”

他们都是聪明人，都看到了一般人所看不到的东西。

为了证明他们观点的有理，我只说一点：我们可以说“白马是马”、“女作家是作家”、“女教授是教授”、“女人是人”，但绝不可以说：“马是白马”，“作家是女作家”。“教授是女教授”，“人是女人”。

可见，千真万确的是：

白马≠马　女作家≠作家

所以，从认识论角度说，一方面“白马也是马”，另一方面，“白马又不是马”，只看到一点都不对。

从语法上说，只看到偏正词组与中心词的一致性，而看不到两者之间的差异，也是不对的。一方面：大眼睛＝眼睛，小鼻子＝鼻子，黄头发＝头发，都是名词性的，但另一方面：大眼睛≠眼睛，小鼻子≠鼻子，黄头发≠头发。我们可以说：

这个傻丫头大眼睛，小鼻子，黄头发。

但却不能说什么：

这个傻丫头眼睛、鼻子、头发。

可见，并不一样呀，在语法功能上。

（五） 夜校和业校

“夜校”当然是夜里上课的学校了。那么，“夜”指什么时候呢？“从天黑到天亮的一段时间”（见《现代汉语词典》）。那么，子夜时分，半夜三更时分，黎明时候，夜校也上课么？可从未见过哪个夜校在凌晨两三点钟上课的。“夜校”并不在整个夜晚上课，也并不在夜晚的任何时段上课，只在夜晚的某一个时候上课，如天黑到九点、十点、十一点这一段时间内。

其实，夜校也并不一定就在夜里上课，也可以在大白天里上课的。现在许多夜校就是在大白天上课！

“夜校”与“业校”、“夜大”与“业大”完全同音，但“业校”的“业”指的是“业余”。业余本指八小时以外，人们通常上大白班，业余时间大都在夜晚，所以大多数业校其实就是在夜晚上课。不同的是业校的业余可以包括星期天的大白天，而这星期天的大白天并不是夜晚，并不属于夜校的授课时间。不过，现在也有夜校在星期天的大白天上课的。还有些业校不完全是利用业余时间来上课的，即不少是半脱产的，甚至也有全脱产的呢！

（六） 校和院

胡安良教授送我两册青海民族学院的学报，有册封面上四个大字：

院庆增刊

院和校是有区别的，有校刊、校报和院刊、院报之分，但

“院庆”一词可还是第一次听到，因为过去一些叫作院的大学的庆我们也叫作校庆的！可我们又不能否认“院庆”一词的合法性，而且如果“院庆”合法了、流行了，也许还会出现更多的院字号的新词的吧：

校歌——院歌	校风——院风
校服——院服	校园——院园
校舍——院舍	校友——院友

未来的前景到底如何呢？我们拭目以待。

这里说的高等学校，至于医院，当然是“院庆”了。

“谢谢……”?!

玛丽小姐在北京语言学院学习汉语。

有一次,她的一个中国朋友茜茜来还杂志,对她说:

“谢谢您的杂志!”

玛丽愣住了:怎么中国人自己也不会说中国话了?谢谢您的杂志——Thank your magazine?!为什么不谢谢我?杂志算什么东西呢?能思维么?有感情么?magazine 有什么资格来接受他人的感谢?应该说:Thank you for your magazine!谢谢您,因为您的杂志!

玛丽可是一个爽快的没有忌讳的女孩子,她指责茜茜说:

“你们中国人说:饥不择食,急不择言。你看你,说漏了嘴了,把您应当感谢的对象搞错了。杂志只是我的私有财产,只有它的主人我玛丽小姐才有权,才配接受您的感谢。”

可茜茜说:

“从大道理上说,从形式逻辑上说,您当然是对的,一点儿错也没有。但我讲的可的的确确是标准的地道的纯正的中国话,我们中国人都这么说,而且都知道,这是在感谢人,而不是感谢物!”

“那这是为什么?”

“不为什么。我不知道为什么。也就说不出是为什么。反正中国人都这么说,您既然要说汉语,那就跟着说,而不应该说什么:谢谢您,因为您的杂志。”

茜茜还为玛丽造了许多同类型的句子:

谢谢您的钢笔(报纸、手表、雨衣、自行车、望远镜……)

谢谢您的好意(关照、帮助、指点……)

从此以后,玛丽便大说特说“谢谢您的 X”了。当别人请她吃巧克力的时候,她说:“谢谢您的巧克力。”在她还别人的餐券的时候,她说:“谢谢您的餐券。”当她看过别人请她看的电影时,她说:“谢谢您的电影票。”在八达岭上,别人拉了她一把,她说:“谢谢您的手!”被她感谢的那位中国的中年男人愣住了:“什么,感谢我的手?为什么不直接说‘谢谢您’?!”

玛丽觉得中国人说话特别简洁,能省掉的都省去。她想,既然“谢谢您的好意”,可以说成“谢谢您”或“谢谢好意”,那么“谢谢您的钢笔”,也可以说成“谢谢您”或“谢谢钢笔”的了。于是有一次她对一位中国朋友说:“谢谢自行车!”那人瞪了她一眼,后来她才知道,中国人是不说“谢谢自行车”这类话的。

有一次茜茜有事来请玛丽帮忙。临走时,她对玛丽说:

“对不起,打扰您的时间了。”

玛丽说:

“您又犯逻辑错误了:您打扰的是我。时间,time,没有生命，无法打扰。您是在时间这个东西上打扰了我。是 disturb me，不是 disturb my time！”

茜茜哈哈大笑，说：“您要学中国话，就要跟我学，跟我说：‘打扰您的时间了！’不要说：‘打搅您了，在时间这玩意儿！’也不要说：‘打搅时间了！’那会被人笑话的。”

哇，这就是中国话的语言逻辑！

“请您”和“您请”

“请”，在现代汉语中是一个最常用的一个文明礼貌用语。

“请坐！”现代英语说：“Sit down, please!”都不用说出谁请谁，因为这是口语，面对面地说话，总归是说话的我在请听话的你来坐，这本是不言而自明的呀，世界上似乎并没有自己请自己坐的事儿，客气、礼貌都是对他人的一种社会行为。

当年鲁迅在小说《幸福的家庭》中设计了这样一段新式夫妻间的对话：

> 于是一碗“龙虎斗”摆在桌子中央了，他们两人同时捏起筷子，指着碗沿，笑迷迷的你看我，我看你……。
>
> “My dear, please.”
>
> “Please you eat first, my dear.”
>
> “Oh no, please you!” （《鲁迅全集》第2卷38页）

如果译成现代汉语便是：

> 请你先吃，我的亲爱的。

所以邱质朴在《交际/功能法高级汉语口语教程〈说什么和怎么说?〉》一书中教外国人如下的格式：

> 请（你、您……）
>
> 到这儿来一下

给我看一看

帮个忙

倒一杯水

把门关上

把灯打开

请您……

说得慢一点

再说一遍

别说得太快

这当然并没错儿，但不完全。

如果是一个单音节的动词，如："坐、吃、听、看、说、用、走"等，也可以替换到这一格式中去么？如果我们说：

请您坐。　　我请您坐。

请您吃。　　我请您吃。

请您用。　　我请您用。

这在逻辑上、语法上都是一点儿毛病也没有的。"您"既是动词"请"的宾语、受事，又是后一个动词"坐、吃、用"等的主语、施事。这叫作兼语式，是现代汉语中的一种特殊的套合结构。有人还画了如下这样一幅图：

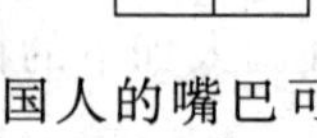

但是，可惜的是，中国人的嘴巴可从来就不这么说，而且中国人的耳朵也一律不听这类话语。如果你一定要这么说，

人们会笑话你的。

中国人这样来说：

> 您请坐(您请进。您请说。您请吃。您请用。您请走。您请听。)
>
> 小姐请坐(夫人请坐。先生请坐。张老请坐。老师请坐。)

表示听话人的词语是一定要在动词“请”之前的。而听话人绝不会根据这一语序而认为自己已经是什么施动者，他明白，还是别人在请他怎么怎么样。

但这种格式只能适用于第二人称。如果是第三人称，例如：

> 他请坐。
>
> 陈先生请吃。

这时候，“他”和“陈先生”便成了施动者了。他请什么人坐。陈先生请什么人吃。

如果第二个谓语是两个以上音节的，这时候“您”这一类词语的位置就大多数是在“请”之后的，当然也可以在“请”之前的。例如：

> 您请用茶。　　　　请您用茶。
>
> 您请随便。　　　　请您随便。

如果第二个谓语太长，那就只能把“您”一类词语放在“请”的后面，放在前边就不通了。例如：

> 请您一定要认真地仔仔细细地想想好。

您请一定要认真地仔仔细细地想想好。

比较起来,“您请……”比“请您……”更友好更客气,可以使对方一下子沉浸在温暖亲切欢乐的气氛之中,因此,运用“您请……”格式所表达的语义内容大都是对对方有益处、对方乐意于接受的。因此,我们也可以把“您请……”叫作“受惠式”。例如,我们绝不说:

您请挨骂(受骗。上当。吃亏。醉酒。)

而“请您……”格式所表示的语义内容一般说总要求对方付出一些代价的,所以我们也可以称之为“给予式”。

“告”什么？怎么“告”？

（一）“告”什么？

安娜小姐一走进房间，便大声对陪住的中国姑娘晓虹说道：“晓虹，我告你！我告你！”

晓虹姑娘被吓了一大跳，愣住了，但又立刻恼怒起来，也大声说道：“你告我，你告我！你告我什么？我犯什么法啦？我偷了、抢了谁呀？我组织八国联军，打到巴黎去了，火烧了卢浮宫了吗？”

这一回轮到安娜小姐发愣了：“晓虹怎么啦？！同男朋友吵架了？”安娜说：“我告你，我告你的是：我的男朋友从巴黎来了，明天到北京……”

晓虹笑了，责备说：“有像您老先生这样说话的吗？我还以为你要控告我，送我上法院呢？”

安娜说：“这叫什么话？好好儿的无怨又无仇，还是好朋友，控告你干嘛？”

晓虹说：“你说，‘我告你’，意思可就是：我要控告你！”

安娜当然很不服气，她拿来中国社会科学院语言研究所编的、商务印书馆出版的《现代汉语词典》，翻到了第 361 页上：告 gào ①把事情向别人陈述、解说；②向国家行政司法机关检举、控诉；③为了某事而请求；④表明；⑤宣布或表示某种情况的实现。

安娜说："'告'这个动词的头一个意义就是：把事情向别人陈述、解说，现在我的男朋友从巴黎来，我把这个好消息向你这个别人陈述、解说，不说'我告你'，还能说什么呢？"

安娜不知道在现代汉语中，"告"单独运用，大都是控告的意思，而不是陈述、解说的意思。陈述、解说的意思一定要用"告诉"这个双音节动词，如：

> 某告诉欲婚女子，结婚远不是想象的那回事。告诉无孩子的主妇，有孩子的烦恼无论事先如何估计都是不充分的。告诉独身的朋友，结婚其实也是条出路。告诉丈夫，普天下数他最不是东西。（陈村《日出·印象》，《小说月报》1988 年第 1 期 91 页）

只有在一些固定结构中，在一些习惯用法中，单音节的"告"才表示陈述或请求的意思，如：

> 这可是一个不可告人的秘密。
>
> 我才不去求爷爷告奶奶呢！

"不可告人"的"告"是告诉的意思，"求爷爷告奶奶"的"告"是请求的意思。

一般来说，在现代汉语中，单音节词的多义现象很严重，而双音节词的多义现象就要相对少一些。因此在运用多义的单音节词时可要留一点儿神。

吴承恩在《西游记》的第五十七回"真行者落伽山诉苦 假猴王水帘洞誊文"中，由于出现了一个本事也十分了得的假孙悟空，真孙悟空便到落伽山来拜求观音菩萨了。您看：

> 又见善财童子作礼道："大圣何来？"行者道："有事要告菩萨。"善财听到一个"告"字，笑道："好刁嘴猴儿！还像我当时拿住唐僧被你欺哩！我菩萨是个大慈大悲，大愿大乘，救苦救难，无边无量的圣善菩萨，有甚不是处，你要告他？"行者满怀闷气，一闻此言，心中怒发，咄的一声，把善财童子喝个倒退，道："这个背义忘恩的小畜生，着实愚鲁！你那时节作怪成精，我请菩萨收了你，皈依迦持，如今得了这等极乐长生，自在逍遥，与天同寿，还不拜谢老孙，转倒这般侮慢！我是有事来告求菩萨，却怎么说我刁嘴要告菩萨？"

单音动词"告"的前三个义项，可以分别相当于三个双音节动词：告诉；控告；请求。那么"告菩萨"这一动宾词组便有三个意义：告诉菩萨；控告菩萨；请求菩萨。齐天大圣孙悟空本来的意思是"有事告求菩萨"，但是善财童子却故意理解为孙悟空要控告菩萨。如果孙悟空说的是"告求"，善财童子就没有空子可钻了。

明代人吴承恩写了这样的细节，一方面说明他对汉语的多义性是很敏感的；另一方面也说明，早在16世纪的时候，动词"告"字就已经会引起交际的误会和矛盾了。

安娜小姐不过是重蹈孙悟空的覆辙罢了。

应该说，《现代汉语词典》的这一注解还是不够科学的，没能把不能单独运用的词素和能单独运用的词的意义区分开来。对于动词"告"来说，在现代汉语中，只有在控告意义上才是一个词，可以独立运用，而其他意义上的“告”只是词素，不能单独运用。换句话说，在词典上，作为一个单音的动词，其实只有一个意思，即：控告。

（二） 怎么“告”？

1991年3月8日《扬子晚报》上有这样一个标题：

菲律宾总统状告报人

报道的第一句便是：

菲律宾总统科拉松·阿基诺最近出席法庭作证，指控两位著名报人曾对她进行诽谤，说她在1987年8月28日发生军事政变期间“躲在床底下”。

这个标题上的“报人”，是1949年前的旧词，指新闻工作者。这里的“状告”是文言语法，“告”是动词谓语，“状”是名词状语。“状告”就是用状来控告。“状”是陈述事件或记载事迹的文字，一般多指用于诉控的书面材料。

“状告”这种用名词直接作状语修饰动词的结构方式，在古代汉语中是常见的。如：

人立——像人一样地站着。

现代汉语中，比较少见。

如果说，“状告”是用状来控告，那么，“告状”则是：（当事人）请求司法机关审理某一案件。引申为向某人或长辈诉说自己或别人受到某个人的欺负或不公正的待遇。“告状”是一个可以拆开来用的动词，例如：去告张三的状。这大概是因为

“告状”本身是动宾式的组合，而动宾式复合动词一般不好再带宾语。因此，如果说：

张三告状李四。

这是不符合现代汉语语法规则的。就必须说：张三告李四的状。正如：

我上当了你

她吃亏了他

都不通。而应当说：我上了你的当，她吃了他的亏。从句法结构上看，似乎都是：状是李四的，当是你的，亏是他的。其实语义上全不是这么一回事儿。

这同“菲律宾总统状告报人”成了鲜明的对比。“状告”可以带上“报人”这个名词宾语。

与“告状”一样，“告密”——向有关方面告发旁人的秘密活动，也不能说什么“我告密你”，而要说：“我告你的密！”不同的是，这个“密”可的确是你的，而并不是我的，我是不会那么傻去向有关方面告发自己的秘密活动的。

“告”有陈述、宣告、请求的意思，因此：

告假——请求给一个假。

告急——报告情况紧急，请求援助。

告绝——宣告某事某种现象已经绝迹。

告竣——宣告某事（多指工程）已经完成。

告退——在集会中请求退出。

告终——宣布结束。

这些动词都不能拆开来用，也都绝不能带宾语。

告状的内容，即对方的罪名，最经济的办法，也是加在“状”字儿上。例如：

我们告你杀人放火的状。

我告你胡说八道诬陷人的状。

杀人放火、胡说八道诬陷人的坏事都是你干的，这是我、我们的“状”的内容。这一来，“状”这个东西是我和我们的，“状”上的内容、罪过却是你的。这“状”似乎又有两层含义了。

害死人的"曾一同"!

在使用拼音文字的语言中,专有名词,特别是人名,第一个字母要大写,这样便很容易同一般词语区别开来。而在汉语中,没有大写这一说。加上中国人的姓又那么的多、那么的怪、那么的复杂,因此,在中国,从古到今,就常有把一般词语当作人名,或者把人名当作一般语词的怪事和笑话。

古时候,有一个人叫作"王班",一个做官的以为王班是官衔,相当于"厂长、书记、经理",宴会时说:"王班干杯!"叫王班下不了台,因为在中国直呼其名是很不礼貌的事儿。

有一位皇帝责备一个大权在握但又不学无术的大官说:"纪纲何在?"他的意思是:法制到哪儿去了?因为"纪纲"等于"纲纪",即法制、伦理。这大官事后便责备手下人:"你们为什么不把纪纲这个人带来见我?"

明朝有一个大臣,他把文件中的一个虚词"何况"当作人名,提出来要审问何况这个家伙,被大皇帝朱由检一顿臭骂,这朱由检就是崇祯皇帝。

这都是老话了。现在我们来说说现代的事情吧。南京出版的《青春》杂志 1989 年第 5 期 61 页上,有这样一篇短文,全文如下:

> "文革"时,一造反派头头取得了军管会的要职。上任第一天,就受理了一起"反革命"案件。翻开案卷一看,

只见上写："李大伟何生辉曾一同散布反革命言论。"便提审李何二人，严刑拷打，要李、何二人交待出"曾一同"的去向和下落。直到李何二人屈死冤狱，他才知道了"曾一同"原来并不是人。但李何二人却始终没有平反。

案卷上的"曾一同"是两个一般词语：

曾——读作 céng，时间副词，即曾经，表示已经实现过了的动作。

一同——副词，与"一齐"相近，表示两个以上的共时发生。

在这个句子中，"曾"和"一同"都是修饰动词"散布"的，在句法结构上，与主语"李大伟何生辉"不发生结构关系，风马牛不相及，是状语，是谓语的一个组成部分。如果我们来做句法结构分析，就应当是：

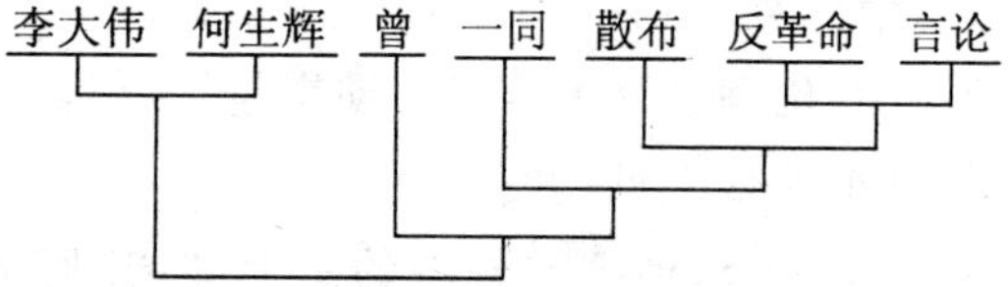

但是这个不学无术的造反派头头，却把"曾一同"当作一个人的名字了，他的句法结构分析是：

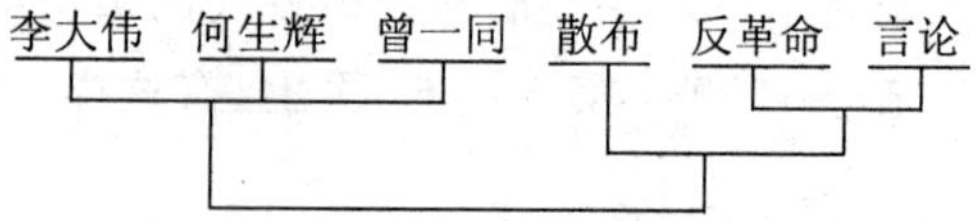

这时候，作为姓氏用字的"曾"就不能再读作为 céng 了，而应当读作 zēng 了，曾国藩的曾，这曾国藩是晚清的大臣，

湘军的大头目，镇压太平天国农民起义的主要人物。

这时候，“曾一同”便人格化了，与“李大伟何生辉”平起平坐、称兄道弟、鼎足而立，一同充当这个句子的主语了。然而他毕竟是一个莫须有的人物，你叫李大伟和何生辉如何来交代这家伙的去向和下落呢？严刑拷打也交待不出来，最后这两位便“屈死冤狱”了。

好一个害死人的“曾一同”呀！

中国有《百家姓》和《千家姓》，但中国人姓氏用字远不止1000，再加上有些人爱取怪名字，因此有些人名是很容易被误解为一般语词的呢。例如：

曾经	毕竟	何如	何时	尚且
况且	过去	莫非	莫如	高明
高尚	和平	东方明	东方亮	西门清
宁可	马上	全同	同时	

因此，我们要小心谨慎。

同时，如果有机会遇到机关、学校、厂矿的花名册，不妨翻翻看看，可以大长见识，也可以获取一些笑料，给我们的生活增加一些乐趣的。

相声大师们就善于利用姓名和非姓名的混淆来逗趣。侯宝林在相声《姓名学》中有这么一段：

甲　她是刁德一的妹妹，刁小三的姐姐，恶霸地主刁老财的女儿。

乙　这我可没听说过。

甲　她自己说的。

乙　什么时候？

甲　她跟电影《创业》的作者发火儿的时候说的。

乙　怎么说的？

甲　“好哇，你告老娘刁状！”——她姓刁，叫刁状。

这个“刁状”本是刁蛮的“状”的意思，可绝不是人的姓名。“你告老娘刁状”，意思本是你用刁状来控告老娘。也可以说成：“你告老娘的刁状”。奇怪的逻辑：明明是你《创业》作者张天民的“刁状”，但却成了“老娘”江青的“刁状”了。汉族人就是这样说话的，听话人也绝不会误解的。中国有姓刁的，刁德一、刁小三都是京剧《沙家浜》中的人物。相声家侯宝林是有意曲解、诡辩，把“老娘刁状”理解为同位语，像“你告老子张三”、“你告姑奶奶黄兰芳”一样，老娘＝刁状，老子＝张三，姑奶奶＝黄兰芳，于是乎，江青便姓刁名状了！相声大师侯宝林就这样混淆了姓名和非姓名，博得我们大家哈哈一大笑。妙呀！